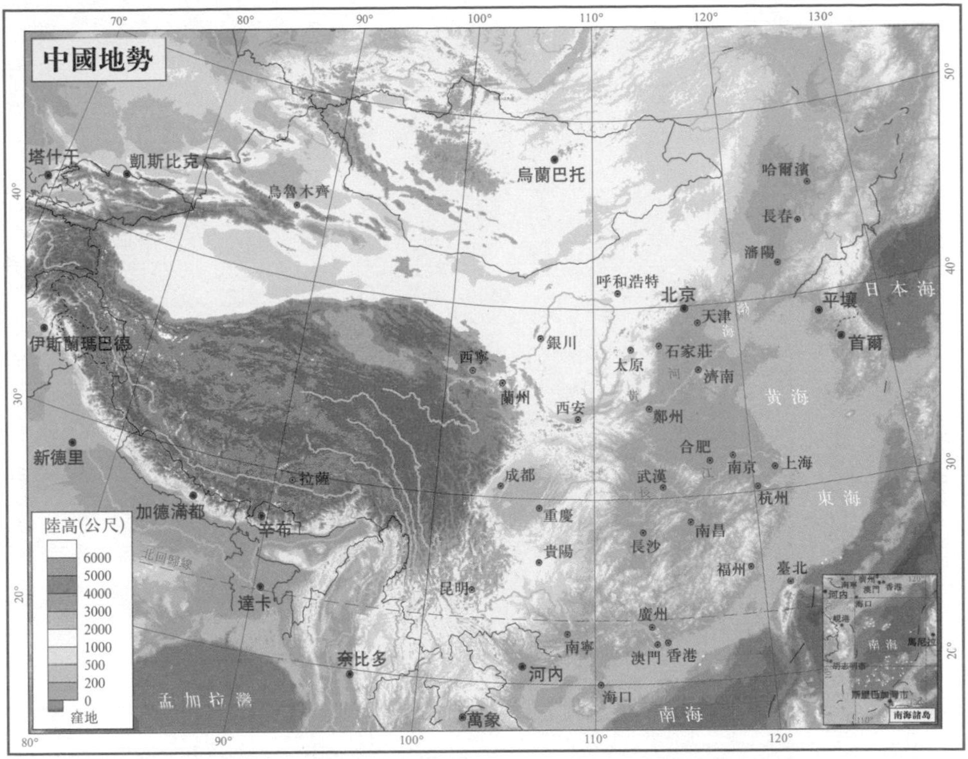
中國地勢
塔什干
凱斯比克
烏魯木齊
烏蘭巴托
哈爾濱
長春
瀋陽
呼和浩特
北京
天津
平壤
首爾
日本海
伊斯蘭瑪巴德
銀川
西寧
太原
石家莊
濟南
黃海
蘭州
西安
鄭州
新德里
合肥
南京
上海
拉薩
成都
武漢
杭州
東海
加德滿都
重慶
南昌
辛布
長沙
貴陽
福州
臺北
北回歸線
達卡
昆明
廣州
南寧
澳門
香港
奈比多
河內
海口
孟加拉灣
萬象
南海
南海諸島
陸高(公尺)
6000
5000
4000
3000
2000
1000
500
200
0
窪地

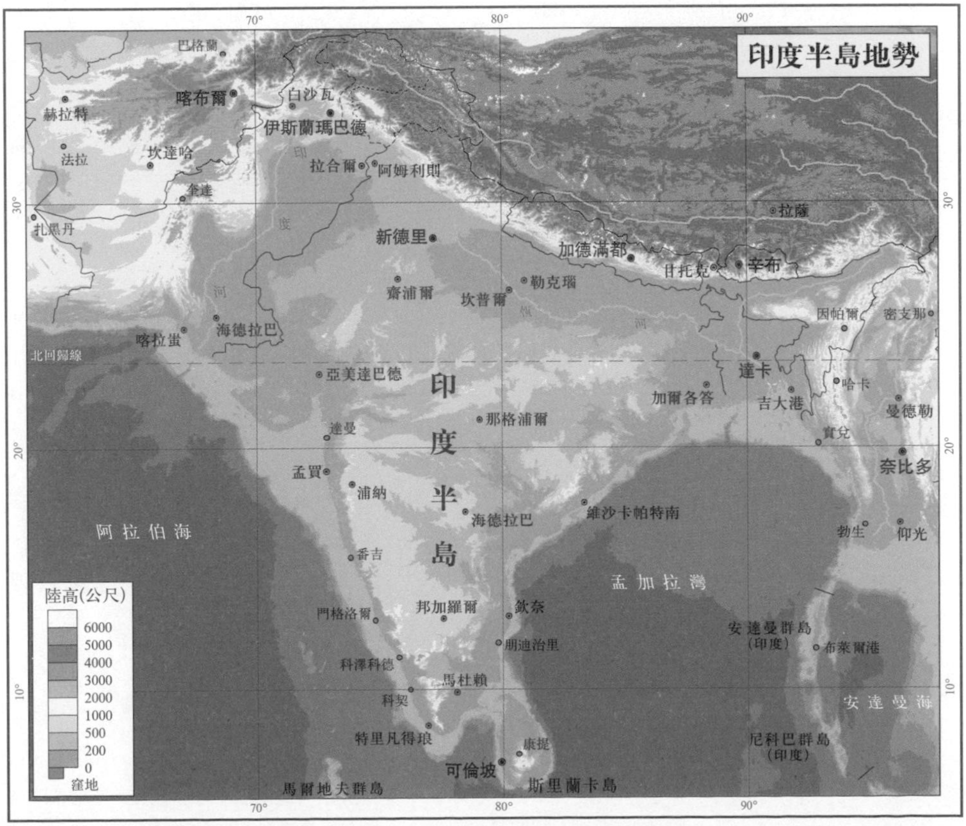
印度半島地勢
巴格蘭
赫拉特
喀布爾
白沙瓦
伊斯蘭瑪巴德
法拉
坎達哈
拉合爾
阿姆利則
奎達
扎黑丹
拉薩
新德里
加德滿都
甘托克
辛布
齋浦爾
勒克瑙
坎普爾
因帕爾
密支那
喀拉蚩
海德拉巴
北回歸線
達卡
亞美達巴德
印
度
半
島
加爾各答
吉大港
哈卡
那格浦爾
曼德勒
達曼
實兌
孟買
奈比多
浦納
海德拉巴
維沙卡帕特南
阿拉伯海
勃生
仰光
番吉
孟加拉灣
門格洛爾
邦加羅爾
欽奈
朋迪治里
安達曼群島
(印度)
布萊爾港
科澤科德
馬杜賴
科契
安達曼海
特里凡得琅
康提
尼科巴群島
(印度)
可倫坡
馬爾地夫群島
斯里蘭卡島
陸高(公尺)
6000
5000
4000
3000
2000
1000
500
200
0
窪地

地方，人口也稀少；第三級為青藏高原，屬高寒區，是最不適合耕種的地方。再看印度，絕大部分地區海拔在一千公尺以下，都屬於適宜耕種的地區。所以會得出一個奇怪的數字：中國領土面積九百六十萬平方公里，耕地總面積為一百四十三萬平方公里，而印度領土面積為三百二十九萬平方公里，耕地面積為一百六十萬平方公里。也就是說，印度的國土面積大約是中國的三分之一，耕地面積卻比中國多了一〇%。而且印度大部分國土處於熱帶地區，水稻一年兩熟到三熟。中國地處溫帶，北方一年一熟，南方一年才兩熟。另外，在熱帶地區種糧食，基本上不用考慮季節，隨時播種，長到一定程度就可以收割，不像溫帶地區，必須春天播種秋天收割，如果錯過了季節，糧食就會欠收。拋開技術因素，單是先天條件，印度出產的糧食至少是中國的兩倍。

但如果從另外一個角度考慮，中國地形複雜多樣也有好處，一是產出的物產豐富多樣，二是造就了特有的統一文明，全世界像中國這樣幾千年以統一為主調的國家也是獨一無二的。中國有關中、山西、荊楚、巴蜀這樣相對獨立又互相連通的地理區域，任何一個區域都可以關起門來發展成一個強國，然後衝出大門統一全國。相反的，在印度這樣地形平坦的地方卻行不通。人類在早期發展時，政權相對弱小，還沒有足夠的能力統治廣大的土地，在印度這種相對平坦的地方，任何一方政權都處於四戰之地，難以做大，最後形成勢均力敵，結果就是邦國林立，這時就需要一股強大的外來力量，才能把各個邦國統一起來。即使偶爾統一，假以時日，地區之間又形成均勢，於是再度分裂。歐洲的情形也是類似，歐洲的地形過於平坦，形成一眾小國，只有在早期，當阿爾卑斯山脈北部還沒有發展起來時，靠著地中海的便捷交通，羅馬帝國才能成形。當歐洲北部平原發展起來後，羅馬的榮光就只能留存在回憶中了。

第三，也是最重要的，中國和印度最大的不同就是，中國歷史上絕大多數時間是統一的，偶爾分裂；而印度歷史上絕大多數時間是分裂的，偶爾統一。一說到中國，指的是一個國家，可以代表中華文明；而說到印度，絕大多數時候是指地理上的印度，不單指今天印度這個國家。今天的印度國內連印度河都沒有，不能完全代表印度文明。

第十五章

發現真正的印度——印度航線

我們回到大航海時代。

達・伽馬到達印度時，正是德里蘇丹時期，半島上邦國林立。從地圖上可以看到，德里蘇丹國占據了印度半島上從恆河到印度河上游的土地，也是半島上最肥沃的土地。這時北部的拉達克已歸屬西藏地方政府管轄，很多人會說，明朝政府沒有向西藏派遣軍隊，西藏在當時不算明朝的土地。這種話有一定根據，但不合理。明朝對西藏實行羈縻政策，而不是像中國腹地那樣直接統治，羈縻政策等同於封建制，中央王朝每打下一塊新地時，面對當地強大的傳統勢力，一開始都會採用羈縻政策，這是一種策略，中央和地方妥協，如果一上來就採用和中原地區一樣的中央集權，肯定會引起當地的反抗。同樣是封建手段，例如歐洲中世紀的封建制，國王不能在領主土地上駐兵，但不能說國王沒有這片土地的主權。

德里蘇丹國在印度半島上實力最強，影響最大。與此同時，印度半島上還有眾多的蘇丹國，特別是阿拉伯沿海地區，幾乎沒有穆斯林到達不了的地方。設想一下，如果沒有後來的英國人進入，印度半島可能被徹底伊斯蘭化。和後來的蒙兀兒一樣，這些伊斯蘭蘇丹國上層是穆斯林，底層是印度教徒。做為半島上唯一的戰鬥民族拉傑普特，此時被擠壓在塔爾沙漠的邊緣地帶。在南方，由達羅毗荼人為主的毗奢耶那伽羅王朝是印度教徒最後的堅守地。面對伊斯蘭教徒步步緊逼的情況，印度教徒們退守到土地貧瘠的德干高原南部頑強抵抗，為傳統的印度文化保留了一塊避難所和棲息地。

另外，半島的東北角有個阿薩姆王國（又稱阿洪姆王國，現印度阿薩姆邦）比較特殊。他們既不是印度半島傳統深色皮膚的達羅毗茶人，也不屬於白皮膚的雅利安人，他們是黃種人，確切地說是傣族人。南宋時期（十三世紀初），生活在伊洛瓦底江、怒江一帶的傣族人因人口增長、資源有限，於是向周邊拓展生存空間。這時南邊的緬人已經興起，東邊又有大理國，於是他們只能向西，一路跋涉到雅魯藏布江下游，就是布拉馬普特拉河谷，在這裡繁衍生息，並逐步與當地少數民族融合，最終形成阿薩姆王國，前後長達六百多年。

毗奢耶那伽羅王朝雖是印度教徒建立的國家，但這裡不是沒有穆斯林，特別是沿海地帶。穆斯林靠經商發家，在任何港口城市都能很快建立自己的勢力。科澤科德就是這樣的港口城市，這裡的稅率很低，但外貿和商業都掌握在穆斯林手裡。達·伽馬一行人上岸時，當地的拉賈（印度教首領）很熱情地接待他們，達·伽馬呈上國書和禮品。但葡萄牙人的貨物在印度賣得不好，歐洲人的手工藝品在非洲人和印第安人眼裡是稀有物品，但在印度人眼裡太沒吸引力。此時的印度文明程度不比歐洲差，歐洲人有的，印度人都有；歐洲人沒有的，印度人也有，例如香料，印度人的咖哩就是由各種香料調製而成，當時的歐洲人看了，簡直太奢侈。

基督徒的到來很快引起穆斯林的注意，他們把達·伽馬一行人扣留下來，只是一不留神讓他們逃掉了。隨後，一名突尼西亞人告訴達·伽馬，穆斯林計畫暗殺他們，於是他們打算逃離這裡。

一四九八年八月上旬，達·伽馬準備離開科澤科德，當地拉賈讓他們繳稅。繳稅？這是葡萄牙人沒想到的，從歐洲到非洲，一路經歷生生死死，葡萄牙想買什麼就買什麼，想賣什麼就賣什麼，向來只對自己的國王繳稅，還沒有聽說要向當地繳稅的，於是拒絕，當地拉賈就扣押了一些貨物和幾名船員。做為報復，達．伽馬也抓了十幾個當地人。經過幾番交涉，八月底，拉賈放了葡萄牙人，歸還貨物，但達．伽馬仍扣留了五名人質上船跑了。拉賈派艦隊追擊，雙方在海上交火。憑藉著強大的火力，達．伽馬最終逃離了科澤科德，隨後停靠在坎努爾。坎努爾的

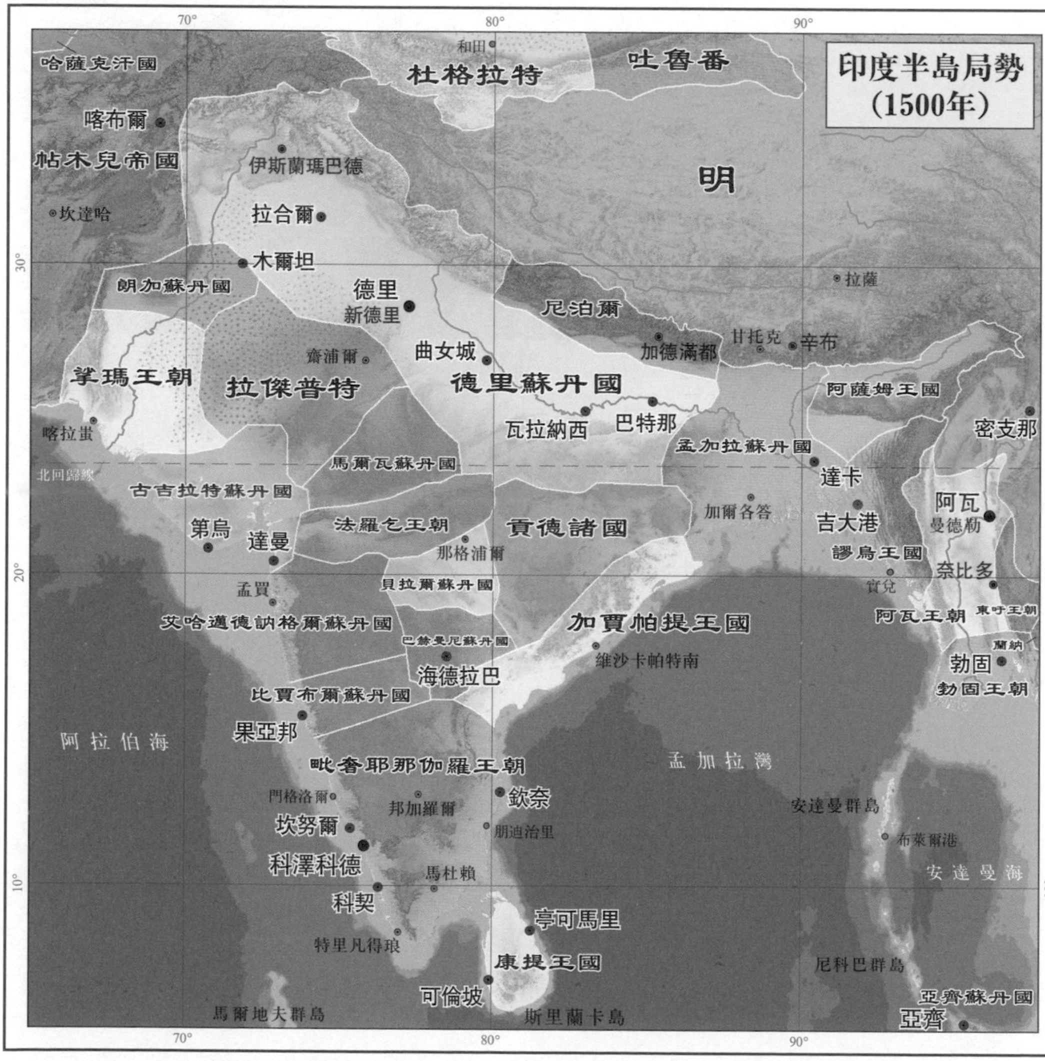

人對達·伽馬一行人比較友好，貿易進行得還算順利。

科澤科德（Kozhikode），又譯作卡利卡特（英語：Calicut），中國古籍中稱為古里。它是印度半島南部最發達繁茂的港口，不僅有阿拉伯商人，也有中國商人。一百年前，鄭和下西洋時就到達過這裡，後來六次下西洋，每一次都會在此停留，把這裡當成遠洋的基地。說起鄭和，很多中國人會惋惜，為什麼大航海時代不是中國人引領的？當然也有一些人強拉硬拽，把鄭和做為大航海的開拓者。我們先說實力，當時的中國人有沒有實力開創大航海？答案是當然有。鄭和首次下西洋，二百四十艘船，二萬多個將士；哥倫布首航是三艘小船，人數九十；達·伽馬這次有四艘船，人數一百七十。先不說船的大小，單是數量就完全不在同一個等級，而且鄭和還早了一

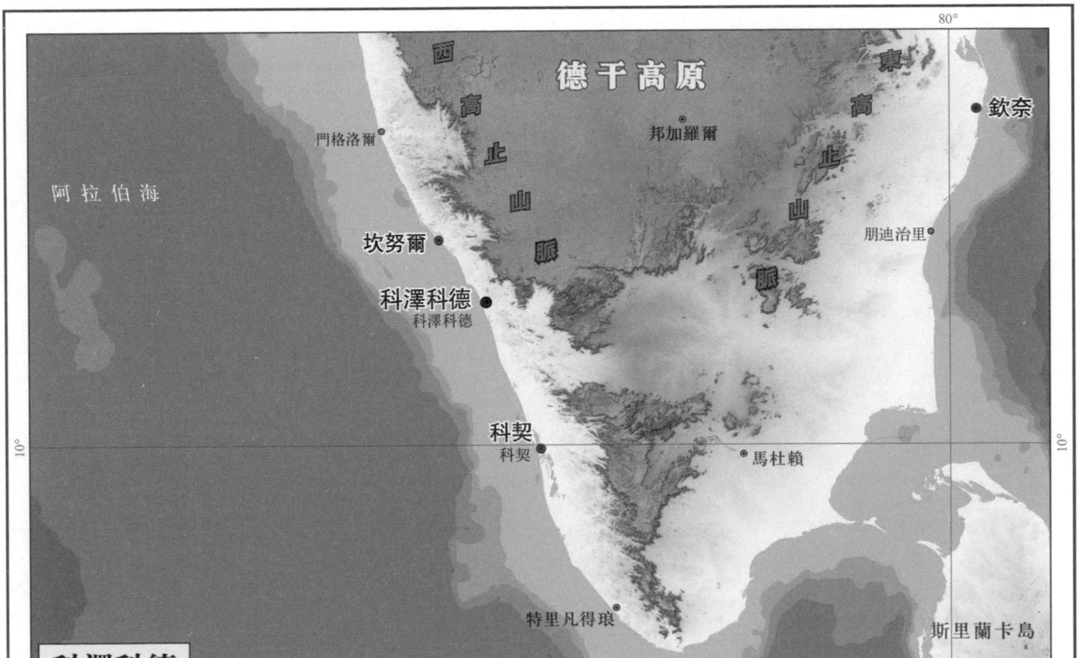

科澤科德

百年，論實力，中國人的航海能力遠在歐洲人之上，就連阿拉伯人也比歐洲人強。但關鍵是，我們說大航海開闢了一個新時代，是因為歐洲人的航海探險，走的全是荒蕪人煙的蠻荒地帶，讓這些無人知曉的陸地從此進入世界的視野。主觀上，歐洲人是為了搶奪資源，為當地人帶來災難；客觀上，新航路的開闢促進了這些地方的發展，讓它們從此跟上世界文明的腳步。而鄭和呢？他的目的不是去探險，也不是開荒，而是出海宣揚國威，讓當地土著國王俯首稱臣，向朝廷進貢，再領些賞賜。其中也有貿易活動，但只是中國傳統的朝貢貿易，那些窮困的小國經常拿一些土產來朝貢，換回一些真金白銀的賞賜，實在是一本萬利的生意。對中原王朝來說，為了面子，實際上是做賠本買賣。正因為這樣，鄭和所經之地都是商業發達、文明開化之地，如果去那些蠻荒之地，碰到一群光屁股的土著，大明皇帝的聖旨該宣給誰聽？鄭和下西洋的壯舉的確偉大，沿途傳播了中華文明，在中國的航海史上也是前無古人，但他的行為和大航海時代沾不上邊，也沒有引領一個時代。舉個例子，鄭和下的西洋正是印度洋，但這個名稱的來源卻是達•伽馬。他繞過好望角後，因為前往的目的地是印度，所以把所經的這片水域稱為印度洋，後來人們普遍接受這個稱謂。而鄭和所稱的西洋，只存在於中國的古籍裡。

鄭和第二次來的時候，帶來了永樂皇帝的詔書，冊封當地首領為古里王，國王多次派遣使者到北京朝貢。鄭和在科澤科德留下一個石碑，上面刻著：「其國去中國十萬餘里，民物咸若，熙皞同風，刻石於茲，永示萬世。」一四三三年，鄭和最後一次下西洋時在科澤科德去世。巧合的是，達·伽馬最後也是死在科澤科德。不過，和達·伽馬不同的是，鄭和背後不僅有強大的明帝國做支撐，更重要的是鄭和也是回民，與當地穆斯林不但沒有矛盾，還相處得很好。

面對印度半島上穆斯林的強大勢力，按基督徒一貫的做法，達．伽馬只能用武力解決，只不過以現在的情況，還不是這些穆斯林的對手，需要回去搬救兵。

但這回達．伽馬犯了一個致命錯誤，他沒有等到東北季風就出發了。九月分的印度洋上颳的還是西南季風，東北季風最快要等到十月以後。結果一行人在海上漂了三個多月才到達東非沿岸的摩加迪休。這是一次「死亡之旅」，一百多天的航程，船員就死了一半。

摩加迪休是穆斯林控制的港口，達．伽馬不敢停留，朝港口放了幾炮就走了。一四九九年一月九日，船隊回到友好的馬林迪。休整幾日後，達．伽馬一行繼續南下，繞過蒙巴薩

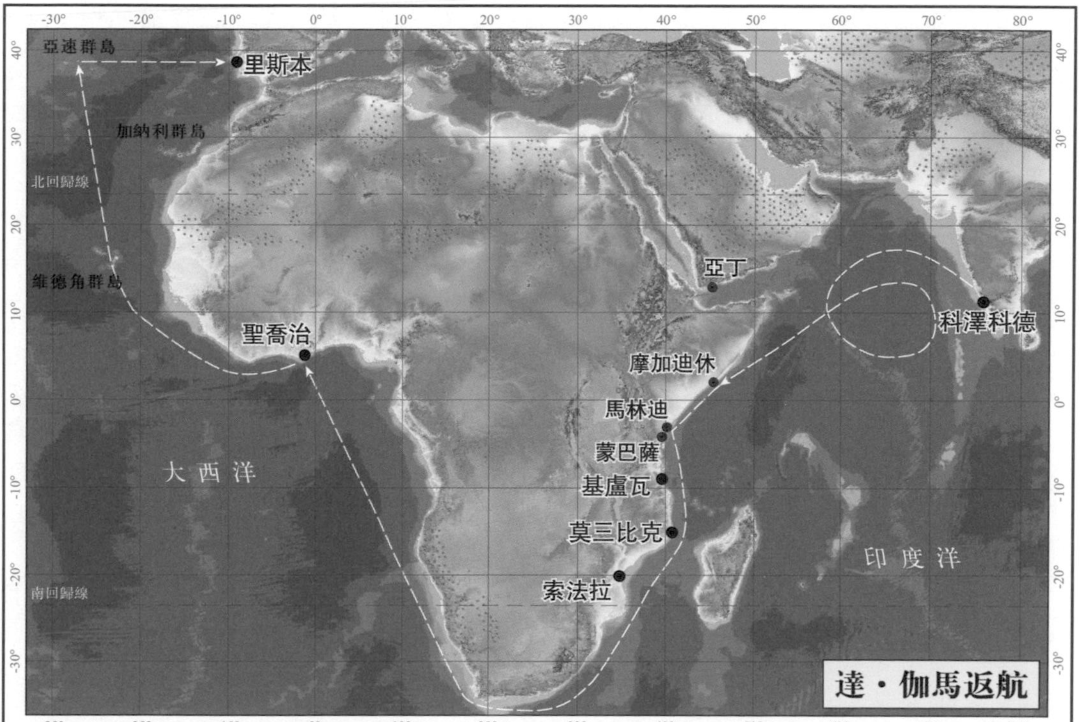

後，因為船員減少，再加上物資消耗，為了減輕負擔，達．伽馬丟棄了一艘船。按習慣，為了棄船不被敵人採用，葡萄牙人放火把船燒了。接著，船隊繞過莫三比克，三月二十日繞過好望角。一路風餐露宿，船隊不敢靠港，只是偶爾在野地裡登陸歇腳。

四月下旬，因遭遇暴風雨，一艘船走散，船隊只剩下兩艘船。好在此時船隊已進入大西洋，徹底繞開了穆斯林的勢力範圍。但又有一個壞消息，達．伽馬的哥哥也病了。情況很不妙，船上有很多人是病死的。為了快速回到里斯本，達．伽馬改變了航向，不再沿海岸航行，直接朝亞速群島駛去。一是可以讓船走直線，比沿海岸航行減少行程，二是可以繞開西班牙的加納利群島，避免麻煩。船在亞速群島的特塞拉島靠岸，第二天他哥哥就死了。達．伽馬讓另一艘船先行回國，自己留下料理後事。

一四九九年七月十日，與船隊走散的那艘船首先返回了里斯本。八月底，另一艘船駛進里斯本港。九月九日，達．伽馬乘快艇抵達了里斯本。至此，人類有史以來最遠的一次航行勝利結束，去的時候七百七十人，回來的時候只剩五十五人。回到里斯本後，達．伽馬受到葡萄牙國王曼紐一世和國人的熱烈歡迎，九月十八日，達．伽馬在城裡舉行凱旋儀式。曼紐一世下令各重要城市舉行聖像遊行和慶祝活動，為此鑄造發行了紀念金幣，並在太加斯河口（塔古斯河口）興建大教堂以示紀念。曼紐一世一改以往的保密政策，大肆宣傳這次遠航，並授予達．伽馬「唐」的貴族頭銜、「印度洋上的海軍上將」的封號、一千克魯扎多金幣的年金和大片地產。

而此時的哥倫布還在尋找印度大陸，他不知道達．伽馬已經到達了真正的印度。

第十六章

哥倫布是騙人布嗎？

一四九八年五月，哥倫布組織了第三次遠航西印度。因為前兩次遠航沒有帶來預期的回報，這次投資者唯恐避之不及，最後只湊了六艘船，三百多人。其中還有三十個女人，很顯然，有些人是拖家帶眷，準備到那裡淘金定居。

船隊從桑盧卡爾港出發，到加納利群島後分成兩隊，三艘直奔海地，三艘在哥倫布的率領下南下維德角群島，然後先向西南、再向西橫渡大西洋。快到西印度時，哥倫布發現了千里達島，於是繞過海島進入帕里亞灣。在帕里亞半島南岸，哥倫布首次登上南美洲大陸。但當時哥倫布不知道自己已經登上了美洲大陸，他以為只是個小島，在那裡看了兩眼，什麼都沒發現，於是調轉船頭駛入加勒比海，途中

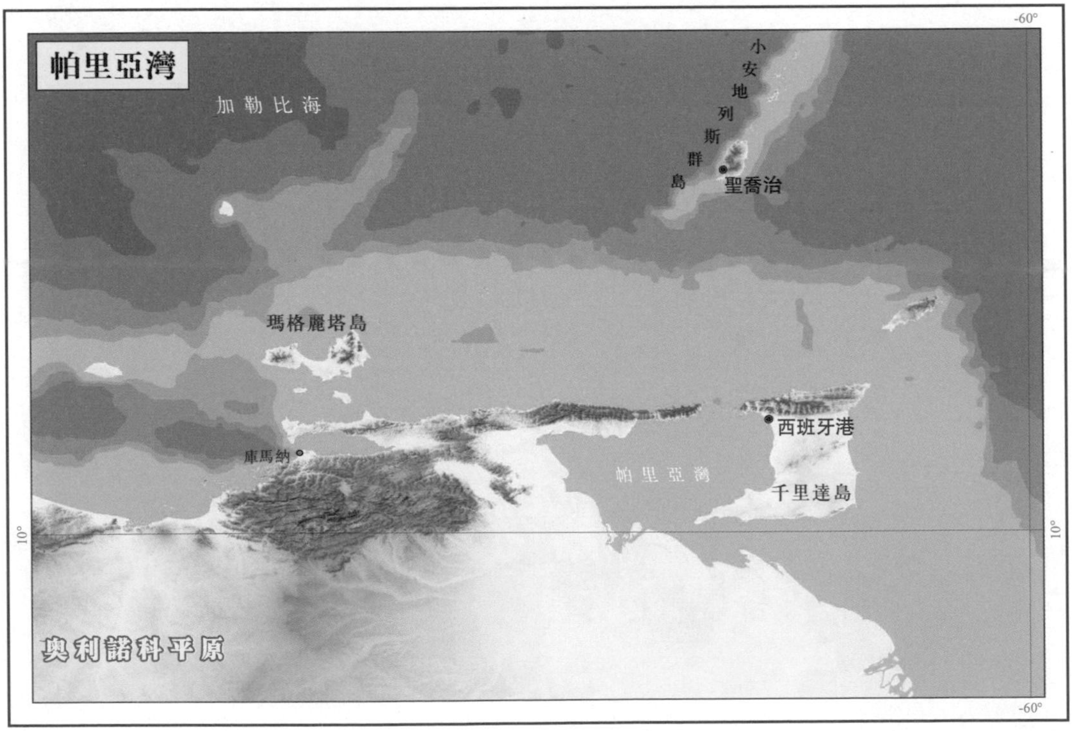

發現了瑪格麗塔島，然後直朝海地駛去。

八月三十一日，哥倫布到達聖多明哥城，與弟弟巴爾托洛梅奧會合。在這裡，一群西班牙人因發財失望而暴動，為了妥協，哥倫布下令對印第安人實行分配制。分配制後來改稱托護制，類似於歐洲羅馬帝國時代的隸農制和後來的封建農奴制。該制度是從加納利群島引進的，後推行於整個西屬美洲殖民地達幾個世紀之久。總之，哥倫布把印第安人當奴隸使喚，比葡萄牙人對非洲黑人還狠。黑非洲還有一些王國存在，哥倫布看到的只是一些印第安部落。犧牲印第安人，穩定西班牙人，這是當時哥倫布不得已的選擇，卻為日後美洲大陸帶來深遠的影響。

第二年（一四九九年）五月，西班牙王國政府再次重申，取消哥倫布對新發現土地的壟斷權。正是這一政令，讓西班牙探險家蜂擁而至，一步步揭開了美洲大陸的神祕面紗。

同月，西班牙航海家阿隆索．奧赫達（Alonso de Ojeda）、製圖家胡安．德．拉．科薩（Juan de la Cosa）和佛羅倫斯地理學家亞美利哥．維斯普奇（Amerigo Vespucci）率領四艘帆船前往西印度探險。這次探險中，他們考察了不為人知的南美大陸北部約三千公里的海岸，包括今天的委內瑞拉、蓋亞那、蘇利南、法屬圭亞那和聖馬科斯灣以北的巴西，以及北緯十二度附近的一系列島嶼，就是從阿魯巴島到今巴西聖路易斯城這一帶海岸線。他們注意到海岸線還在繼續向東南延伸，胡安推測這片陸地很可能是一塊前人未知的新大陸。但由於時間關係，他們沒有繼續往前，第二年七月就返航了。這三人之中，亞美利哥是外籍人士，他也沒想到最後美洲大陸會以他的名字命名。亞美利哥是佛羅倫斯共和國人，之所以能和兩位西班牙人同行，可能和這次行動是由佛羅倫斯人資助有關。佛羅倫斯人出了錢，當然想獲得一些探險成果。隨後幾年中，亞美利哥又跟隨葡萄牙人的船隊考察了巴西東海岸。到一五〇三年，亞美利哥寫信給佛羅倫斯的統治者，彙報一些探險成果，他在信中明確指出那是一片新大陸。一五〇七年，日耳曼青年地理學者馬丁．瓦爾德澤米勒（Martin Waldseemüller）寫了一本《宇宙學入門》，書中以亞美利哥的名字命名了新大陸，稱亞美利加洲，簡稱美洲。亞美利加（America）是亞美利哥（Amerigo）的拉丁文寫法。一開始，西班牙人、葡萄牙人，包括很多義大利人都非常抵制這個不公正的稱呼，但時間一久，大家叫習慣，也就順其自然了。

一四九九年六月，另一支西班牙船隊在佩拉隆索．尼奥（曾參加過哥倫布遠航）與克里斯多福．佩拉的帶領下到達西印度。七月，他們穿過蛇口海峽，進入帕里亞灣，再穿過龍口海峽，駛入加勒比海，並沿委內瑞拉北部海岸西行至西經六十六度，考察了約三百公里哥倫布未曾到過的海岸，返航時帶回大量珍珠。尼奥與佩拉的探險成為西班牙人自哥倫布首航以來獲利最多的一次，極大地刺激了西班牙人的探險欲望。而且，他們沒有從事綁架和販賣印第安人的勾當，在當時簡直是一股清流。

十一月，西班牙航海家文森特．平松（哥倫布首航時尼尼雅號船長）率領四艘帆船前往西印度探險。第二年，平松船隊抵達巴西東北海岸，然後沿海岸向西北行駛，發現了亞馬遜河。其實之前亞美利哥一行人已經路過這裡，只是沒有發現河流。亞馬遜河的河口非常寬廣，在海上要發現河口不容易，錯過也是很正常的事。探險家們發現河口通常分兩步，第一步是肉眼觀察海面上的水是不是明顯分色，通常河水比海水渾濁；第二步是探測這些不同顏色的水是不是淡水。海水分色有時不是因為河流流入，可能是潮汐或海底暗流，為了避免誤判，還需要溯水而上做進一步確認。平松船隊從亞馬遜河上溯八十公里，發現確實是一條大河，不是海灣，在河口三角洲一帶，水手們測得水面以下十二公尺內都是淡水，最終才確定這是一條河，而且是非常大的一條河。帶著這個重大成果，平松船隊繼續向西北航行，穿過帕里亞灣，駛抵海地。

亞馬遜河的長度雖然屈居世界第二（第一是尼羅河，第三是長江），但流量和流域面積卻是世界第一，也是世界上最大的熱帶雨林地區。全世界凡是處於赤道附近的地區，因受赤道低壓影響，會形成大量降水。同時，由於緯度低，氣候炎熱，各種動、植物繁殖很快，很容易形成熱帶雨林，例如之前提過的剛果雨林。剛果雨林在非洲屬於人口相對密集的地方，但亞馬遜熱帶雨林在美洲卻屬於人煙稀少的地方，原因無他，因為沒有鐵器。對美洲印第安人來說，砍伐森林不是一件容易的事，再加上這裡的樹木生長很快，一年四季都在積蓄能量，相較於加勒比海附近的海島，這裡並不適合生存。人類在原始階段都會選擇叢林生存，因為各種野獸和水果豐富多樣，是很好的食物來源，印第安人也不例外。但當他們掌握了種植技術後，會逐漸往平地遷徙。例如木薯，亞馬遜熱帶雨林裡的印第安人學會種植木薯後，開始往加勒比海的各個島嶼遷徙，因為那裡更適合農耕，熱帶雨林過量的雨水產生的淋溶作用使土地變得貧瘠，不適合農作物生長。而且在熱帶雨林裡，各種枝繁葉茂的高大植物太多，遮擋住太陽，生長在地下的木薯很難得到陽光的潤澤。

十二月，西班牙航海家迭戈・列佩（Diego de Lepe）率領兩艘帆船前往西印度探險。次年（一五〇〇年）四月抵達巴西東北部某地，並繼續沿海岸南下到達南緯十度，然後北返至帕里亞灣，一五〇〇年七月回國。

西班牙人在新大陸一連串的發現對哥倫布來說不是好事，國內的人包括王室開始對他產生質疑。再加上哥倫布在治理西印度時，為了維護穩定，處置了一些西班牙人，很快就有人把狀告回國內。於是西班牙王室派遣博巴迪拉（Francisco de Bobadilla）為駐西印度總督，取代哥倫布的位置。哥倫布兄弟二人被逮捕，並押送回國。但鑑於哥倫布的功勞實在太大，不久後兄弟倆就被釋放。只是哥倫布及其子孫世代統治西印度的

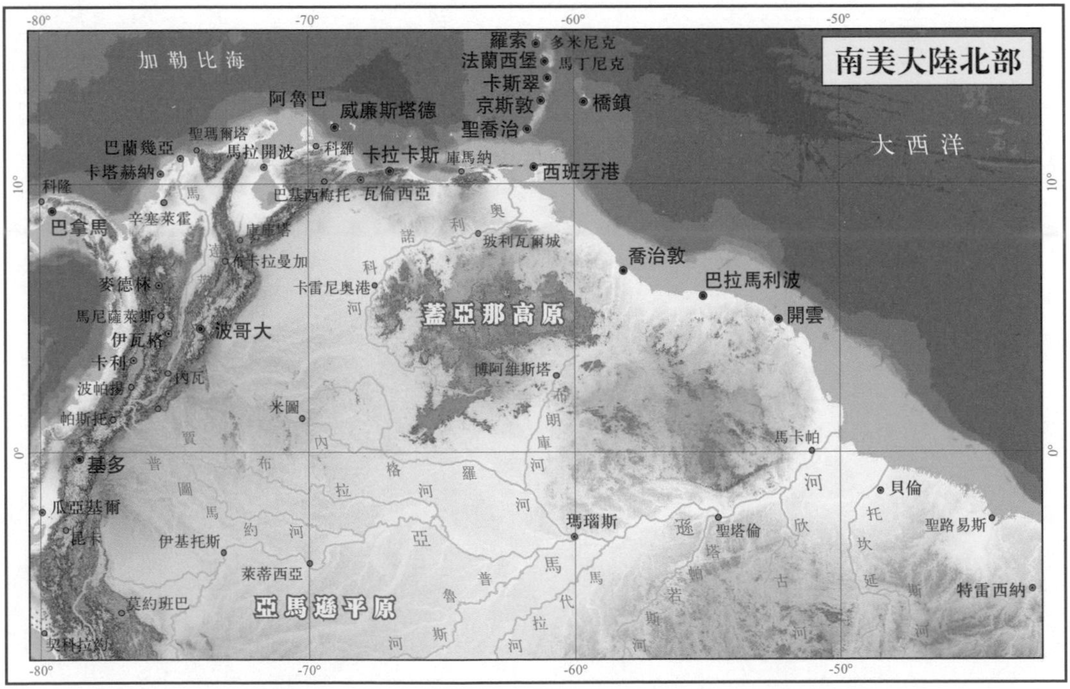

權力沒有了，就是《聖塔菲協議》基本作廢了，因為這時新發現的陸地面積已經遠超過西班牙本土面積，原協定也無法執行。

一五〇〇年十月，西班牙航海家巴斯蒂達斯（Rodrigo de Bastidas）與胡安率領兩艘帆船前往西印度探險。他們到了西印度後，沿著加勒比海南岸向西航行，考察了從瓜希拉半島（今哥倫比亞境內）到巴拿馬地峽的一千公里未知海岸線，沿途還發現了馬格達萊納河口和海拔五千八百公尺的哥倫布峰。很顯然，胡安才是第一個確認美洲大陸存在的人。至此，南美大陸北部和東北部的輪廓已經呈現在西班牙人眼前了，怎麼看都不像亞

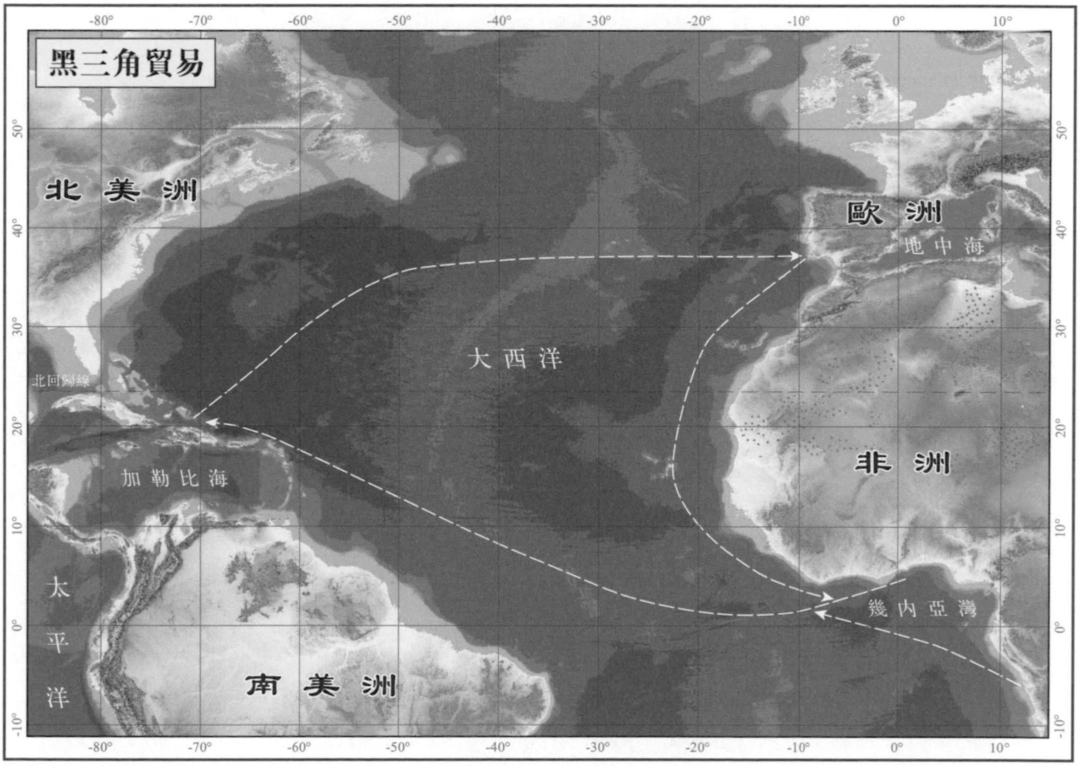

洲，更像一塊新的大陸。

隨著發現的陸地愈來愈多，西班牙需要想辦法管理這些土地，以獲取更多資源。做為歐洲的山地國家，西班牙的人口不多，而美洲土著又難以馴服，於是西班牙人從葡萄牙人手中買來強壯且順從的黑奴，運往西印度，於是著名的「黑三角貿易」就開始了。

「黑三角貿易」就是歐洲人開闢的從歐洲到非洲，再從非洲到美洲，最後返回歐洲的一條貿易線。歐洲人把鹽、布匹、羊毛、葡萄酒、玻璃球等運到幾內亞灣，換取非洲的奴隸，再把黑奴運到美洲，賣給那裡的殖民農場主，再換成糖、菸草和稻米等產品、金銀和工業原料返航。每一趟都不會空手而回，賺得盆滿缽滿。這條航線狀如三角形，又因其中黑奴的價值最高，所以稱為「黑三角貿易」。從一五〇二年二月西班牙派尼古拉斯・德・奧萬多（Nicolás de Ovando）率領三十二艘船，共三千人去美洲殖民開始，這條航線漸備雛形，直至後來英、法等國參與進來，這條航線成為大西洋上最繁忙的航線，持續三百年之久，非洲因此損失了一億多人口。這些非洲黑奴徹底改變了加勒比海的人口結構，同時印第安人數量急劇減少，此消彼長，這裡最終變成以黑人為主。

一五〇二年三月，哥倫布第四次遠航西印度。達・伽馬這時已經從真正的印度返回，在很多人的眼裡，哥倫布成了騙子。因此，這一次哥倫布更多的是為了榮譽，他要完成一次環球航行，證明他的判斷沒有錯。只是這一次，支持他的人更少了，只湊了四艘船、一百五十人。六月中旬，船隊先到達小安地列斯群島的馬丁尼克島。六月下旬，哥倫布不顧禁令抵達海地的聖多明哥躲避暴風雨，還想用一艘破船換取奧萬多的一艘好船。奧萬多正是帶著三千多人前來殖民的首領，大概是為了讓他感覺船不是白要的，哥倫布告訴奧萬多最近別出海，有風險。奧萬多當然沒答應，也沒把哥倫布的話放心上。不久後，奧萬多在海遭遇了暴風雨，十九艘船沉入海底，五百人喪生。

七月中旬，哥倫布的船隊離開聖多明哥，沿海地西南海岸西航，先後到達牙買加島和古巴島。從古巴島西部南海岸一帶橫渡加勒比海，發現了巴伊亞群島（今宏都拉斯境內），然後沿海岸一路南下，考察了今宏都拉斯、哥斯大黎加和巴拿馬一帶的海岸，到處尋找海峽卻找不到。接近達連灣附近時，船隊掉頭返回古巴，然後東返。後來，因為船隻受損嚴重，哥倫布一行人被困在牙買加島北岸的聖安斯貝一年多，直到一五〇四年六月才得以脫險。

一五〇四年九月，哥倫布的船隊離開牙買加島啟程回國，十一月初回到西班牙。遺憾的是，他的主要贊助者伊莎貝拉女王已於當年去世，國王斐迪南二世對他十分冷漠。

第四次遠航讓哥倫布非常失望，兩年後在瓦拉多利德病逝。直到死前，哥倫布一直堅信他到達的是亞洲，但愈來愈多人認為還離亞洲很遠。

今天的美洲地圖上，有眾多以哥倫布命名的地名，其中最大的是哥倫比亞，他們以哥倫布的名字命名了這個國家。哥倫比亞（Columbia）是哥倫布（Columbus）的拉丁文寫法，就像亞美利加和亞美利哥的關係一樣。論面積，哥倫比亞在美洲算不上大國，但論成就，亞美利哥同樣和哥倫布無法相比。

第十七章

一個意外的發現——聖十字架之地「巴西」

幾乎就在西班牙人踏上美洲大陸的同時，葡萄牙人也在無意中發現了這片大陸。

一五〇〇年初，達·伽馬歸國後不久，葡萄牙國王曼紐一世派卡布拉爾（Pedro Álvares Cabral）率令一支由十三艘帆船組成的武裝船隊前往印度，打算教訓一下那裡的穆斯林，奪取印度洋的控制權。但按葡萄牙一貫的做法，達·伽馬沒有參加這次遠征，反而是巴爾托洛梅烏·迪亞士和弟弟第奧古·迪亞士（Diogo Dias）去了，各擔任一艘船的船長。三月九日，船隊從里斯本出發。與達·伽馬一樣，卡布拉爾採用遠離大陸、直線航行的方式，但這次出海很不順利。兩個星期後，暴風雨突至，一艘船失蹤。緊接著，船隊在南大西洋無意間進入了無風區，然後被洋流裹挾著一路向西漂流，如果運氣不佳，有極大可能會全員覆沒。萬幸的是，四月二十二日，船隊在南緯十七度附近發現了陸地。

當時的葡萄牙人不知道，正是這股洋流挽救了他們，還讓他們發現了一塊新大陸。葡萄牙的船隊越過維德角，往南大西洋行駛時，隨即進入赤道一帶。由於遠離大陸，受信風影響，這裡成為赤道無風帶。一般而言，對遠洋的帆船來說，只要進入無風帶，很難再活著出來，但恰好這裡有股南赤道暖流，將他們帶到南美大陸附近後，又偏向西南，我們稱為巴西洋流，最終是巴西洋流將他們帶到了陸地。南赤道暖流以北，就是北赤道暖流和南赤道暖流之間，其實還有一股赤道逆流，往日葡萄牙人前往非洲時，一般離海岸線不太遠，或者先到聖喬治中轉，靠的正是這股赤道逆流把他們帶入幾內亞灣。這次離海岸線太遠，超出以前的經驗，以致發生意外。

至於洋流，之前多次提過，這裡正好系統地說一說，後續的航海過程中，航海家們經常碰到洋流問題。

洋流是一種大規模的海水運動，動力主要來自於風，因此洋流的分布和風帶的分布密切相關。但洋流的運動不僅受風的影響，還受地球的科氏力影響。同時，由於海洋底部凹凸不平，洋流受海底地形影響。總之，洋流的形成比較複雜，但有一個特點，就是常年沿某一個方向持續、穩定地流動。早在古希臘時期，遠航的古希臘人就發現它們像河流一樣在海面流動，因此稱為洋流。

洋流的成因雖然複雜，但並非無規律可循。以大西洋為例，以赤道為界，把它劃分為北大西洋和南大西洋。在北大西洋，洋流呈順時針方向流動，而南大西洋的情況則相反，呈逆時針方向流動。在北大西洋，由北大西洋暖流、加納利寒流和北赤道暖流組成一個完美旋渦，旋渦中心相對平靜，馬尾藻海因此產生。在赤道附近，北赤道暖流將大量的海水從東部帶到西部，同時南半球的南赤道暖流更加劇了這一現象，為了保持海平面的相對平整，受重力的影響，於是在南、北兩股赤道暖流中間形成赤道逆流，從西往東把海水帶到東部。太平洋的情況類似，北半球的洋流呈順時針方向流動，南半球呈逆時針方向流動，同時在南、北兩端，也就是靠近南、北兩極的地方，形成與這個大旋渦方向相反的洋流。印度洋的情況略有差異，因為印度洋相對較小，在半球沒有形成一個大旋渦，只是由印度洋上的季風暖流和赤道附近的逆流形成一個反向的小旋渦。

按洋流的流動方向，如果由高緯度往低緯度流動，就是由寒冷地帶往溫暖地帶流動，稱為寒流；相反的，如果由低緯度往高緯度方向流動，就是由溫暖地帶往寒冷地帶流動，稱為暖流。洋流在流動

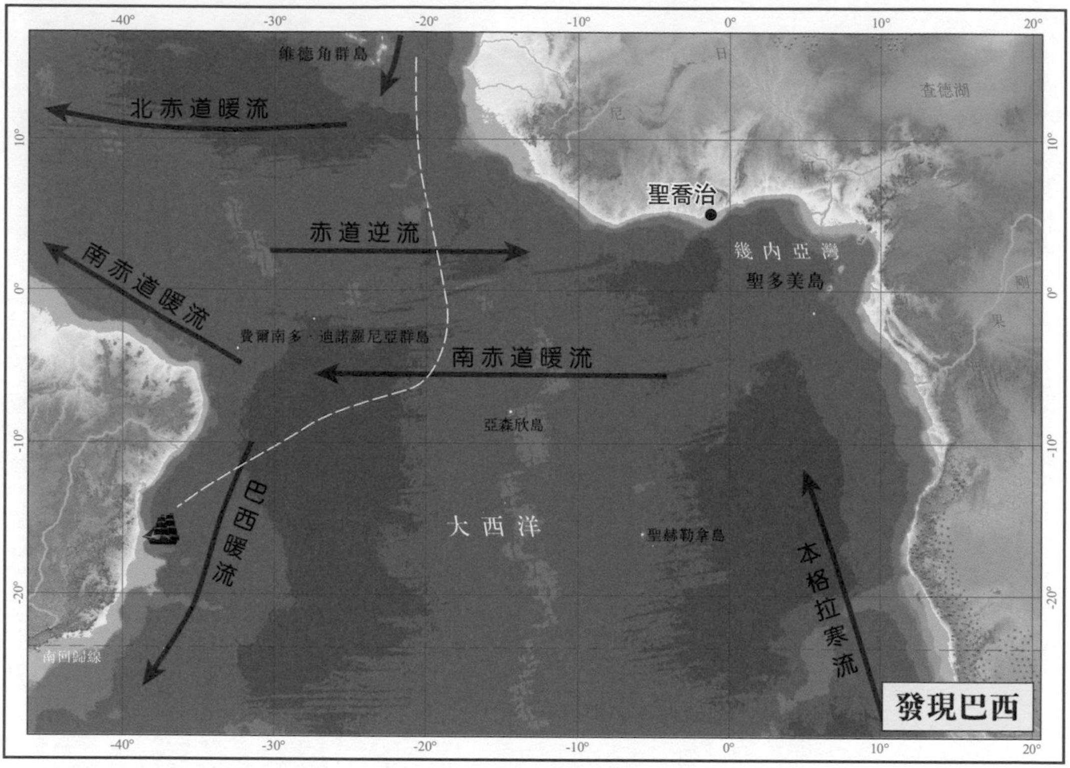

發現巴西

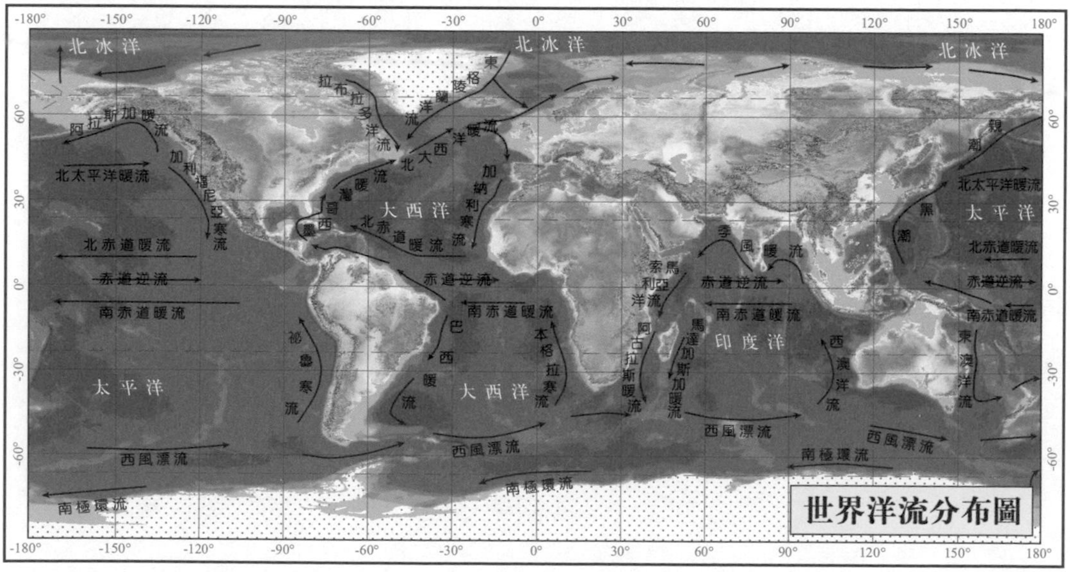

世界洋流分布圖

的過程中，會攜帶大量礦物質，礦物質是浮游生物的食物來源，而浮游生物又是魚類的食物來源，在寒、暖兩股洋流交匯的地方，寒流往下鑽，暖流往上跑，攪動海水，把大量的礦物質帶到表層海水，造成浮游生物繁殖加快，而魚類也生活在表層海水，於是這些地方就會形成大型漁場，如親潮（千島群島寒流）和黑潮（日本暖流）交匯形成北海道漁場，北大西洋暖流與東格陵蘭寒流交匯在英國北部形成北海漁場，墨西哥灣暖流和拉布拉多寒流交匯形成紐芬蘭漁場。當然，紐芬蘭漁場的形成也有東格陵蘭寒流的功勞，而墨西哥灣暖流可以看成是北大西洋暖流的一部分。但也有例外的情況，例如祕魯西部海域，沒有寒暖洋流交匯，卻也形成了世界四大漁場之一的祕魯漁場。這是因為祕魯寒流和其他寒流不同，屬於上升流。祕魯沿岸盛行東南信風，東南信風吹動表層海水遠離海岸，造成表層海水水位下降，深處的祕魯寒流上翻形成補償流，並將礦物質帶到淺海，再加

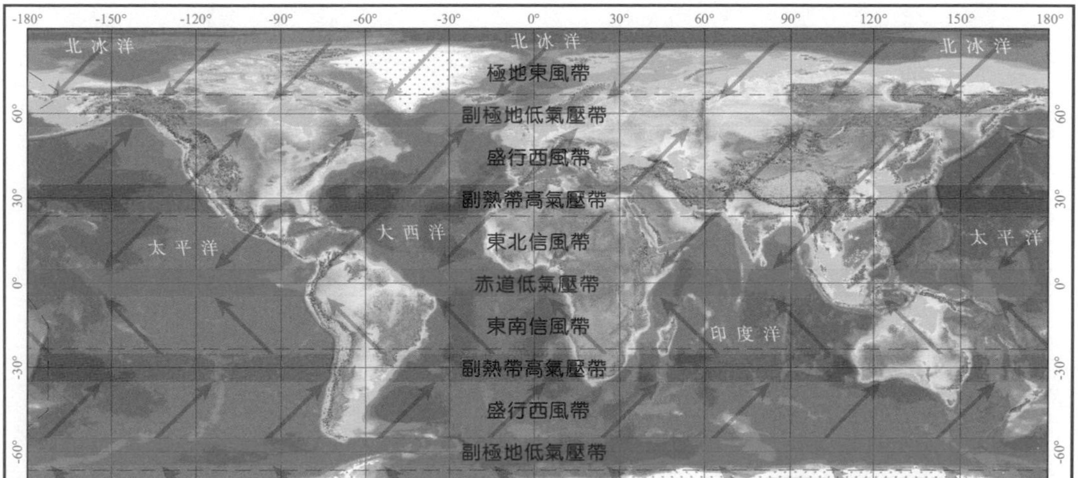

世界氣壓帶和風帶

上這裡離赤道低氣壓帶很近，雲霧多，於是浮游生物大量繁殖，生活在這裡的魚蝦有了充足的食物，大量繁殖，最終形成大漁場。

與祕魯漁場條件類似的是非洲西岸，受東南信風影響形成離岸流，本格拉寒流上升形成補償流，所以也有一個大漁場——東南大西洋漁場。印度洋的東岸，就是蘇門答臘島和爪哇島附近，卻沒有產生大漁場，雖然也有西澳洋流北上，原因就在於主要受季風影響，受信風的影響很小，沒有形成離岸流，西澳洋流到此後，沒有上升形成補償流。

除了這些世界性洋流外，還有一些區域性洋流可以形成漁場。例如中國，日本暖流北上時，一部分洋流穿過琉球群島進入黃海，黃海海面升高必然外流，迴旋後沿中國海岸南下，形成寒流；與此同時，一部分北赤道暖流穿過菲律賓群島後沿中國東南沿岸北上，稱為臺灣暖流。最終，這兩股洋流在舟山群島一帶匯合，形成中國最大的漁場——舟山漁場。與前述世界性大漁場不同，舟山漁場屬於淺海漁場，水產資源有限，再加上離長江出海口和錢塘江出海口很近，容易形成優養化，如果不注意適度捕撈和環境保護，這裡的漁業資源很容易受損。

洋流對氣候的影響顯而易見，例如歐洲大陸，受北大西洋暖流的影響，不僅氣溫比同緯度地區（如中國東北）高，而且隨著北大西洋暖流帶來的暖溼氣流使得這裡的降水豐富，同緯度的中國西北地區就很乾旱。同理，寒流過境之處，所攜帶的乾冷空氣會加劇附近陸地的乾旱。以澳洲為例，澳洲中部大片沙漠的形成固然與副熱帶高壓有關，但在澳洲東岸，氣候相對宜人，這是受東澳洋流影響所致，而西海岸卻荒蕪得多，正是受西澳洋流影響所致。西澳洋流加劇了這一帶的乾旱情況，使沙漠的範圍更廣。類似的情況在非洲南部也有出現，東岸相對宜人，因為有暖流經過，而西岸的納米比沙漠綿延二千多公里，正是與本格拉寒流息息相關。

洋流的存在對航海者來說，有時會帶來利多，例如哥倫布穿越過馬尾藻海，葡萄牙人意外發現一片陸地；有時會帶來滅頂之災，例如鐵達尼號事件。

鐵達尼號事件發生在一九一二年四月十日這天，鐵達尼號從南安普敦出發，開始了第一次也是唯一一次正式航行。南安普敦是英國一座歷史悠久的港口城市，一六二〇年的「五月花號」同樣從這裡出發。一開始，鐵達尼號沿著海岸線走，還在法國的瑟堡港接了一批乘客，過了愛爾蘭島後，正式駛入茫茫的大西洋。五天後，在紐芬蘭大淺灘（紐芬蘭島東南部，也是紐芬蘭漁場）以南，鐵達尼號撞上了冰山，船艙進水，兩個多小時後，船體撕裂成兩截，最終沉入大西洋底。沉沒的地點位於北緯四十二度左右，和北京的緯度只差了兩度，而且四月中旬已經是暮春時節，氣溫並不冷，鐵達尼號從緯度更高的英國駛來，已經航行了四千公里都沒事，反而在接近美洲的那一刻撞上冰山，正是和洋流有關。正常情況下，這個季節的紐芬蘭島附近不應該有冰山，但恰好有兩股冰冷的洋流從北部流入，一條是格陵蘭島東側的東格陵蘭洋流，一條是格陵蘭島西側的拉布拉多洋流，兩股洋流在這裡匯合，既造成大漁場，也讓水溫比較低，隨洋流南下的不僅有冰冷的海水，還有沒來得及融化的冰山。學過物理的人都知道，冰山浮在水上時，其中九〇％都在水面以下，只有一〇％露出水面，所謂「冰山一角」正是來源於此，鐵達尼號排水量高達四萬六千噸，是當時世界上最大的輪船，這個體積的巨輪撞上冰山，結果可想而知。

一五〇〇年四月二十二日，當葡萄牙人的船隊被洋流推到一片陸地時，領隊卡布拉爾以為是個海島，把它命名為「聖十字架之地」，同時派船長尼古拉帶著一支小分隊乘小艇上岸考察。三天後，風暴來襲，卡布拉爾率船隊北上，沿途尋找避風港，往北行駛了六十公里後才找到一個安全的海灣。風暴過後，卡布拉爾在這裡舉行對「真十字架島」的占有儀式，並建立據點。同時，第奧古．迪亞士船長在離岸十公里的地方發現了印第安村莊。顯然，情況與卡布拉爾的預想有些出入，但眼下的任務是去印度武力征服，沒有過多時

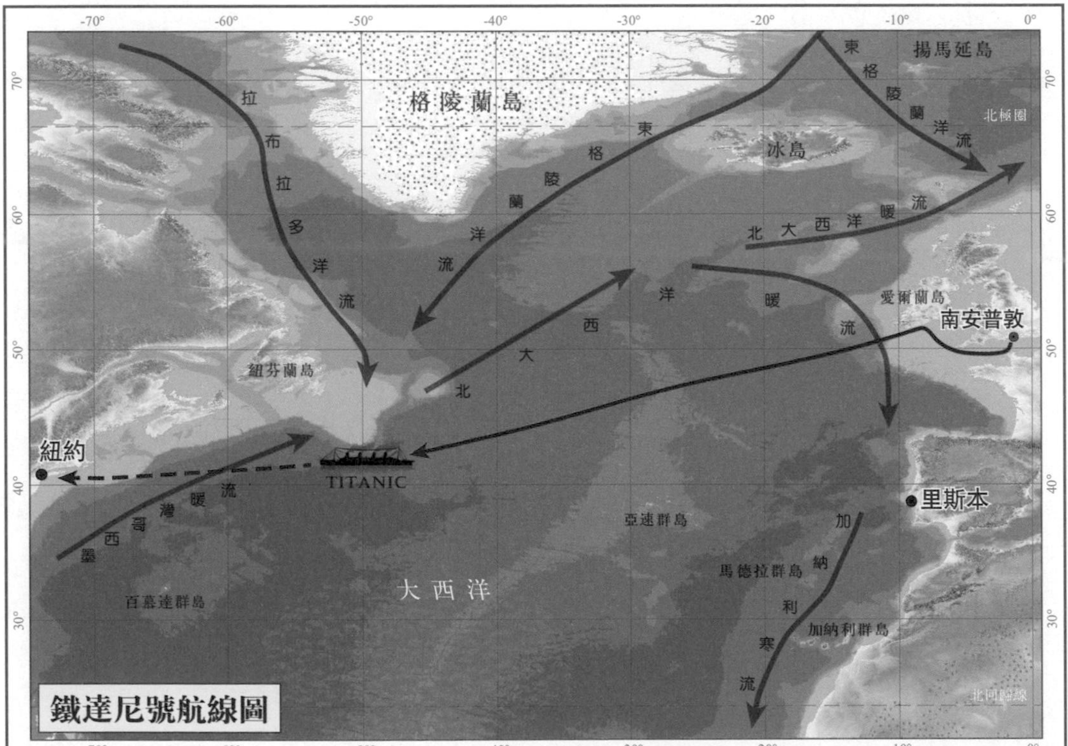

鐵達尼號航線圖

間繼續探索，於是派一艘船先回里斯本報信，親率主力繼續往印度方向駛去。

五月二十三日，船隊到達好望角。好望角原名風暴角，名副其實，葡萄牙人在這裡遇上風暴，四艘船沉入海底，大航海家巴爾托洛梅烏·迪亞士不幸罹難。發現好望角是迪亞士一生最大的成就，沒想到他人生的終點也在這裡。可以說，終其一生，迪亞士都沒能真正進入印度洋。還有一個不好的消息，另一位船長，第奧古·迪亞士也掉隊失蹤了，卡布拉爾只剩下六艘船。

七月十六日，卡布拉爾率領剩下的船隊到達東非的索法拉；七月二十日，到達莫三比克；七月二十六日，到達基爾瓦基斯瓦尼；八月二日，抵達馬林迪後，為橫

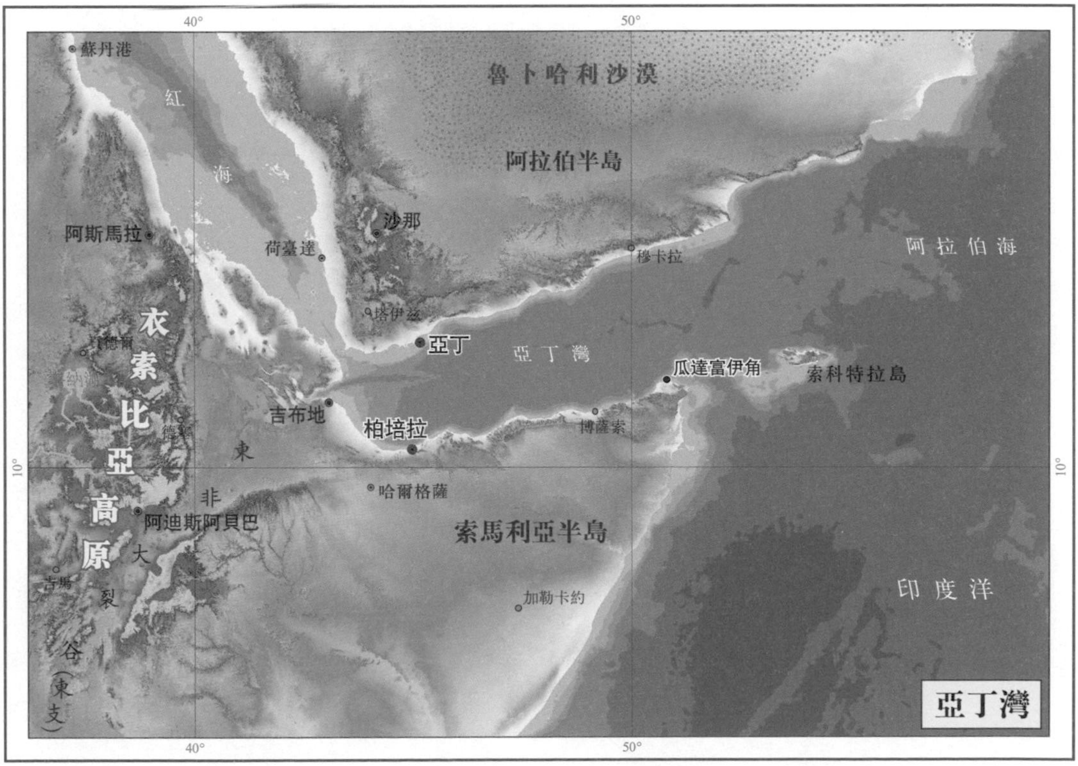

渡印度洋做準備，雇了一名阿拉伯籍引水人。九月十三日，乘西南季風，沿著達．伽馬開闢的航線，葡萄牙的武裝船隊終於到達科澤科德。

再說失蹤的第奧古．迪亞士，被風暴吹散後，在海上漂了兩個多月後，意外發現一個大島。這一天（八月十日）正好是基督教的聖勞倫斯節，於是迪亞士把它命名為「聖勞倫斯」，即今馬達加斯加島。雖然早在十年前，葡萄牙的間諜兼探險家佩羅．達．科維良（Pêro da Covilhã）曾在報告中提過這個島，而且說該島的阿拉伯語名字為「月亮之島」，但後人仍把第奧古．迪亞士做為發現馬達加斯加島的歐洲第一人。

第奧古．迪亞士沿著馬達加斯加島東岸考察了一千五百公里的海岸線，最後在島嶼的北端登陸休整。按他的預想，可以在馬林迪等待與卡布拉爾的船隊會合，於是繼續向北航行。但中途偏離了航線，最後在非洲之角（索馬利亞半島）以東看到海岸，然後他們沿海岸繞過了半島的頂端，即瓜達富伊角，向西航行了九百多公里，駛入葡萄牙人從未到達的亞丁灣。此時正值夏季，西南季風颳起，第奧古．迪亞士頂著逆風航行，又遭遇海盜，在海上度過了令人痛苦的幾個月後，最終在柏培拉港靠岸。

葡萄牙人一上岸，立即與當地的穆斯林發生衝突，約六十名葡萄牙人喪生（迪亞士只有一艘船，總共才一百多人）。擊退穆斯林後，第奧古．迪亞士打算立即回國，中途因為壞血病，又損失了二十五人。回國途中，到達維德角群島時，意外地與返航的卡布拉爾船隊會合。第奧古．迪亞士這次遠航損失慘重，九死一生，既沒帶回印度的香料，也沒帶回黃金，但他為葡萄牙人帶回了馬達加斯加島和索馬利亞半島的第一手資料，為後續的航海者指明了方向。

另一支小分隊返回里斯本後，將「真十字架島」的情況彙報給葡萄牙國王。曼紐一世立即宣布葡萄牙王國對其擁有全部主權，並把「真十字架島」改名為「聖十字架之地」，因為他們後來發現這裡不像小島。再後來，發現這裡盛產大量的紅木（Brasil），於是用紅木來命名這個地方，音譯成中文就是巴西。只是當時的葡萄牙人萬萬沒想到，巴西的面積比葡萄牙本土大了近一百倍。

第十八章

葡萄牙與穆斯林之爭——征服印度洋

葡萄牙到印度的最終目的還是利益，畢竟這裡的香料比歐洲貴了二十倍，如果不用武力就能獲取這些利潤，葡萄牙人當然很樂意。葡萄牙人派遣武裝帆船到印度絕不是單純為了開戰而開戰，主要還是為了維護貿易安全。葡萄牙人到達科澤科德後，第一件事就是設立貨棧，開設貿易點，停靠在港口的武裝帆船只是發揮威懾作用。但當地的穆斯林卻不這麼想，他們不會眼睜睜看著葡萄牙人把原本該他們賺取的錢都賺走。

一五〇〇年十二月十六日，當地的穆斯林發動騷亂，搗毀了葡萄牙人的貿易點，還打死五十多名葡萄牙人。卡布拉爾立即下令扣留十幾艘穆斯林商船，沒收船上的全部貨物，殺死了五百多名穆斯林船員，最後將穆斯林商船付之一炬。衝突升級，雙方水火不容，科澤科德看來是不能待了，卡布拉爾向科澤科德城開了幾炮後，轉向附近的科欽（科契）、坎努爾等港口城市。這些城市與科澤科德處於敵對關係，葡萄牙人得以在這裡落腳並開展貿易。特別是科欽，當時首領為了在與周邊城市競爭中取得優勢，還准許葡萄牙人在此建立一個要塞。要塞不同於普通的商站，它有武裝力量守護，相當於葡萄牙的海外軍事基地。

卡布拉爾這次遠征可說是以失敗告終，船隻和船員損失過半，已經沒有力量與當地穆斯林硬碰硬，第二年一月，他就率領剩下的四艘船回國，到達維德角群島時，遇到同是返航的迪亞士。

但葡萄牙國王曼紐一世顯然不甘心就此放棄在印度的巨大利益，經過五年的準備後，曼紐一世任命阿爾梅達（Francisco de Almeida）為印度總督，帶領一支龐大的艦隊遠征印度。艦隊共有帆船二十艘，各類人員共二千人，其中作戰士兵占了一千五百人，在葡萄牙乃至世界遠航史上都是前所未有的。曼紐一世給阿爾梅達的命令是：殲滅一切非葡萄牙的艦船，占領所有重要沿海據點，封鎖從直布羅陀一直到麻六甲的海路，壟斷所有東方貿易。

對葡萄牙人來說，非洲西海岸已經是他們的傳統勢力範圍，阿爾梅達這次的主要任務是挑戰印度洋上的穆斯林，特別是阿拉伯人的傳統勢力。東非沿岸如索法拉、莫三比克、基爾瓦基斯瓦尼、蒙巴薩這些穆斯林城邦本身實力有限，葡萄牙人一路洗劫，對方毫無還手之力。難點在印度洋北部，就是阿拉伯海這部分。之所以稱為阿拉伯海，就是自從阿拉伯人從半島崛起後，幾個世紀以來都被阿拉伯人控制，而從亞洲到歐洲的海上商路，阿拉伯海又是必經之地。

十五世紀，讓歐洲人夢寐以求的香料主要產自兩個地方，一個是印度，一個是東南亞，想要把這兩個地方的香料運往歐洲賺取巨額利潤，除了陸上絲綢之路外（已被鄂圖曼土耳其人阻斷），最便捷的海路就是阿拉伯海。東南亞的商人（既有東南亞人，也有中國人、印度人）通常把香料運到印度，再由印度商人運到中亞和歐洲，按商業邏輯來講，運到歐洲更賺錢，因為歐洲最缺這個。這些印度商人通常是穆斯林，一般來說也是阿拉伯人。阿拉伯人在印度裝滿香料後，有兩條路可以運往歐洲：一條是北線，經阿拉伯海過阿曼灣，再過波斯灣，在巴斯拉上岸，由陸路運抵兩河流域中心城市巴格達，再由巴格達經由陸路到達安條克，最後經地中海運往歐洲各個市場；另一條是南線，經阿拉伯海過亞丁灣（亞丁灣為什麼至今都有海盜？因為它是一條商貿要道），穿紅海後轉陸路（當時蘇伊士運河還沒開通）抵達開羅，最後從亞歷山大港經地中海運往歐洲各地。從經濟上講，水上運輸更便宜，南線比北線更繁忙。無論是南線還是北線，最終的集散點都在地中海東岸的安條克和南岸的亞歷山大港一帶，而這些地方當時都屬於埃及的布爾吉王朝，此時埃及的主體民族已經是阿拉伯人。

這兩條航線是穆斯林、特別是阿拉伯人的財富來源，也是造成香料價格在歐洲市場居高不下的原因。葡萄牙人想壟斷印度洋的貿易，毫無疑問就要奪下這兩條航線的控制權。不僅如此，葡萄牙人還要讓原來航行在阿拉伯海的穆斯林商船全部變成葡萄牙商船。要實現這個目標，打破阿拉伯人在印度洋上幾百年的壟斷，看起來似乎難以實現。

一五〇六年，葡萄牙艦隊攻占了索科特拉島，等於控制了亞丁灣的出入口。一五〇七年，葡萄牙艦隊又攻占荷姆茲島。荷姆茲島位於波斯灣入口處，島上有座城也叫荷姆茲（中國古書翻譯為忽魯謨廝），葡萄牙人攻入城中後，強行徵稅，對當地的穆斯林實行非常殘酷的統治。有了這座城，葡萄牙人等於控制了波斯灣和阿曼灣的出入口。這樣看來，兩條航線很快就會被葡萄牙人控制了。

做為利益受損最大的一方——埃及，當然不能眼睜睜看著葡萄牙人虎口奪食，但埃及人知道，僅靠自己的力量恐怕對付不了葡萄牙人，他們還需要一些同是穆斯林的盟友。只是讓葡萄牙人萬萬沒想到的是，這些穆斯林盟友裡，居然有一個基督教國家。

葡萄牙人和穆斯林的戰爭，既有利益上的爭奪，也有宗教上的因素，最根本的原因還是利益之爭。早在達·伽馬到達印度後，葡萄牙人就不停派出船隻騷擾、搶劫穆斯林在印度洋上的船隻，從那時開始，穆斯林商人運往地中海的貨物就日漸減少。穆斯林商人通常只把商品運到地中海沿岸，再由威尼斯商人販賣到沿地中海的各個歐洲國家，一是穆斯林的傳統勢力在印度洋，不在地中海，二是由威尼斯人和歐洲人打交道要方便得多。自從鄂圖曼帝國控制了東地中海沿岸後，歐洲各國都感到物資匱乏時，威尼斯商人早就和穆斯林達成默契，賺得盆滿缽滿。但是現在，葡萄牙人打亂了穆斯林的傳統航線後，威尼斯商人在地中海港口能裝的貨物愈來愈少，特別是能賺取暴利的香料，幾乎看不到影子了。讓威尼斯商人很惱火，於是他們也想幫忙教訓一下葡萄牙人。

　　鄂圖曼帝國是游牧民族出身，不擅長航海，而且目標一直是歐洲腹地和地中海，印

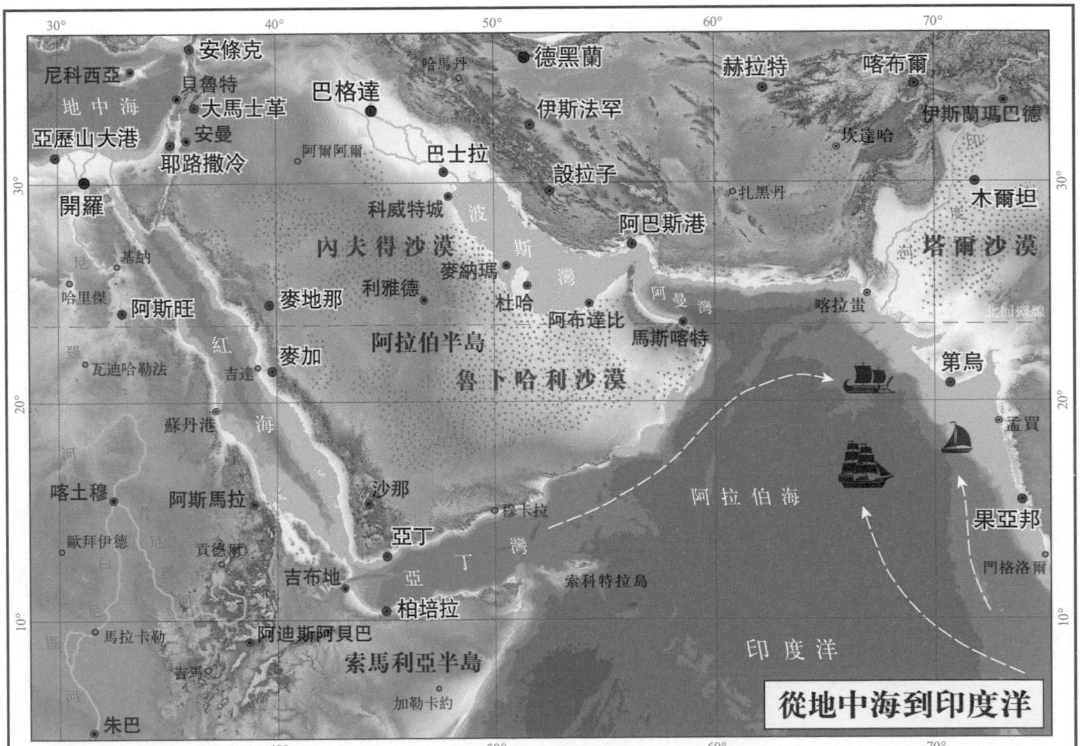

從地中海到印度洋

度洋上的事其實與他無關，但帝國運輸木料的商船在印度洋上被葡萄牙襲擊了，於是鄂圖曼帝國也加入進來。

另外兩個印度盟友，一個是與葡萄牙人多次衝突的科澤科德城邦，一個是第烏港所在的古吉拉特蘇丹國。

鄂圖曼帝國沒有直接參戰，而是向埃及支援一批地中海式排槳戰船，還順帶送了一批希臘水手。此時的希臘已被鄂圖曼帝國統治，做為有著幾千年航海歷史的民族，希臘盛產優秀的水手。但如何將這些戰船從地中海運到印度洋，埃及人遇到困難，這時威尼斯人就出現了。威尼斯人長年生活在水上，對船體的構造比自己的身體還清楚，他們把這些戰船在亞歷山大港解體，透過陸路運到紅海岸邊，再重新組裝下水，成功解決埃及人的難題。

一五〇七年，埃及艦隊向印度出發，按事先的約定，準備在印度的第烏港集結，攻擊葡萄牙人。新艦隊首先駐守在邊境線附近的吉達港（紅海北岸，東距麥加七十公里），防範葡萄牙人的截擊。沒有發現敵情後，艦隊越過亞丁港，於一五〇八年到達第烏。

一五〇九年初，埃及和印度聯軍偵察到葡萄牙軍隊正從科欽北上，於是誘敵深入，退守第烏，打算利用第烏的防線殲滅葡萄牙軍。第烏不僅是個港口，還建有要塞，周圍布滿了岸防炮。聯軍知道葡萄牙人的火炮厲害，單憑戰船難能取勝。

集結在第烏港的阿拉伯人和印度人聯軍有二萬人，戰船一百艘，其中十二艘大船。埃及人的船有兩種，一種是鄂圖曼帝國援助的地中海槳帆船，這種船主要為適應地中海的環境而建造，主要的動力是人力划槳，船體兩側布滿了槳孔（舷窗），因此無法在兩側裝載舷炮，不然會影響划槳，只能在兩頭裝載船首炮和船尾炮，而船首和船尾的空間狹窄，能裝載的火炮數量有限，通常只能裝一座火炮。這種火炮的管子比較長，歐洲人稱為加農炮，「加農」（canna）是拉丁語「管子」的意思。另一種是阿拉伯人傳統的單桅三角帆船，單桅帆船船體小，重量輕，速度快，是近海貿易的最佳選擇，但載重量小，無法裝載沉重的加農炮，只能靠船上的弓箭手作戰。而科澤科德和古吉拉特蘇丹國大多也是傳統的阿拉伯單桅帆船。

聯軍裡面除了十二艘大船裝有火炮外，其他都是只有弓箭手的單桅帆船。說是海戰，其實他們的目標是把葡萄牙人誘入第烏要塞附近，利用岸上火炮的掩護衝上敵人的甲板肉搏。

葡萄牙方面，領軍的正是首任印度總督阿爾梅達，戰船十八艘，一千八百名葡萄牙士兵，還有四百個科欽士兵來幫忙。葡萄牙人主力戰船是克拉克帆船（卡瑞克帆船），這種船的特點是有多層甲板，有更多船艙可以擺放物資，可以布設多層側舷炮，它的風帆結合了三角帆和橫帆的優點，動力強勁，即使逆風航行也不在話下。當然，它有個缺點，就是重心太高，遇到狂風暴雨時容易翻船，船體太笨重，很難進入淺海和內河。為了克服這個缺點，後來出現了改良型蓋倫帆船，還有輕量版卡拉維爾帆船。哥倫布第一次遠航的旗艦聖瑪利亞號就屬於克拉克帆船，而另兩艘平塔號和尼尼雅號則屬於卡拉維爾帆船。總之，這種結合商業貿易和海上戰鬥的船型，成為大航海時代遠洋航行的主流，我們看電影的（如《神

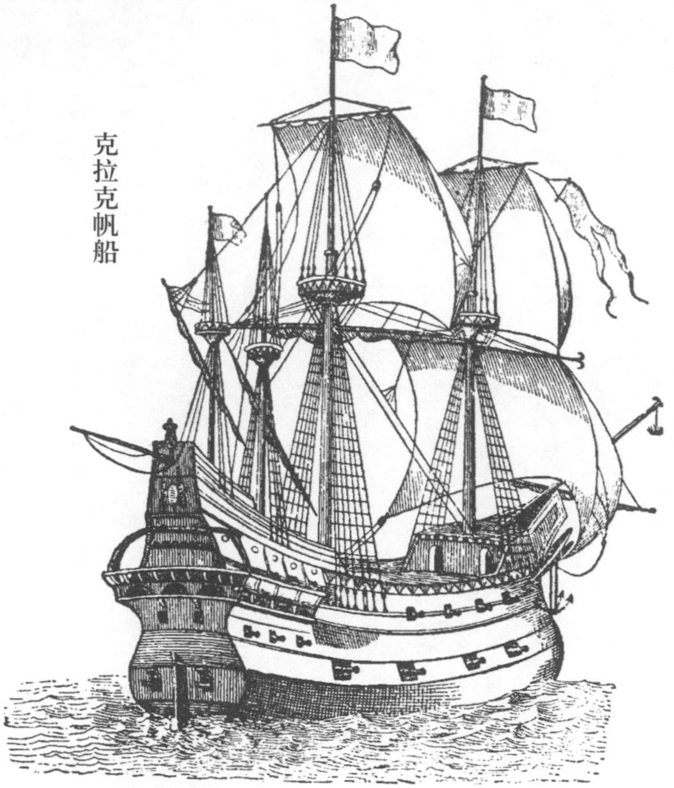

克拉克帆船

單桅三角帆船

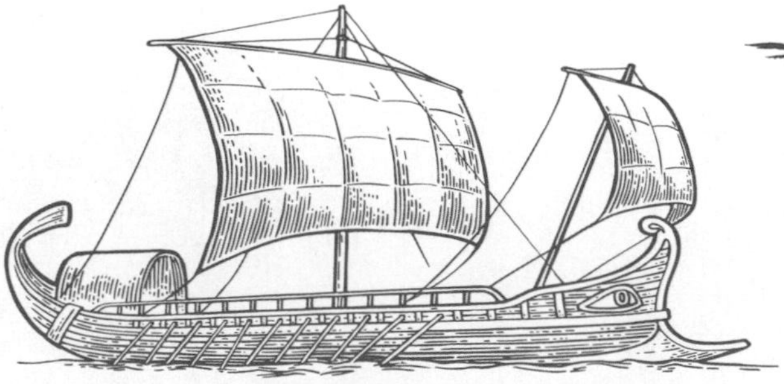

排槳帆船

鬼奇航》）海戰時，雙方繞著圈互射，就是利用這種船型的側舷炮，威力可見一斑。

如果打肉搏戰，葡萄牙人肯定不是對手，聯軍的人數是他們的十倍。雖說葡萄牙人有槍，但這時的槍還是火繩槍，威力還不如弓箭。

戰爭一開始，穆斯林聯軍就發現不對勁，第烏要塞的岸防炮射程不如葡萄牙人的加農炮，岸防炮起不了作用，於是他們駕船衝入敵陣，打算按傳統的戰法，先用船頭的撞角撞擊敵船，然後衝上敵人的甲板肉搏。但這樣一來情況更糟了，聯軍的船隻還沒靠近，葡萄牙的側舷炮一陣轟鳴，許多戰船沉入海底，剩下一些勇猛的士

從果亞邦到麻六甲

兵衝到葡萄牙船邊時，卻發現葡萄牙人的戰船高大得爬不上去，而船舷上葡萄牙士兵正拿著火槍朝他們射擊，許多人還沒明白怎麼回事就葬身海底。

這場戰爭以葡萄牙人的完勝告終，面對十倍於己的敵人，葡萄牙人不但獲得勝利，而且幾乎沒什麼損失，只有一小部分人受傷，其中一位名叫斐迪南．麥哲倫（Ferdinand Magellan）。麥哲倫這時只是葡萄牙艦隊裡一名低階軍官，沒有人會預料到他將來會在世界航海史上留下濃墨重彩的一筆。

第烏之戰標誌著印度洋的控制權由穆斯林轉移到葡萄牙人手裡，隨著印度洋的丟失，穆斯林的利益嚴重受損，埃及的馬木路克政權因此而亡。更重要的是，原先在歐洲大陸上節節勝利的鄂圖曼帝國突然發現後院進駐了葡萄牙人，由此轉盛為衰。對於葡萄牙人的強取豪奪，穆斯林不是沒反抗過，鄂圖曼帝國的海軍就曾試圖與葡萄牙人一戰，但最終無力回天，輝煌了近千年的穆斯林世界從此風光不在。

葡萄牙人能取得這次勝利，主要靠的是火器，這個火器不是火槍，而是火炮。穆斯林不是沒有火炮，只是這麼多年來沒有進步，反而是歐洲人，在遠洋的過程中，為了克服途中碰到的種種困難，不斷改進技術，不僅是造船方面，火器方面也全面超越了穆斯林。技術更新替歐洲人帶來利益，利益又進一步刺激技術的更新，這種良性迴圈一旦打開，火槍成為戰場的主角指日可待，歐洲的崛起已經勢不可擋。

這次遠征的主要功臣阿爾梅達，結局卻不太好，他在回國的途中死於與南非科伊科伊人的衝突中。

當然，對喜歡臨陣換將的葡萄牙人來說，損失個將領不是什麼大事，他們的目標是星辰大海，要控制整個香料貿易航線，但印度不是最大的香料產地，最大的香料產地在東南亞，因此，葡萄牙還需要再接再厲，把勢力擴展到東南亞。

一五一〇年，曼紐國王任命阿爾布克爾克（Afonso de Albuquerque）接替印度總督一職。同年，阿爾布克爾克攻克果亞，大開殺戒，城中八千人死於非命，果亞後來成為葡萄牙在印度洋上的樞紐。

印度半島的南端，隔海不遠的地方還有一個島國，就是錫蘭（今斯里蘭卡）。錫蘭實力很弱，不足為懼，再往東，過孟加拉灣，越過安達曼群島和尼科巴群島之間的十度海峽，就進入安達曼海。安達曼海往南，就是麻六甲海峽了。之所以叫麻六甲海峽，是因為扼守海峽的重鎮名叫麻六甲。從果亞到麻六甲，葡萄牙人再碰不到像樣的對手了。

麻六甲海峽是印度洋到香料群島的咽喉，如果控制麻六甲海峽，就控制了香料從遠東到歐洲的整個貿易航線，同時能確立葡萄牙海上貿易帝國的地位。很顯然，葡萄牙人的下一個目標，就是進入東南亞，攻占麻六甲。

第十九章

葡萄牙的香料貿易航線——麻六甲

東南亞，過去中國人常稱為南洋。不過所謂的南洋，主要是指東南亞的那些島嶼和馬來半島，當然也包括中南半島的沿海區域。總之，南洋是一個比較廣泛的詞，並不精確。按今天的習慣，可以把東南亞劃分為兩部分，一是緊貼歐亞大陸的中南半島，一是散落在大洋中的馬來群島。還有一個看似是島，實則與陸地相連的馬來半島，也可以把它看成是中南半島的一部分。其中馬來群島的範圍最大，包括蘇門答臘島、加里曼丹島（婆羅州）、爪哇島、菲律賓群島等二萬多個島嶼。之所以統稱馬來群島，是這些島嶼上的土著以馬來人為主。而中南半島則由於緊鄰中國和印度，最先受到文明洗禮。

由於氣候炎熱、森林茂密，中南半島不適合產生古代文明。西元元年前後，部分位於雲貴高原的西南夷人南遷，分為兩支，一支沿伊洛瓦底江和薩爾溫江而下，稱為孟人；另一支沿湄公河而下，稱為高棉人。

西元一世紀（西漢），高棉人在湄公河中下游建立扶南國（柬埔寨前身）。扶南國深受印度文化影響，在半島上一枝獨秀，開始向四方開疆拓土。由於受越南西部長山山脈的阻隔，中華文明的影響僅限於長山山脈以東的沿海地帶。三國時期，東吳大將呂岱任交州刺史時，曾遣使者到扶南國，兩國交好。

東漢末年，日南郡象林縣的占族人造反，殺縣令，自立占婆國。占人是中南半島的土著和馬來群島上島民融合形成的部族，在整個東南亞屬於比較特殊的群體。因為臨海，他們更多深受印度文化的影響，信仰印度教。占婆立國後，開始不斷南侵，勢力最終到達長山山脈的最南端。

唐朝時，扶南國被原屬國真臘取代，因定都在吳哥，又稱吳哥帝國（高棉帝國）。

五代十國時期，安南（越南）趁機獨立，從此一去不返。

此時，吳哥帝國、安南、占婆國，經常在半島上演三國殺。

吳哥帝國極盛時期，占有今柬埔寨全部、泰國和老撾（寮國）大部、越南及緬甸南部，毫無疑問是半島的霸主，也是東南亞歷史上最為強盛的國家，國土直接與唐帝國接壤。

元朝時，位於湄南河流域的泰人興起，多次打敗吳哥帝國，並於一四三一年首次攻破首都吳哥。為躲避泰人的鋒芒，三年後，高棉人把首都遷到金邊。這裡雨林茂密，世人一時忘記它的存在，直到五百年後，法國殖民者才發現它的遺蹟，就是著名的吳哥窟。

泰人的祖先是漢朝時期的哀牢，西元七七年，東漢滅哀牢國，哀牢人四散，一部分沿瀾滄江往東，在湄公河的上游，後來建立了一個小國，叫瀾滄，或者南掌（都是泰語音譯），南掌一開始依附於吳哥帝國，等吳哥帝國稍顯頹弱，南掌就獨立出來了（老撾前身）；一部分西遷，在伊洛瓦底江的上游建立撣國；還有一部分沿湄南河南下，就是泰人。當然，沒走的那部分就是後來的傣族人。我們常說傣泰民族，他們原本是一家。

沿湄南河而下的泰人，一部分停留在湄南河上游，建立蘭納王國，而到達湄南河中下游的這部分，也建立了一個國家，就是暹羅（泰國前身）。蘭納後來併入暹羅，還是得益於緬甸人的入侵。

再說伊洛瓦底江流域，就是今緬甸一帶，相較於其他地方的單一民族，這裡情況最複雜。北部是泰人建立的撣國，為了區別其他泰人，我們把他們改稱為撣人。

西元三世紀，伊洛瓦底江中游興起一個驃國，從此兩國征戰不休。西元五八六年，驃國傾舉國之力攻入撣國都城，撣國滅，王族逃回哀牢故地，各地頭人紛紛自立。

到了八三二年（唐太和六年），驃國都城被南詔攻陷，驃國滅亡。

正是這時，位於中國西南的一支羌人，因不堪忍受唐王

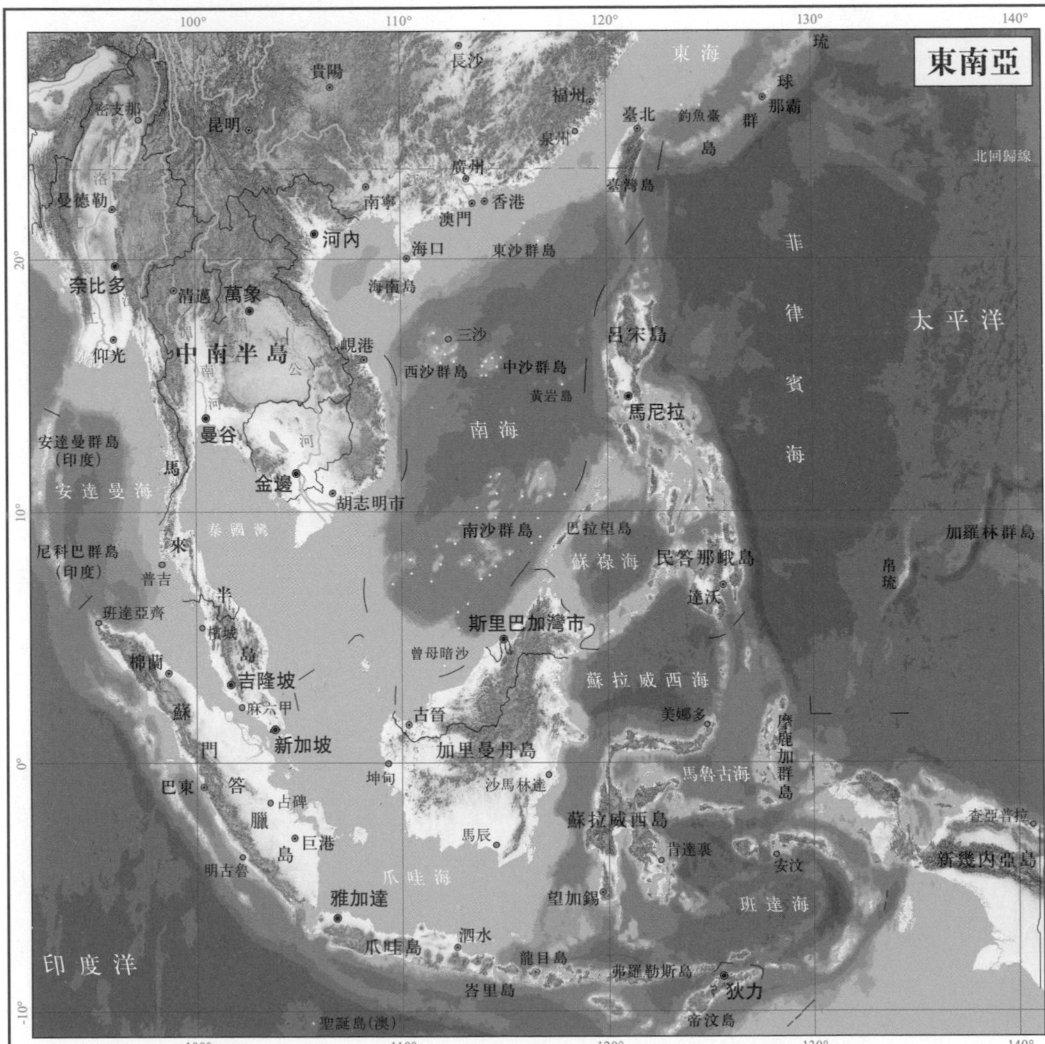

朝和南詔國之間長年的征戰，選擇南遷。他們沿伊洛瓦底江而下，當驃國滅亡時，許多驃國人流離失所，這支羌人就收編了驃人，後來融合部分孟人，最終形成緬人。

十一世紀，緬人首次統一緬甸地區，緬、撣、孟三族組成緬甸的第一個王朝蒲甘王朝，其中緬族居於統治地位。

十三世紀，蒙古人滅亡大理後侵入緬甸，緬甸陷入分裂狀態：北邊是撣族建立的阿瓦王朝，南部

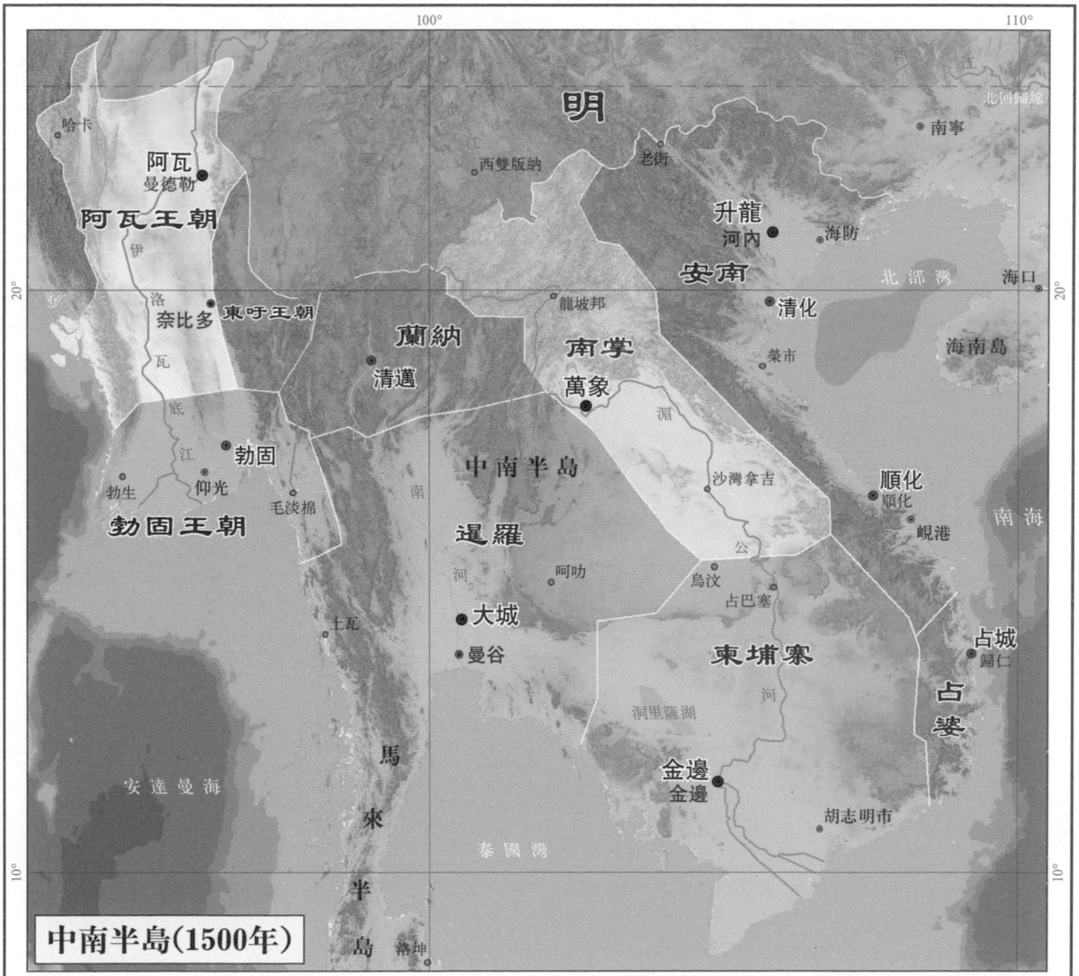

中南半島(1500年)

是孟族建立的白古王朝（又稱勃固王朝），而緬族人建立的東吁王朝幾乎被趕出平原，退往山區等待時機。

後來東吁王朝重新統一緬甸，隨後進攻蘭納。蘭納和暹羅聯手，結果蘭納被吞併，暹羅被打得毫無還手之力。此時的緬甸得意忘形，開始侵入中國領土，乾隆發兵征討，緬甸無暇東顧，暹羅迎來轉機。

與此同時，越南在東邊加快了吞併占婆的步伐，終於在十七世紀末徹底吃掉了占婆國，還向南侵占了湄公河三角洲一帶。

暹羅人趕走緬甸人後，順便把蘭納也占了，就是後來泰國大致的版圖。

再往後，就是殖民者在這裡劃分勢力範圍了，但各國的版圖大體定型。

以上是中南半島的大致歷史。

十六世紀初，葡萄牙人剛進入亞洲時，還沒有深入內陸，他們更感興趣的是沿海的貿易據點，特別是傳說中的香料群島，所以此時他們的注意力在馬來群島。

相較於中南半島有湄公河、湄南河、伊洛瓦底江三條大河形成的沖積平原，馬來群島多是熱帶雨林，根本不適合耕種，因此文明發展得更慢。但相較而言，爪哇島是其中條件最好的。爪哇島是個火山島，一連串的火山替島上留下厚厚的一層火山灰，這些火山灰是很好的肥料。整個馬來群島中，爪哇島是人口最密集的。爪哇二字對中國人不陌生，明、清小說裡形容健忘常說「早忘到爪哇國去了」，指的就是這裡，形容離中國很遠。

相較於爪哇島，加里曼丹島就貧瘠許多，基本上被熱帶雨林覆蓋。之前說過，熱帶雨林雨水太多，容易形成淋溶效應，不適合種植，所以人煙稀少。加里曼丹島在中國古書裡稱為婆羅洲，不過在中國，婆羅洲並非僅指加里曼丹島，各種神話故事經常出現婆羅洲，它更像是一個「遙遠的水中陸地」的代稱。

麻六甲海峽兩岸的蘇門答臘島和馬來半島南部，原本土地不肥沃，比不上爪哇島，但比加里曼丹島好，最關鍵的是它位於中國和印度之間的商貿要道，人口密度僅次於爪哇島，如果從商貿上說，這裡比爪哇島更興旺。

另外還有菲律賓群島及其他島嶼，既沒有爪哇島的耕種條件，又不處於商貿通道上，相對落後許多。

不過，總體來說，商貿總是比農耕發展得晚，所以這裡的文明曙光比中南半島晚得多。

最早見於歷史記載的是三佛齊王國，是一個信奉大乘佛教的國家。從此可以看出文明出現的先後順序：高棉人信奉婆羅門教；占人信奉婆羅門教，連種姓制度都照搬過去；泰人信奉小乘佛教。總體來說，東南亞的文化除越南受中華文化影響外，主要受印度文化的影響較大。這種影響波及到馬來群島時，大乘佛教已經產生了。大乘佛教和小乘佛教的主要區別是：小乘佛教強調渡己，大乘佛教不光要渡己，還要渡人，就是普渡眾生。

三佛齊王國建立於七世紀（唐朝），起源於蘇門答臘島東南部的巴領旁（原稱舊港，又稱巴鄰旁）。在鼎盛時期，勢力範圍除了整個蘇門答臘島外，還包括整個爪哇島，以及加里曼丹島的西部。那個時候，麻六甲海峽完全控制在三佛齊王國手上，三佛齊因此成為海上強國。

差不多在同一時間，爪哇島西部出現了一個信奉印度教的巽他王國。有關巽他王國的史料很少，不過馬來群島原稱巽他群島，就是因為巽他王國，可見它在當地的影響也不小。

八世紀，爪哇島中部出現一個夏連特拉王國，同樣信奉大乘佛教，所以與三佛齊關係非常好。但到了九世紀，夏連特拉被當地的溼婆教勢力推翻，建立馬塔蘭國。有意思的是，夏連特拉王子逃到巴領旁，繼承了三佛

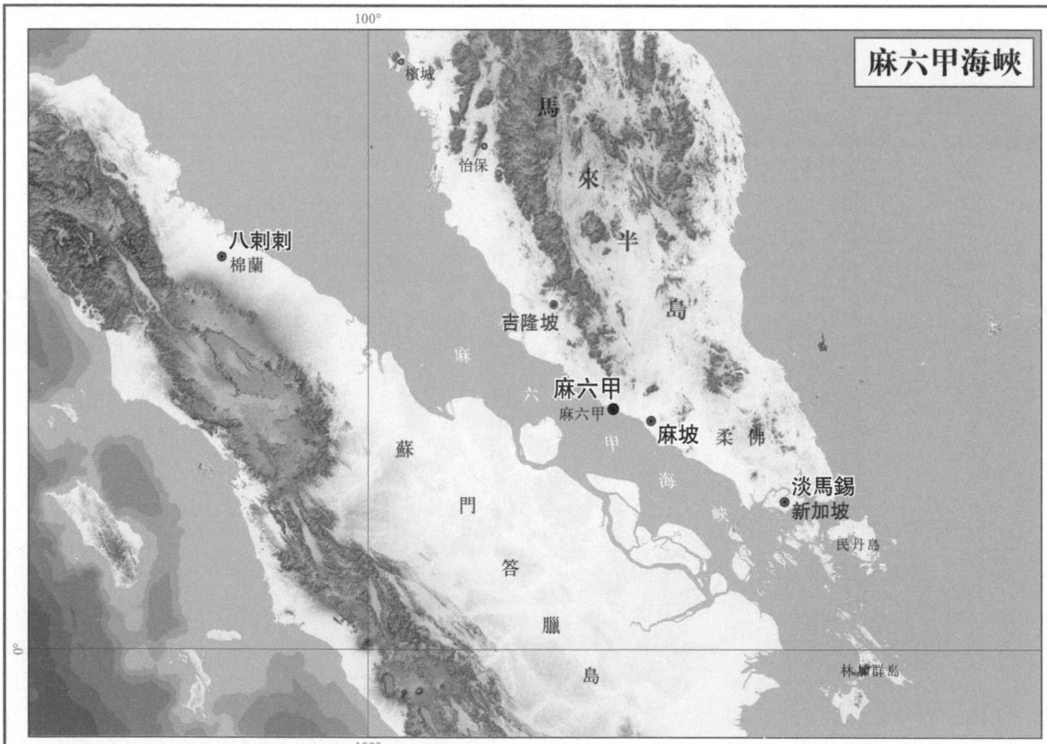

齊的王位。這樣一來，馬塔蘭很擔心三佛齊報復，於是將首都從中爪哇遷到了東爪哇。

但到了九九〇年，東爪哇反而率先發動對三佛齊的攻勢，一度攻入巴領旁，直到十六年後才被三佛齊擊退。三佛齊忍無可忍，指示一個叫沃臘瓦里的部落摧毀東爪哇的首都，讓東爪哇多年陷入無政府狀態。

但恰好在此時，來自印度半島的朱羅王國突然襲擊三佛齊，三佛齊只好與東爪哇和解，雙方在巽他群島上劃分勢力範圍。

朱羅王國摧毀了三佛齊的巴領旁，使三佛齊陷入一片混亂。朱羅退軍後，三佛齊把首都遷到北部的末羅

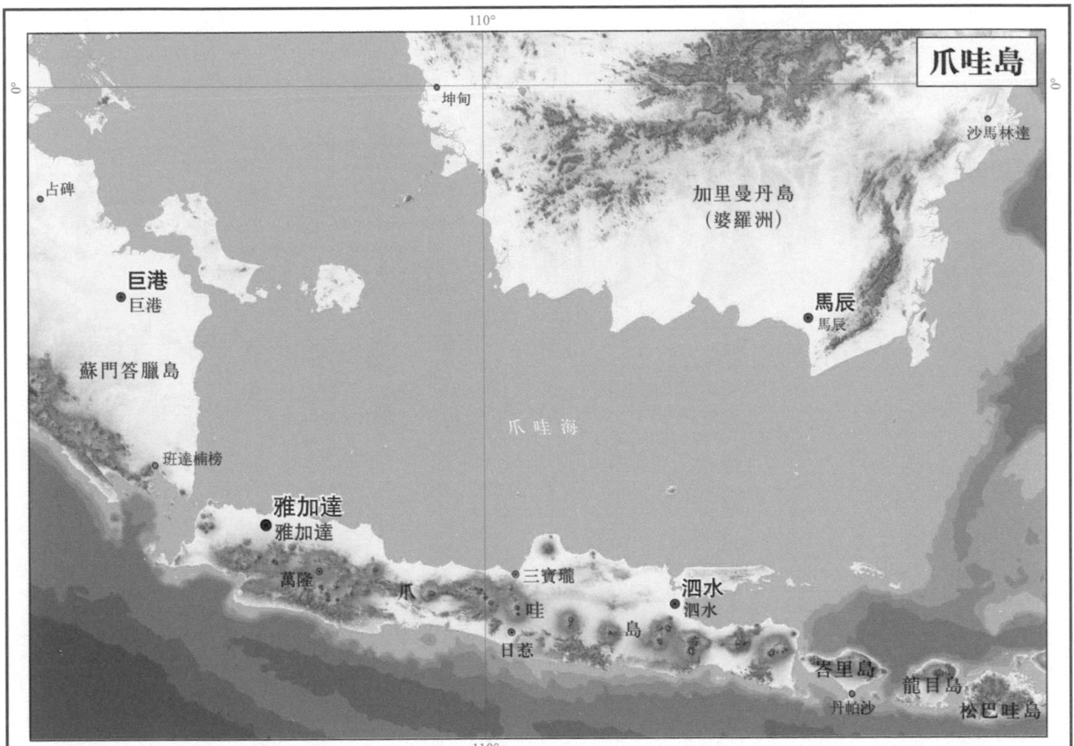

瑜（melayu，占碑），但從此走向衰落。我們後來把末羅瑜翻譯為「馬來」，馬來族的名稱正是來源於此。

十三世紀末，暹羅崛起，為爭奪馬來半島與三佛齊大打出手。元世祖忽必烈曾向暹羅下詔：「勿傷麻里予兒，以踐爾言。」麻里予兒即是馬來。

隨著三佛齊衰落，原來的屬國開始動搖，當東爪哇打來時，這些屬國紛紛改換門庭。三佛齊王室最終被迫逃亡到蘇門答臘西部的山區，稱為米南佳保王國。實際上，稱他們為米南佳保人更合適。

但巴鄰旁的首領不服從爪哇人的統治，十四世紀末，巴鄰旁拒絕繳稅，東爪哇的繼任者滿者伯夷出兵鎮壓，巴鄰旁的王子（不是三佛齊的王子，三佛齊是聯盟政權，屬下有很多小城邦組成）拜里米蘇拉（Parameswara）帶著族人逃到淡馬錫（今新加坡）。為了占領淡馬錫，拜里米蘇拉殺死當地酋長，引起暹羅的不滿（此時淡馬錫已經是暹羅的勢力範圍）。於是拜里米蘇拉又逃到馬來半島，看到一塊風水寶地，把這裡命名為麻六甲。

拜里米蘇拉走後，巴鄰旁又陷入一片混亂。當地一千多名華人擁戴廣東南海（今佛山）人梁道明為首領。梁道明重啟三佛齊這個稱號，為了與馬來人的三佛齊區別，我們稱為新三佛齊。新三佛齊建立後，十年間有幾萬軍民從廣東渡海投奔而來。

初創的麻六甲（這時只是一個小城市）還需要每年給暹羅交四十兩黃金，而南面又有強大的滿者伯夷，對岸還有一個占據老家的新三佛齊。為了生存發展，拜里米蘇拉做了一個大膽的決定，於永樂元年跟隨大明使者來到北京，向大明稱臣納貢，明成祖正式封拜里米蘇拉為麻六甲國王，並贈予詔書和誥印。有了大明詔書，不僅同為屬國的暹羅不敢為難麻六甲，就連周邊的國家都對麻六甲另眼相看，給了麻六甲發展的大好時機。當然，大明之所以這麼做，不是偏愛麻六甲，當時正是鄭和七下西洋的時刻，維護航線的安定是最大目的。

隨著航線安定，更多中國人開始來到南洋做生意，許多人就在麻六甲一帶定居。這些人後來和當地的馬來人通婚，形成一個特殊群體，男的叫峇峇，女的叫娘惹。

麻六甲一開始不信奉伊斯蘭教，拜里米蘇拉信奉印度教混合佛教。而當時穆斯林的勢力正如日中天，就連鄭和也是穆斯林的一員。為了獲得更大的發展，拜里米蘇拉在一四一四年，決定和蘇門答臘島北部的亞齊蘇丹國公主結婚，從此改用伊斯蘭的蘇丹稱號。

一四七〇年，麻六甲滅新三佛齊，占領蘇門答臘島中部。

這時的麻六甲迎來最為輝煌的時期。每年有數百艘船隻順著季風來到這裡，中國人、印度人、阿拉伯人等各色人種擠滿了港口。從中國來的樟腦、絲綢、陶瓷，印度來的紡織品，菲律賓來的蔗糖，摩鹿加群島的檀香、丁香、豆蔻等香料，蘇門答臘的金子、胡椒，婆羅州的樟腦，帝汶的檀香，以及麻六甲西部盛產的錫，統統匯集到麻六甲，再轉運到世界各地，麻六甲儼然是當時全球的商品集散中心。

此時的麻六甲無疑是東南亞的霸主，但隨著明朝海禁政策興起，中國的影響愈來愈弱，而歐洲人的腳步已經臨近了。

第一任葡屬印度總督阿爾梅達控制了印度洋後，他的目標僅限於印度洋沿岸。但到了第二任葡屬印度總督阿爾布克爾克時，他改變了這一政策，他要把穆斯林完全從香料貿易線中趕出去。

一五〇九年，葡萄牙人到達麻六甲，受到麻六甲人的猛烈襲擊，於是撤退。

一五一一年七月一日，阿爾布克爾克率領十八艘戰艦、一千四百名士兵到達麻六甲，以武力威脅，要求釋放戰俘，並割讓一塊土地給他們建立要塞。麻六甲有十萬人，三萬由馬來人和爪哇人組成的士兵，面對敵人的一千多人，斷然拒絕。於是葡萄牙人

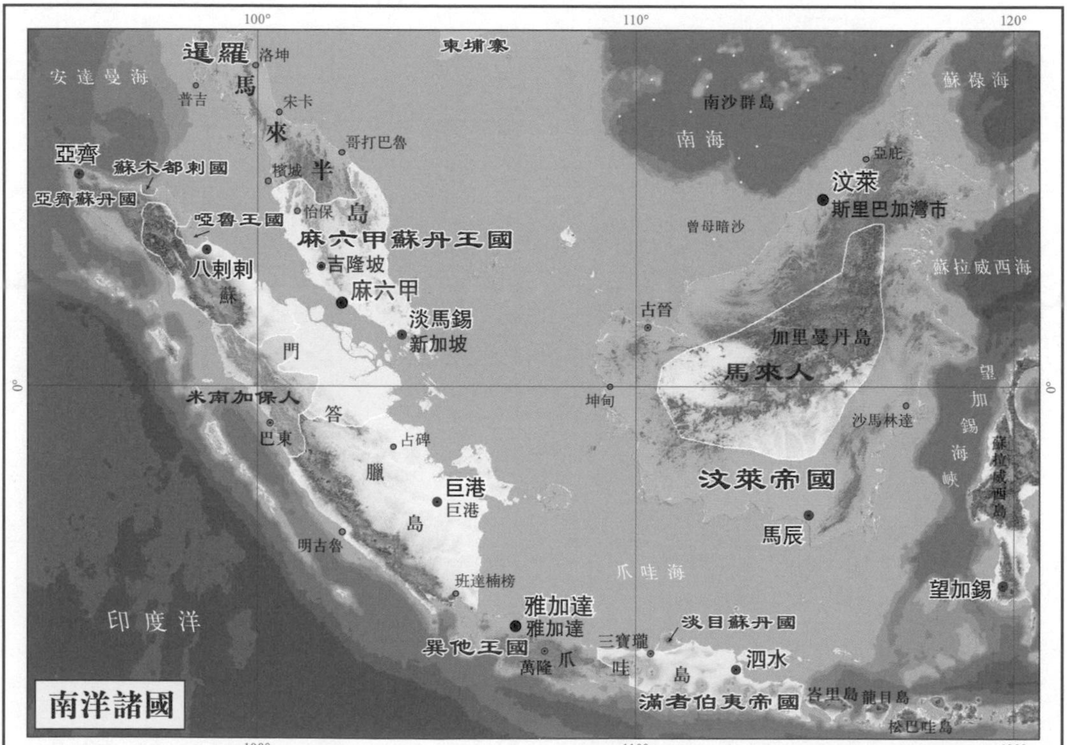

南洋諸國

發動攻擊，最終還是敗退。

八月十日，阿爾布克爾克發動第二次攻擊。這一次成功了，麻六甲蘇丹棄城而逃，率殘餘退到巴莪（麻坡屬下的一個小鎮）從事復國運動。但在一五二五年的林加群島之戰中戰敗，一五二六年的賓坦島（民丹島）之戰中，又丟失了賓坦島。最終其後裔在柔佛建國，繼承麻六甲的王統。

葡萄牙人攻陷麻六甲後，下令屠城、搶劫，許多無辜民眾慘遭屠戮，財產損失不計其數。葡萄牙人的香料貿易航線徹底打通了，但從此當地人田園牧歌式生活不再有了。

第二十章

尋找亞特蘭提斯到西北航道

尋找通往東方的航道上，葡萄牙人走的是東南方向，西班牙人走的是西南方向，自然會有人想到，既然地球是圓的，從西北方向是不是也可以到達中國呢？

率先發起這一衝鋒的是英國人，確切地說是英格蘭人。提起英國，中國人常會說英倫三島，這個說法其實很不確切，大概過去中國人對英國的地理概念很模糊，以為英格蘭、蘇格蘭、愛爾蘭分別在三座島嶼上。事實上英國所在地只有兩個大島，大不列顛島和愛爾蘭島，以及眾多小島。其中愛爾蘭島上居民主要是愛爾蘭人，而大不列顛島上又分為英格蘭、蘇格蘭和威爾斯三個部分。現代英國的全

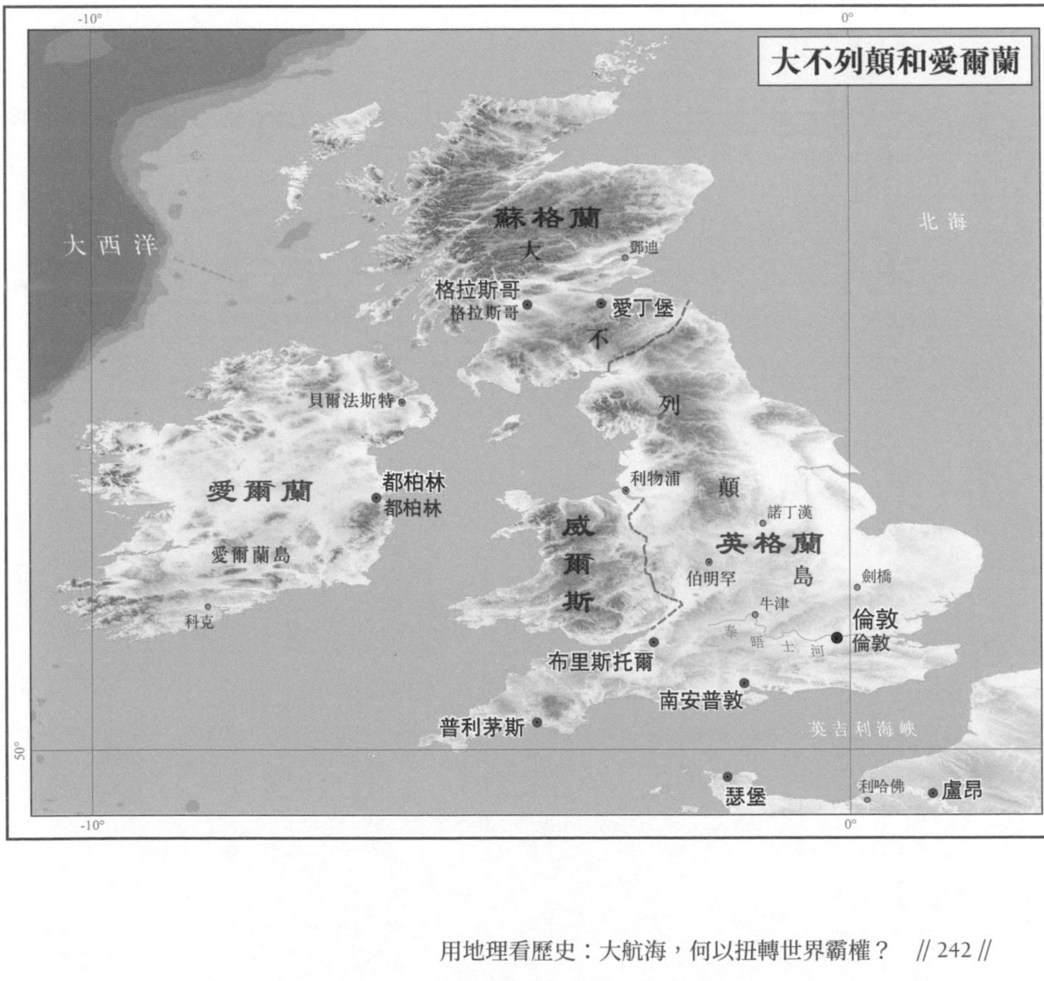

稱是大不列顛暨北愛爾蘭聯合王國，其中包括英格蘭王國、蘇格蘭王國及威爾斯公國，至於北愛爾蘭，那是歷史上英國人從愛爾蘭人手上搶走的一塊。

如果說希臘、羅馬是正統的歐洲人，後來興起的葡萄牙、西班牙、法國和德國都算是游牧民族與羅馬文明結合的產物，至於英國，可以說是徹底的蠻族出身了。

早在羅馬時期，大不列顛和愛爾蘭島上就有人類活動，不過這些人的種群很少，沒有形成自己的文化。西元前十三世紀，伊比利半島上的部分居民漂洋過海到此定居，但不成規模。到西元前七世紀時，受羅馬帝國

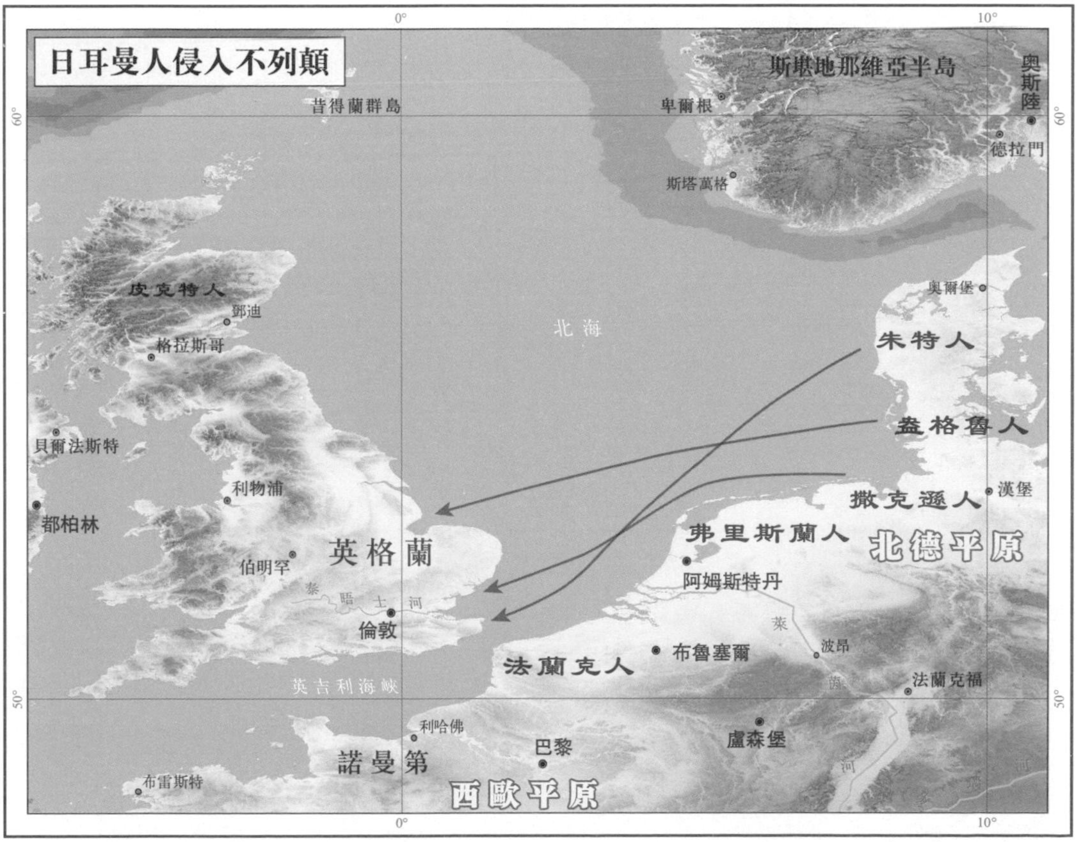

的擠壓，歐洲西部的凱爾特人不斷向大不列顛和愛爾蘭島移民，才形成氣候。愛爾蘭的民族構成相對簡單，就是凱爾特人與當地土著結合的產物，此後主要面對的敵人就是來自大不列顛島上的鄰居。

西元前五四年，羅馬進兵不列顛，結果被擊退。西元四三年，羅馬再度進兵，不列顛成為羅馬的一個省。五世紀初，羅馬帝國受到日耳曼的衝擊，自顧不暇，從不列顛撤兵。隨後，日耳曼人侵入不列顛。

進入不列顛的日耳曼人主要有三支：一支來自今丹麥南部的盎格魯人，一支來自今德國北部的撒克遜人，還有一支是來自今丹麥北部的朱特人。其中盎格魯和撒克遜兩個部族在文化上很相似，可以合稱為盎格魯－撒克遜人。盎格魯人進入不列顛後把這塊土地稱為「盎格魯人的土地」，即「盎格蘭」，諧音England，就是「英格蘭」名稱的來由。

盎格魯－撒克遜人的入侵遭到凱爾特人的激烈抵抗，但終究不敵，退守到條件相對惡劣的山地和森林，其中往北的一支稱為蘇格蘭，往西的一支稱為威爾斯。從此，不列顛島上這三大部族的恩怨情仇就此結下。

出於游牧民族的習性，占領英格蘭的盎格魯－撒克遜沒有建立一個統一的國家，而是山頭林立。經過一番兼併後，七世紀時，島上剩下七個強國，就是英國歷史上的「七國時代」，分別為：肯特王國、薩塞克斯王國（南撒克遜）、威塞克斯王國（西撒克遜）、埃塞克斯王國（東撒克遜）、諾森布里亞王國、東盎格利亞王國和麥西亞王國。西元八二九年，威塞克斯國王埃塞爾斯坦（Æthelstan）統一各國，統稱為英格蘭王國。據說，著名的美國電視劇《冰與火之歌：權力遊戲》就取材於這段歷史。像日耳曼人進入羅馬帝國後一樣，在「七國時代」時期，盎格魯–撒克遜原有的氏族組織解體，封建騎士制度開始建立。

從八世紀到十一世紀初，是以丹麥人為主的斯堪地那維亞人（即維京人）入侵時期。不過丹麥人最終沒有在英格蘭留下太大影響，直到一〇六六年，法國的諾曼第公爵威廉一世（William the Conqueror）率軍征服英格蘭，才徹底改變了這裡的文化。

諾曼第正好位於英吉利海峽南岸，與英格蘭隔海相望。從八世紀起，主要生活著來自北歐的維京人和他們的後代。維京人本是海盜出身，在此定居後逐漸被法國人同化，這些維京人就被稱為諾曼人，他們居住的地方就是諾曼第，法王還為他們冊封建國，就是諾曼第公國。諾曼第公國很強大，英格蘭遭受丹麥人肆虐時，英格蘭的王公貴族經常跑到諾曼第避難。

一〇六六年，英王愛德華（Saint Edward the Confessor）死後，因為無嗣，封建貴族們擁立哈羅德二世（Harold Godwinson）繼位。愛德華從小在諾曼第長大，教父正是威廉的父親，本身與威廉家族有恩情；而哈羅德在諾曼第避難時，威廉救過他的命，他曾答應過，有朝一日當上英王便讓賢給威廉。再加上威廉本身和英王是遠親（愛德華的母親是威廉的姑祖母），有微弱的繼承權。種種原因加在一起，威廉從容起兵，登陸英格蘭。十月，與哈羅德決戰，獲勝後直取倫敦，年底自封為王，稱威廉一世，又號稱「征服者威廉」。

威廉在位期間，加強中央集權，使英國不再遭受北歐海盜們欺負。同時，由於英格蘭國王來自法國，導致英格蘭在法國擁有大片領土，從此以後，英格蘭的對外戰爭主要來自法國。做為英格蘭國王，威廉不懂英語，他帶過去的諾曼人也不懂英語。這個不奇怪，中國的造紙術傳入歐洲前，文化傳承的成本極高，歐洲許多封建領主都是文盲。造成此時的英國宮廷裡都講法語，對英語的演變產生極大影響。威廉之前是古英語；威廉之後，現代英語開始形成。

威廉加強王權的舉動增強了英格蘭的實力，但遭到各級封建領主的反抗。和中國不同的是，英國（這裡指英格蘭王國）在加強中央集權的道路上沒有走多遠，一二一五年，封建領主聯合起來，逼迫英王約翰（John, King of England）接受了《大憲章》，又稱《自由大憲章》，主要作用是限制王權，保障其他各個階層，特別是封建貴族的權力。用法律限制君主的權力，在人類歷史上尚屬首次。雖然《大憲章》實際上沒有發揮太大作用，但這一思想被後來的英國人發揚光大，並賦予新的含義，進一步擴大人民的權利，最終創立君主立憲制的政體。

之前說過，歐洲的封建制度和中國不同，中國是自上而下的分封制，而歐洲是自下而上的效忠制，造成歐洲封建領主在土地繼承上糾紛不斷。例如英格蘭王室的成員和後來加封的諾曼人，本身已經算是英國人了，但同時又是法國的封建領主，這些新英格蘭人當然認為他們繼承的土地也是英國的，但法蘭克國王卻認為這些土地是法國的，應該收回，於是兩國大打出手，最終引發百年戰爭。

英法百年戰爭（一三三七年～一四五三年）一開始，英國占了上風，節節勝利，法國人毫無還手之力，幾乎亡國，結果聖女貞德（Joan of Arc）一出現，扭轉了整個戰局。最終結果是英國喪失了幾乎所有在歐洲大陸上的土地，完全成為一個島國。從某種角度上說，對英國是一件好事，讓英國後來不再把注意力放在歐洲大陸，而是轉向海洋。做為島國來說，英國人對歐洲大陸的內心是矛盾的，一方面，那裡是他們文化的來源；另一方面，如果大陸實力過強，島國就有被吞噬的危險。最近英國脫離歐盟就是個例子，他不希望看到一個強大的歐盟，歐洲大陸一旦緊密結合，做為島國的英國只能被邊緣化。同樣的，日本對中國也是類似的心理。

英法百年戰爭期間，從一三四七年到一三五三年，歐洲爆發了一場大瘟疫——黑死病。黑死病屬於鼠疫的一種，因患病者身體發黑而得名，傳染性極強，死亡率極高，歐洲因此失去了二千五百萬條生命，占當時歐洲總人口的三分之一，而二戰給歐洲造成的人口損失才五%，可見這場瘟疫之凶猛。黑死病對歐洲最大的影響是人們對基督教宣揚的那一套東西產生質疑，因為無論基督教徒如何虔誠禱告，黑死病照樣吞噬一個個鮮活的生命，看來上帝也不管用了。為後來的宗教改革埋下伏筆，在此之前，沒人敢懷疑上帝的萬能，也沒人敢懷疑牧師的權威。

在百年戰爭中慘敗，英格蘭王國民怨沸騰，以白玫瑰為標幟的約克家族起兵，反對國王亨利六世（Henry VI）；亨利六世屬於蘭開斯特家族，以紅玫瑰為標幟，就是英國歷史上的「玫瑰戰爭」。這兩個家族都是愛德華三世的後裔，為了爭奪王位，又打了三十年。直到一四八五年，蘭開斯特家族的代表亨利・都鐸（Henry Tudor）即位為英王，稱亨利七世（Henry VII），娶約克家族的女兒伊莉莎白

（Elizabeth of York）為王后，兩家和解，建立都鐸王朝。都鐸王朝的建立，讓英格蘭內部實現了和平，才有精力參與大航海事業。

位於西南部的布里斯托爾是當時英格蘭的海港重鎮。早在一四八〇年，布里斯托爾的商人就開始組建船隊去尋找傳說中的亞特蘭提斯。按古希臘哲學家柏拉圖在《理想國》的說法，大西洋中間原本有個大西洲（柏拉圖稱為亞特蘭提斯），擁有高度文明，後來發生一場大災難，大西洲沉入海底，殘存部分稱為安提利亞島。後來，有七個基督主教從摩爾人占領的西班牙出逃後，在島上建了七座城，又稱七城島。

尋找亞特蘭提斯的探險雖然毫無結果，但英格蘭人終於邁開遠航探險的步伐。事實上，一四八七年，葡萄牙國王向非洲開拓的同時，也曾派人西航大西洋，尋找傳說中的亞特蘭提斯，結果一去不返。

一四八九年，哥倫布派他的兄弟來英格蘭遊說英王亨利七世。亨利七世先是不置可否，很久以後又想起這件事，打算投資，但為時已晚，哥倫布剛和西班牙簽署了《聖塔菲協議》。

和王室的從容態度相比，布里斯托爾的商人顯然積極得多。一四九六年，布里斯托爾的商人們組建了一隻船隊從港口出發，目標是經過北亞到達香料之邦。船隊領頭人物是來自威尼斯的航海家喬瓦尼·卡博托（John Cabot），根據他的推論，印度東北非常遙遠的地方盛產香料，但對歐洲人來說，那裡就是比較近的西北方。這次探險最終沒有成功，卻使英格蘭人的航海目的發生轉變，即從尋找傳說中的神祕陸地，轉變為開闢去往東方的新航路。

一四九七年五月二十日，在布里斯托爾商人的資助下，卡博托再次出發，駛向茫茫的大西洋。船隊只有一艘三桅帆船，乘員十八人，包括卡博托的二兒子。按哥倫布的經驗，他們也採用等緯度航行法，一直把航線保持在北緯五十二度左右。六月二十四日，他們發現了陸地，卡博托將其命名為「首次見到的陸地」。事實上，這裡不是大陸，而是紐芬蘭島的北端。在最近的港灣登陸後，卡博托舉行了占領儀式，升起英格蘭王國和威尼斯共和國國旗。他們在島上沒有發現人，但發現有人活動的痕跡。隨後，卡博托向南偏東航行，考察了紐芬蘭島的全部東海岸，並繞過紐芬蘭島的東南突出部（即阿瓦隆半島）。這一帶的海水裡，卡博托一行人發現了大群鯡魚和鱈魚。就這樣，面積達三十多萬平方公里的紐芬蘭大淺灘也被發現了，就是紐芬蘭漁場所在地。之前說過，紐芬蘭漁場是由冷、暖兩股洋流在此交匯產生的，雖然此時的英國人不明白漁場產生的原因，但豐富的漁業資源無疑替他們帶來豐厚的收益，從此英國人不再到冰島漁場，而是改到紐芬蘭漁場捕魚了。

七月二十日，卡博托原路返航；八月六日回到布里斯托爾。這次探險的成功極大地鼓舞了英國人，亨利七世給卡博托十英磅的賞賜，以及每年二十英磅的退休金，並把「首次見到的陸地」改名為「新發現的陸地」，即「New found land」，音譯就是「紐芬蘭」。

紐芬蘭島與北美大陸最近處僅相隔二十公里，但卡博托沒有意識到他發現的是一片新大陸，以為到達的是中國某個地方。

隨後，英格蘭王國開始不停向西北航線探索。

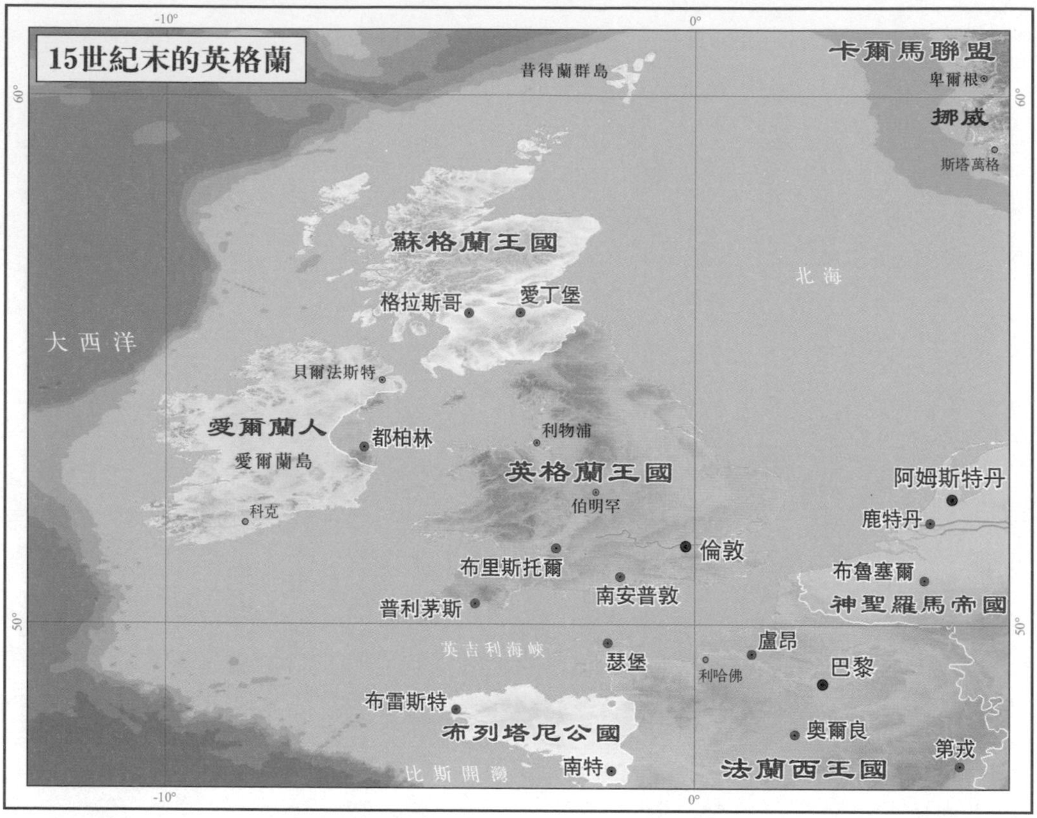
15世紀末的英格蘭
卡爾馬聯盟
卑爾根
挪威
斯塔萬格
昔得蘭群島
蘇格蘭王國
北海
格拉斯哥
愛丁堡
大西洋
貝爾法斯特
愛爾蘭人
都柏林
愛爾蘭島
利物浦
英格蘭王國
伯明罕
科克
阿姆斯特丹
鹿特丹
倫敦
布里斯托爾
南安普敦
布魯塞爾
普利茅斯
神聖羅馬帝國
英吉利海峽
瑟堡
盧昂
利哈佛
巴黎
布雷斯特
布列塔尼公國
奧爾良
比斯開灣
南特
法蘭西王國
第戎

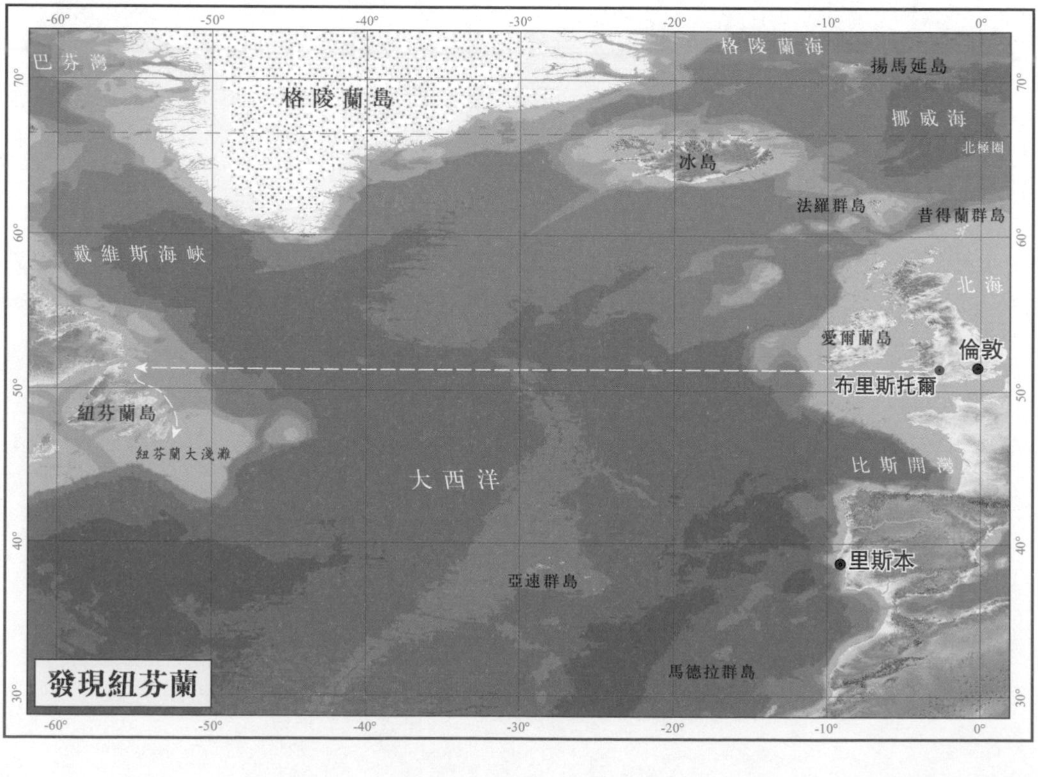
巴芬灣
格陵蘭海
揚馬延島
格陵蘭島
挪威海
北極圈
冰島
法羅群島
昔得蘭群島
戴維斯海峽
北海
愛爾蘭島
倫敦
布里斯托爾
紐芬蘭島
紐芬蘭大淺灘
比斯開灣
大西洋
里斯本
亞速群島
馬德拉群島
發現紐芬蘭

一五〇一年，旅居英格蘭的葡萄牙人約翰・費南德斯・拉布拉多（João Fernandes Lavrador）和三名布里斯托爾商人一起獲得亨利七世的批准，去探索卡博托發現的那一片新大陸。這一次，他們踏上了拉布拉多半島，並對這裡進行考察，於第二年返回。

一五〇四年春，塞巴斯蒂安・卡博托（Sebastian Cabot，老卡博托的二兒子，老卡博托已去世）在布里斯托爾商人的資助下率兩艘船前往西北航線探索。到了秋天，船隊回到布里斯托爾，船上裝著醃製的四十噸鹹魚和七噸鱈魚肝臟。葡萄牙人和西班牙人分別從非洲和加勒比海運回大量的金銀財寶時，可憐的英格蘭人只能帶回一點土產。

一五〇八年，英格蘭王室總算參與進來，亨利七世派塞巴斯蒂安・卡博托率領兩

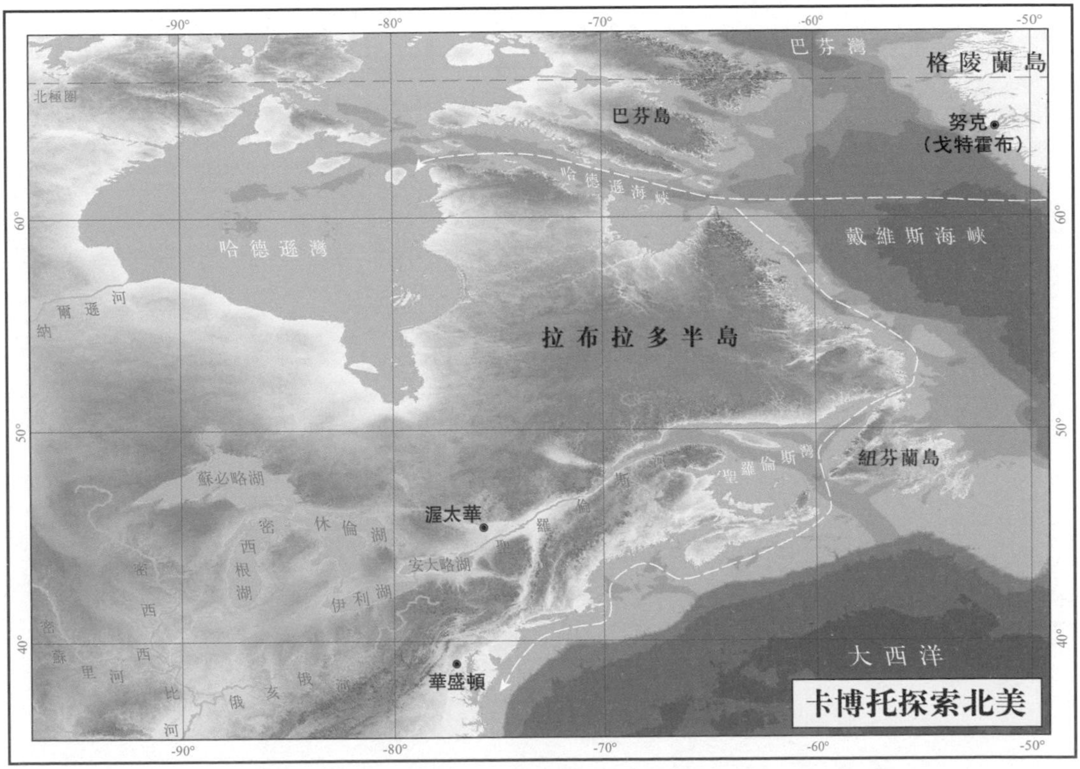

卡博托探索北美

艘帆船出海尋找西北航線。船隊經過冰島和格陵蘭島後，到達拉布拉多半島。卡博托一直探索到北緯六十四度的拉布拉多半島北海岸，經過今哈德遜海峽後，船隊進入一片開闊水域，卡博托以為那是一片大洋，將其命名為「太平洋」。這時的卡博托已經意識到這片大陸不是老卡博托認為的亞洲，而是另一個獨立的大陸，只有繞過「太平洋」，才會到達真正的亞洲。

但船員們不答應，這裡太冷，水面上到處都是浮冰，稍不留神就會船毀人亡，並以造反要脅，拒絕前往「太平洋」探索。卡博托只好退出哈德遜海峽，繼續沿北美大陸東岸行駛，直到今維吉尼亞州一帶。第二年返航。

事實上，卡博托所謂的「太平洋」就是今天的哈德遜灣。但卡博托堅信發現了西北航道，在英格蘭，沒人相信他的話。不久後，卡博托娶了一位西班牙女郎，隨後移居西班牙。但卡博托註定與英格蘭王國有著不解之緣，後續他還回到英國效力。

第二十一章

天花隨著大西洋傳播？

葡萄牙進入東南亞大肆掠奪香料時，西班牙人也加快對美洲的征服，沒想到無意中闖入了太平洋。

一五〇九年，西班牙政府批准在巴拿馬一帶和哥倫比亞北部海岸兩地殖民定居。巴拿馬的殖民活動很快就失敗，因疾病、饑餓、捕捉印第安人遭反擊等原因，幾個月後，定居的殖民者只剩下十分之一，西班牙人只好放棄。哥倫比亞的情況稍好，但也不樂觀。十一月，老牌冒險家阿隆索·奧赫達率隊從海地出發，奉命前往哥倫比亞北部殖民，在今卡塔赫納登陸時，與當地印第安人發生激戰，西班牙人戰敗，著名製圖家胡安中毒箭而死。奧赫達只好往西，在烏拉瓦灣岸邊建立定居點。同樣因為疾病、饑餓、捕捉印第安人遭反擊等原因，殖民者數量不斷減少，奧赫達身負重傷，只好回海地求援，將統治權暫時交給部下皮薩羅（Francisco Pizarro，臭名昭彰的殖民者）。從此，奧赫達再也沒有回來，幾年後在海地去世。

第二年，西班牙王國派恩西索（Martin Fernandez de Enciso）支援在哥倫比亞的殖民點。恩西索帶著補給品來到烏拉瓦灣，接替奧赫達的職位，統管西班牙在哥倫比亞的殖民事業。在部下巴爾柏（Vasco Núñez de Balboa）的建議下，恩西索下令放棄建在烏拉瓦灣的定居點，另在烏拉瓦灣西北岸靠近巴拿馬地區的地方建立新的殖民點，命名為聖瑪利亞·安地卡。不久之後，巴爾柏開始排擠恩西索，最終把他趕走，自己成為這批殖民者的首領。安地卡是歐洲人在美洲大陸上第一個穩定的殖民點，食物豐富，而且當地印第安人沒有毒箭。

一五一一年十二月，西班牙政府正式承認巴爾柏在南美的地位。隨後一年多，巴爾柏收編了一些在巴拿馬地區殖民失敗而前來投奔的西班牙人，總數達到三百多人。巴爾柏把這些殘部原先的首領放逐到海上，讓他們自生自滅，這些人從此杳無音信。表面看來，巴爾柏為了權力不擇手段，但在對待印第安人的態度上，他不像其他殖民者那樣一味採用殺戮的辦法，而是分化瓦解。他利用印第安人之間的矛盾，與一些部落修好，獲取糧食和土地，同時打擊其他部落，破壞村莊，販賣俘虜。

巴爾柏從印第安人那裡打聽到，西邊有一片大海和一個盛產珍珠、黃金的國家，決心去尋找。他寫信給西班牙國王，要求補充人員和武器，以便組織一支遠征軍去尋找這個國家。但傳來的消息是，由於他擅自收編從巴拿馬潰逃的殖民者，並放逐他們的首領，國王正打算懲辦他。於是巴爾柏不再等待，打算自己去尋找「西方的海」，以立功贖罪。

一五一三年九月一日，巴爾柏率隊乘船離開安地卡。在印第安嚮導的指引下，向西北方行駛約一百五十公里。九月六日，探險隊在一個叫阿克拉的地方登陸，開始向西橫穿地峽。這支遠征探險隊包括一百九十名西班牙人、數百名印第安人、巴爾柏的印第安老婆、皮薩羅和一大群獵狗。在叢林中，探險隊與當地印第安人發生激戰，這些印第安人沒有鐵製武器，甚至沒有銅製武器，探險隊很快獲勝，繼續前行。但道路坎坷，自然環境惡劣，一些西班牙人染上叢林熱（熱帶惡性瘧疾）而死去，前進速度非常慢，三個星期只走了四十五英里。九月二十四日，探險隊擊退上千名印第安人的進攻，在一個村落繳獲了一些食物。九月二十五日，探險隊來到一座陡峭的山峰下，印第安嚮導告訴他們，在這座山頂就可以看見西南方的大海。為了青史留名，巴爾柏把隊伍留在山下，一個人登上山頂，果然在西南方向看到一望無際的大海。他把這片新發現的海洋命名為「南海」，以區別北方的北海（大西洋）。

這個「南海」正是太平洋，只是當時巴爾柏根本不知道它有多大，也不知道海和洋的區別。

探險隊繼續南下，四天後到達巴拿馬灣的聖米格爾灣。巴爾柏激動不已，躺進水裡舉行占有儀式，宣布以西班牙國王的名義占有這些海洋、陸地、海岸、海灣和島嶼。

隨後，探險隊製作了獨木舟在海灣考察，發現珍珠豐富的漁場，又考察了聖米格爾半島。

此外，巴爾柏還在海灣附近找了個立足點，建了一些簡單的房舍，沿用當地印

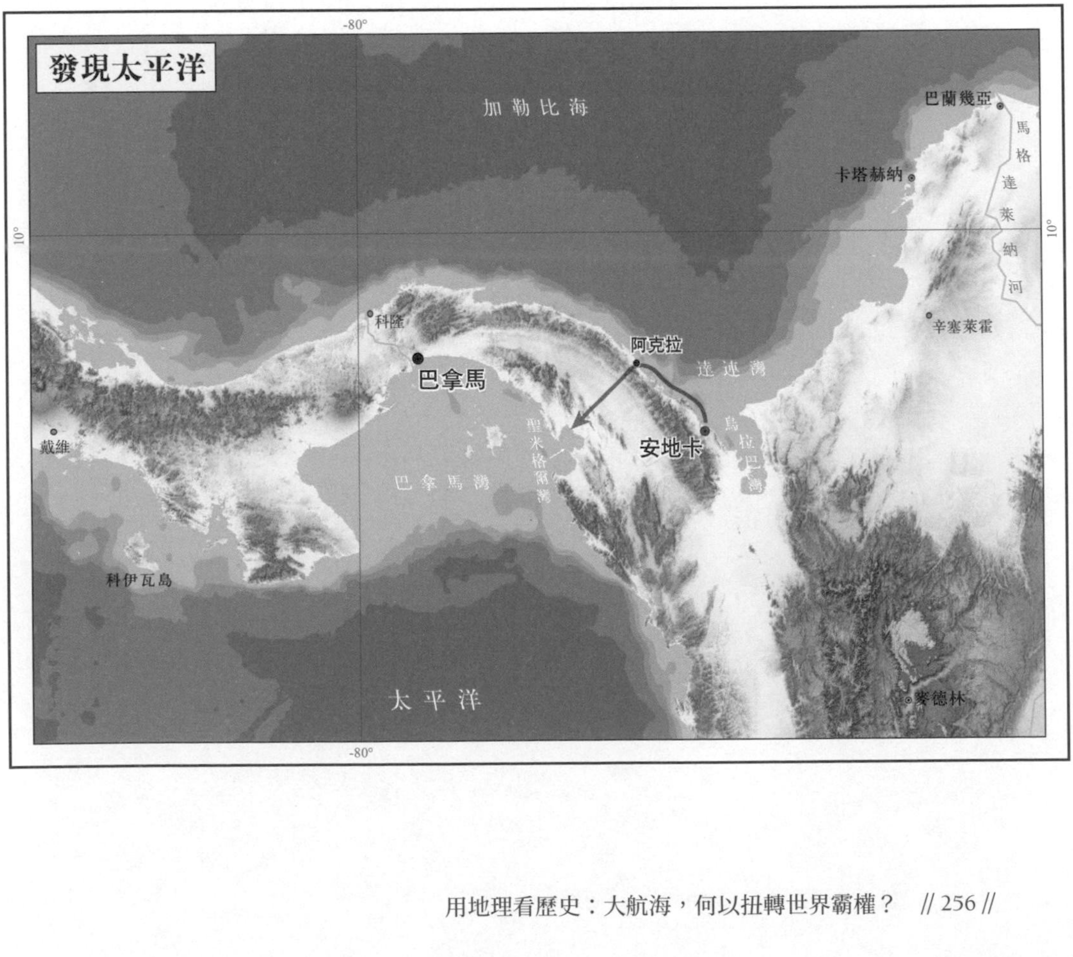

第安人的稱呼，把這個地方叫「巴拿馬」，意思是「漁村」。

一五一四年一月初，遠征探險隊回到安地卡據點。巴爾柏向西班牙送回發現大南海的報告、寶石、珍珠和黃金等財物。當然，這些送回國內的財物只占總數的五分之一。於是，巴爾柏得到國王的寬恕，並被提升為南海、巴拿馬和科伊瓦總督。

巴爾柏成為第一個在太平洋上活動的西班牙人，雖然當時他們不知道太平洋到底有多大，但巴爾柏的發現至少證明，哥倫布發現的新大陸和真正的東方，中間還隔著一個「南海」，「南海」的對面才是真正的東方。但帆船要到達「南海」，肯定不能像巴爾柏那樣走陸地穿越叢林，只能沿美洲大陸繼續南行，看能不能找到一條海峽，或者從南美洲的盡頭，先把船開到「南海」，再到達東方。恰好在這個時候，兩名葡萄牙的航海家在巴西販賣木材，據他們說，南美的某個地方有條海峽，穿過那裡就可以到達東方，於是歐洲各國紛紛行動，開始尋找繞過美洲到達東方的航線。

一五一四年六月，新任總督佩德羅．阿里亞斯．達維拉（Pedro Arias Dávila）來安地卡殖民，帶了二十二艘船和二千人，聲勢浩大，還把安地卡改名為金卡斯蒂。巴爾柏無可奈何，畢竟他只是地方總督，而達維拉是新大陸總督。

一開始，達維拉為了和巴爾柏搞好關係，還把自己的女兒許配給他。但隨後，兩人的矛盾愈來愈深。巴爾柏反對達維拉對印第安人的做法，認為應該分化瓦解，而不是一味殘酷鎮壓，這樣會引起反彈，使原本溫順的印第安人變得像豺狼一樣凶狠。達維拉在探險上沒有什麼作為，巴爾柏向國王報告，說達維拉資質平庸，不能勝任總督。在能力超強的巴爾柏面前，達維拉感覺自己的地位不保。

一五一八年，巴爾柏把西班牙大帆船的零件透過陸地從加勒比海運到聖米格爾灣，然後組裝成船。就這樣，第一艘西班牙大帆船航行在太平洋上了。這給西班牙王國提供了一種思路：如果實在找不到通往太平洋的海峽，可以採用巴爾柏的方法。

巴爾柏一系列的成就引起達維拉的強烈嫉妒，他覺得再這樣下去，總督位置就是巴爾柏的了。於是在年底，達維拉以「曾經排擠恩西索、收編政府的殖民者、放逐合法的總督尼伊庫薩、企圖叛亂稱帝」等罪名，派皮薩羅帶人逮捕了巴爾柏。第二年，在巴拿馬地峽北岸的阿克拉，也是巴爾柏發現太平洋關鍵的登陸點，將巴爾柏斬首示眾。

巴爾柏的死是大航海時代的一大冤案，更氣人的是，後來西班牙國王並未追究和懲辦達維拉。對於西班牙王國來說，巴爾柏發現太平洋只是個意外，他的死似乎沒有影響西班牙的整個美洲殖民計畫。西班牙此時的目標是占領所有在新大陸發現的土地，從中美洲到巴西，統統都要納入西班牙的管轄範圍。

早在一五一一年，西班牙王國在塞維亞專設「印度事務部」，總管對西印度的殖民事務。隨即，西班牙派遣武裝帆船遠征古巴。古巴屬於熱帶雨林地區，地廣人稀，當地印第安人生產技術落後，完全不是西班牙人的對手，很快就臣服了。以當時的技術條件，即使是西班牙人，也難以對熱帶雨林進行開發，所以主要目標還是中美洲。

一五一五年，西班牙在古巴島上修建哈瓦那城，做為殖民活動的基地。然後，西班牙的探險隊開始向中美洲內陸挺進。但是到了一五一七年，進抵猶加敦半島時，遭到當地馬雅人的抵抗，西班牙人敗回。

長期以來，西班牙人在美洲大陸上所向披靡，未逢對手。當地的印第安人甚至連鐵製武器都沒有，於是西班牙人認為，美洲除了一些原始部落外，不存在文明。但隨著不斷向內陸挺進，卻發現美洲不是沒有文明，只是不在沿海，而在內陸。

總體來說，美洲主要有三大文明：馬雅文明、阿茲特克文明和印加文明。

馬雅文明主要分布在中美洲今墨西哥的猶加敦半島，以及今瓜地馬拉、宏都拉斯、薩爾瓦多和貝里斯的叢林之中。與世界主流的大河文明不同，馬雅文明屬於叢林文明，是世界上唯一的叢林文明；阿茲特克文明主要分布在墨西哥高原上，屬於高原文明；而印加文明幾乎涵蓋了整個南美洲的安地斯山脈，屬於山地文明。

馬雅文明、阿茲特克文明和印加文明代表了美洲印第安人的最高成就，我們先說好的一面。

首先是農作物，印第安人在植物的馴化方面絕對是高手，在美洲大陸上，他們獨立培育出的農作物有：玉米、馬鈴薯、紅薯、木薯、花生、番茄、四季豆、皇帝豆、木瓜、南瓜、櫛瓜、佛手瓜、辣椒、腰果、可可、菸草、鳳梨、香蕉、酪梨、人參果、向日葵等，總共一百多種，和舊大陸培育的植物種類相當，這是非常了不起的成就。可以說，如果沒有印第安人的這些智慧成果，今天的餐桌會乏味不少，吃貨們更會叫苦連天。但在動物方面，印第安人的成果卻乏善可陳：馬雅人和阿茲特克人會養狗、火雞和鴨，另外馬雅人還會養蜜蜂，印加人會養羊駝和天竺鼠（又稱荷蘭豬，荷蘭人把牠們帶到歐洲當寵物，而印第安人把牠們當食物，就像中國人養豬一樣）。這些動物都個體矮小，不能幫助人類提高生產力。和舊大陸相比，印第安人沒有馴化出大型牲口，更沒有發明提高生產力的車輪，因此文明發展十分緩慢。至於經常在影視劇看到印第安人策馬奔騰的場景，那是歐洲人把馬帶到美洲之後的事。馬一到美洲，印第安人就學會騎馬打仗，令歐洲人頭疼，可見印第安人不笨，只是和舊大陸缺乏交流，錯失了文明發展的好時機。

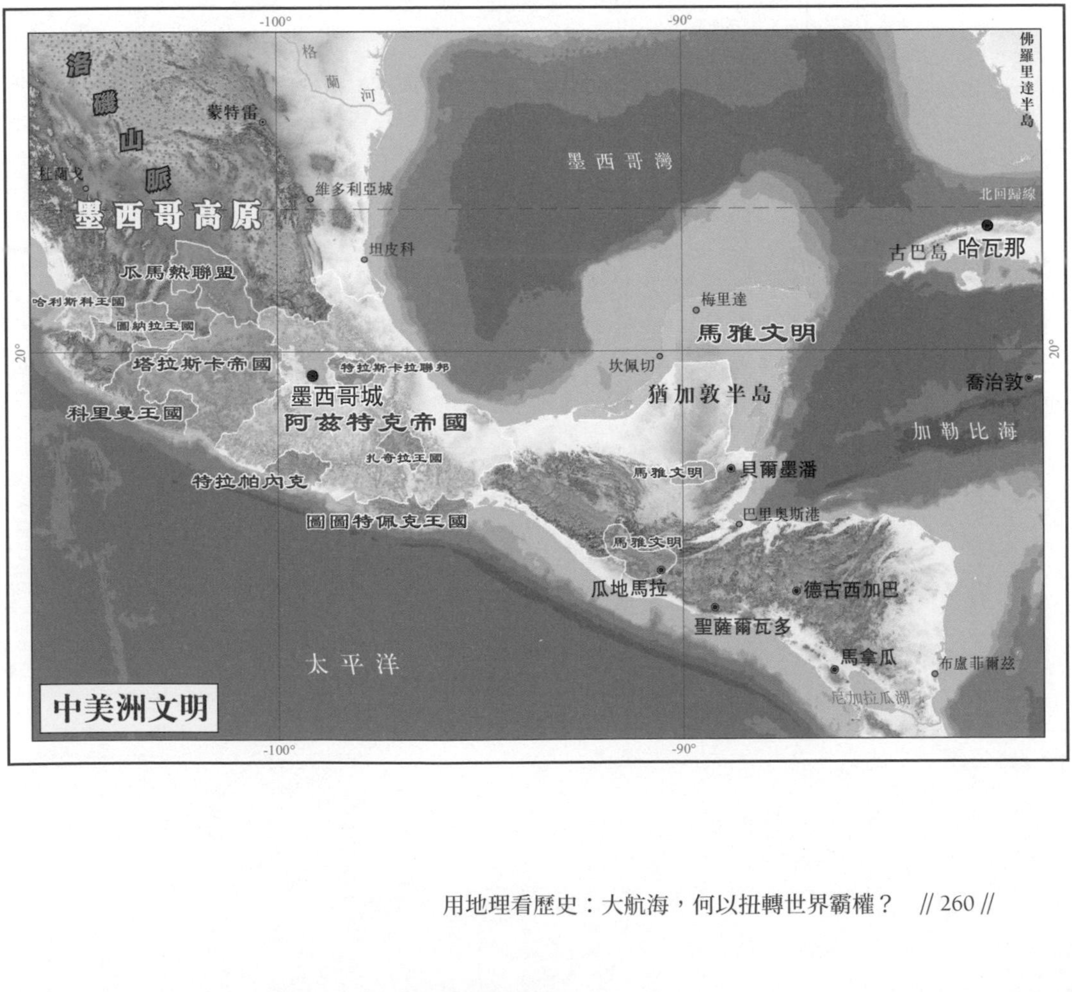

中美洲文明

再說文化，馬雅人沒有文字，阿茲特克人有簡單的圖畫文字，稍微複雜點的意思就難以表達，而印加人還處在結繩記事階段。

最後是工具方面，特別是武器。西班牙人到來前，美洲的三大文明都處於新石器時代，還沒有進入青銅時代，他們平時種地用的是木棍，打仗用的也是木棍、木箭，高級一點的在前面加上石斧或石箭頭。印加人稍好一點，能提煉青銅，但處於剛開始的階段，無法大量運用到生產和戰爭中。

如果和中國的歷史比較就很清楚了，商朝已經製造出成熟的青銅器，並運用到生活和生產的各個方面。美洲的印第安人此時基本上相當於夏朝的發展水準，而這時中國已經到了明朝，與歐洲人處在同一文明層級，讓印第安人和歐洲人碰撞，就像讓夏朝人和明朝人對決，結果可想而知。

當然，除了文明層級的問題外，還有一個容易讓人忽視的問題——疾病。數萬年來，舊大陸彼此交流，疾病在不同種群間傳播，活下來的或多或少都對這些疾病有了抵抗力。歐洲人大舉進軍新大陸時，除了火器之外，還有他們（以及同行的牲口）無形中所攜帶的疾病也來到新大陸，這些疾病包括：天花、麻疹、腮腺炎、百日咳、流感、瘧疾、黃熱病等。即使是舊大陸的人，面對這些疾病也是九死一生，何況新大陸的印第安人。他們完全沒有抵抗力，一旦染上，就會成批地死去，甚至整個村莊消失。十五世紀到十七世紀的二百年裡，美洲一半以上的土著死亡，成片的部落消失，歐洲人通常幾百人就戰勝數千印第安人，疾病產生了很大作用。

叢林作戰顯然不是西班牙人擅長的，馬雅人雖然用的是木箭，但箭頭有毒，讓西班牙人害怕，於是西班牙人轉而把目標放到墨西哥高原上的阿茲特克帝國身上。

說是帝國，其實不過是部落聯盟，以阿茲特克的文化水準，連複雜的文字表述都難，組織能力可想而知。

一五一九年二月，西班牙派遣沒落貴族埃爾南・科爾特斯（Hernán Cortés）前往中美洲征服阿茲特克，共十一艘帆船，一百零九名水手，七百零八名士兵，士兵中包括二百名印第安人，還有十六匹戰馬。科爾特斯採用離間計，拉攏了阿茲特克下屬的兩個部落，然後對阿茲特克帝國發動總攻擊。十一月，阿茲特克帝國的首都特諾奇提特蘭（今墨西哥城）陷落，阿茲特克國王蒙特蘇馬二世（Moctezuma II）被俘，城市遭到洗劫。

第二年，西班牙駐古巴總督率兵討伐科爾特斯，原因是科爾特斯擅自出兵，而且非法拉走了他的部隊。科爾特斯率軍迎擊，大獲全勝，收編了討伐軍。沒想到的是，討伐軍中有一名黑人士兵患有天花，天花就由歐洲傳到美洲。隨後，天花病開始出現在墨西哥東部，然後迅速蔓延到阿茲特克帝國全境，很快又傳遍美洲大陸。天花病到底造成多少印第安人死亡，只能是個歷史之謎。當然，同在美洲的歐洲人也飽受天花之苦。當時人們對天花病毒束手無策，直到十八世紀，英國醫生愛德華・詹納（Edward Jenner）發明了牛痘接種術，人類才算徹底根治了天花病。

在阿茲特克的西班牙軍隊仍然到處燒殺搶掠，引起阿茲特克人的不滿，最終在一位名叫夸烏特莫克（Cuauhtémoc）的勇士帶領下爆發起義。六月三十日晚間，雙方交戰，西班牙慘敗，倉皇而逃，軍隊死傷過半，科爾特斯也身負重傷。

一五二一年四月，科爾特斯從古巴帶了一萬名援軍，再次對阿茲特克帝國發動攻擊。五月，西班牙軍隊包圍特諾奇提特蘭，城內缺糧斷水，天花肆虐。八月十三日，特諾奇提特蘭再次陷落，夸烏特莫克被俘，後來被科爾特斯下令絞死，阿茲特克帝國滅亡。

第二十二章

歐洲人的二十年探索——麥哲倫海峽

巴爾柏的發現讓歐洲人再次燃起向西航行到亞洲的希望，於是沿南美大陸往南尋找通往「大南海」的海峽，成為這一時期歐洲人的目標。

一五一三年，葡萄牙人在南美大陸南緯三十五度的地方發現拉布拉他河口；一五一四年，在南緯四十度的地方發現聖馬蒂亞斯灣。

一五一五年，西班牙航海家胡安・迪亞斯・德索利斯（Juan Díaz de Solís）率領三艘帆船出海探索通向「大南海」的新航路，重新發現拉布拉他河口，命名為「淡水海」。

沿海處有淡水，說明有河流流入，這是航海者的常識，德索利斯不至於連這個都不知道。之所以仍將它命名為海，是因為他希望這個不是河口，而是海峽。如果真是個海峽的話，穿過這個海峽就是「大南海」了。

般隊繞過蒙特維多角後，向西航行約二百公里，進入拉布拉他河的內灣。第二年二月，德索利斯率隊登陸。萬萬沒想到的是，上岸後，德索利斯不幸被當地土著捉去吃掉了。最後，只有一名倖存者逃回葡萄牙。此人回到歐洲後，聲稱他們一行人在南緯四十度發現海峽，類似於非洲的好望角。

看來尋找通往「大南海」的航線困難重重，誰也沒想到，這個光榮而偉大的任務最終會落到一個葡萄牙人身上，就是麥哲倫。

一五一六年初，在葡萄牙混得很不得志的麥哲倫向國王提出加薪，不多，就是每個月增加一個半銀幣；此外，他還有一個大膽的計畫，就是繞過南美大陸，通過「大南海」到達香料群島。

麥哲倫的解釋是，香料群島既然離印度和錫蘭那麼遠，離美洲就一定很近。葡萄牙現在開闢的東方航線已經到麻六甲，但畢竟要繞過非洲，路途遙遠，而且葡萄牙人獲取的香料主要來自印度，還沒找到香料的最大產地——香料群島。

葡萄牙國王曼紐一世對麥哲倫的計畫毫無興趣，當然拒絕了他的加薪要求，還說：「你可以去其他國家賣力。」就這樣，麥哲倫失業了。和上次拒絕哥倫布一樣，葡萄牙又一次喪失名留青史的機會。

一五一七年十月，麥哲倫離開葡萄牙來到西班牙的塞維利亞。不久，他的好朋友魯伊・法利羅（Rui Faleiro）與他會合，他是位天文地理學家，對麥哲倫的環球航海計畫發揮很重要的作用。

常言道，機會總是留給準備好的人。一五一八年，西班牙國王卡洛斯一世（Carlos I）繼位。卡洛斯一世出身於神聖羅馬帝國哈布斯堡家族（奧地利），時年十八歲。第二年，卡洛斯一世當選為神聖羅馬帝國皇帝，稱查理五世，同時領有西班牙、德意志、南義大利、尼德蘭（荷蘭）和西屬美洲殖民地，一時權勢滔天，更熱衷於歐洲和世界的霸權。三月，麥哲倫和法利羅經人推薦，面見了卡洛斯一世。麥哲倫向卡洛斯一世進獻自製的地球儀，並提出在不侵犯葡萄牙人利益的前提下，向西航行到達東方的香料群島。麥哲倫還表明香料群島在教皇子午線西邊，屬於西班牙的勢力範圍。實際上，當時確定經度還有困難，也不知道地球到底有多大，如果按現在已知的情況看，教皇子午線在西經四十六度，對應的地球另一邊是東經一三四度，而香料群島在東經一二八度，按西、葡兩國的約定，香料群島屬於葡萄牙。和哥倫布一樣，麥哲倫把地球算小了，否則不會有這麼大的勇氣。還是和哥倫布一樣，因為低估了困難，麥哲倫也將創造一個奇蹟。

卡洛斯一世非常贊同麥哲倫的計畫，並於三月二十二日和麥哲倫、法利羅簽訂了遠航探險協定，主要包括以下幾個內容：

第一，主要任務。責成麥哲倫和法利羅前去發現香料群島，並擴大卡斯提爾王室的版圖，並約定不得在葡萄牙王國的勢力範圍內進行探險。

第二，利益分配。承諾麥哲倫和法利羅擁有對新開闢航路十年的壟斷權，並規定把新發現地區全部收入的二十分之一分給二人，同時委任麥哲倫和法利羅為新發現地區的總督，世襲罔替，而且每年賜給他們價值一千達克特的商品，用皇家船隻運到新發現的地區。

第三，關於島嶼。新發現的島嶼如果超過六個，麥哲倫和法利羅可以把其中的兩個做為自己的領地，獲得領地全部收入的十五分之一。

第四，關於首航。首航帶回的貨物，麥哲倫和法利羅可以留下五分之一。

第五，關於出資。卡洛斯一世負責為探險隊提供五艘船和二百名船員，並派人隨船出海監航，往返均要清帳。

這個協定和哥倫布的《聖塔菲協議》類似，可以看出在歐洲，即使是王室，要讓屬下冒險做事，也像一筆買賣，獲得的利益是分成式，極大地調動了這些冒險家的積極性。反觀中國的鄭和下西洋，出資者是皇帝，虧了賺了都是皇帝的事，鄭和只是奉旨辦事，他的遠航註定後繼乏力，最終曇花一現，對中

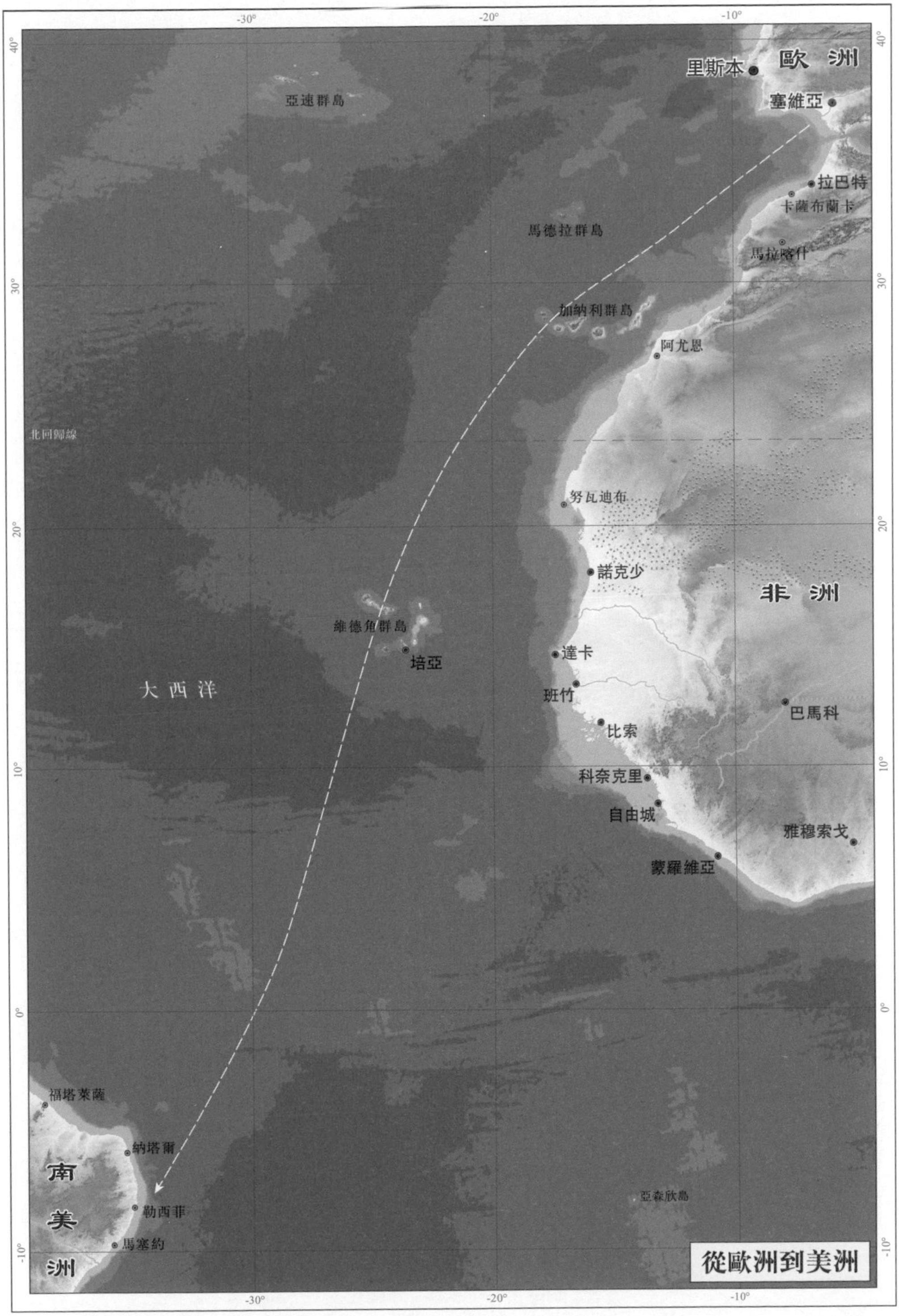
歐 洲
里斯本
塞維亞
亞速群島
拉巴特
卡薩布蘭卡
馬德拉群島
馬拉喀什
加納利群島
阿尤恩
北回歸線
努瓦迪布
諾克少
非 洲
維德角群島
培亞
達卡
大西洋
班竹
巴馬科
比索
科奈克里
自由城
雅穆索戈
蒙羅維亞
福塔萊薩
納塔爾
南美洲
勒西菲
亞森欣島
馬塞約
從歐洲到美洲

國歷史沒有任何改變。

一五一九年八月十日，麥哲倫的船隊從塞維利亞港拔錨啟航。共有帆船五艘，旗艦為特立尼達號，船長是歌米什，載重約一百一十噸。還有聖安東尼奧號（船長胡安·德·卡爾塔赫納 Juan de Cartagena，載重一百二十噸）、康塞普西翁號（船長加斯帕爾·凱塞達 Gaspar de Quesada，載重九十噸）、維多利亞號（船長路易斯·德·緬多薩 Luis de Mendoza，載重八十五噸）和聖地亞哥號（船長若奧·謝蘭 João Serrão，載重七十五噸）。法利羅另有任職，再加上心中膽怯，沒有參加遠航，麥哲倫成為船隊唯一的司令、探險隊總指揮，坐鎮旗艦特立尼達號。麥哲倫知道這次遠航的凶險，在臨行前留好遺書。船隊的船員共有二百六十八人，主要是招募而來，其中西班牙人占一百多人，還有一位名為安東尼奧·皮加費塔（Antonio Pigafetta）的義大利遊客，他記錄了這次遠航的始末和許多細節。

塞維利亞不靠海，船隊先沿著瓜達幾維河而下，九月二十日進入大西洋。九月二十六日，到達加納利群島。十月三日，船隊離開加納利群島，駛向維德角群島。途中發生了點小事故，部分船長反對麥哲倫的航行路線，船員之間發生內鬨。其實主要是害怕，擔心一去不返。麥哲倫當機立斷，把聖安東尼奧號船長卡爾塔赫納扣押起來，另派德·科卡（Antonio de Coca）代理船長一職。從維德角橫跨大西洋去美洲，這是歐洲人總結的最短航線，但不是沒有風險，因為靠近赤道，對流強，常出現極端天氣。這段航程中，船隊經歷了兩個月的海上漂泊，克服了持續一個月的暴風雨，於十一月二十九日到達今巴西東岸的勒西菲，船隊稍微休息，然後迅速南下，十二月十三日，進入里約熱內盧灣，船隊休整數日，補充淡水和食物，和當地的印第安人進行不等價交換。按皮加費塔的記載：「這個地方的人拿五、六隻火雞換一把刀子或一個魚鉤，一對野鵝換一把梳子。用一面小鏡子或一把剪刀所換的魚，足夠十個人吃一頓……在義大利玩的那種撲克牌的一張王牌，他們用五隻火雞和我換。」他還記錄了當地印第安人吃人的習俗：「吃他們敵人的肉，不是因為好吃，而是一種風俗習慣。他們不把抓來的人一次吃光，而是一塊一塊地吃。他們把人剁成塊，在煙筒裡烤乾，每天切下一小塊，同家常便飯一起吃，以此提醒自己記住敵人。」

十二月二十六日，船隊離開里約熱內盧灣，於次年（一五二〇年）一月十日來到拉布拉他河口。和之前到此的探險隊一樣，一開始，他們以為這裡是海峽的入口，因為拉布拉他河口太寬了，怎麼看都不像一個河口。後來經過探測才知道，它不是海峽，而是一條流入大西洋的大河入海口。麥哲倫極度失望，但不露聲色，率船隊繼續南下。按麥哲倫原先的計畫，如果這裡是傳說中的海峽，通過就可以到達「大南海」；如果不是，那麼只能繞到南美大陸的盡頭，就像迪亞士繞過非洲的好望角一樣，南美大陸也必定能繞過去。

拉布拉他河就是德索利斯所謂的「淡水海」，到底該叫河還是海，其實一直有爭議。如果說是河，長二百九十公里，寬二百二十公里，世界上沒有這麼寬的河，也沒這種長寬相近的河；如果說是海，它又是淡水。同時，它是巴拉那河的末端，後來人們一般稱為拉布拉他河－巴拉那河，大概是覺得把它和巴拉那河連起來就名正言順算一條河吧！但這種叫法同樣很奇怪。

從拉布拉他河口往南，是以前歐洲航海者從未到達的地方，意味不可知的風險。二月三日，船隊到達一個叫巴伊奧德洛斯帕托斯的地方，探險者在這裡第一次見到企鵝。這種企鵝的個子比平時在電視裡看到的皇帝企鵝小，後來人們命名為麥哲倫企鵝。皇帝企鵝生活在南極，而麥哲倫企鵝生活在溫帶，有時甚至跑到巴西一帶的熱帶地區。

二月二十四日，船隊在南緯四十一度附近發現海岸線突然由南轉西，很像一條海峽，可能就是南美的盡頭。船員們一時興奮起來，他們沿海岸向西前進約二百五十公里，最後才發現只是一個海灣，就是聖馬蒂亞斯

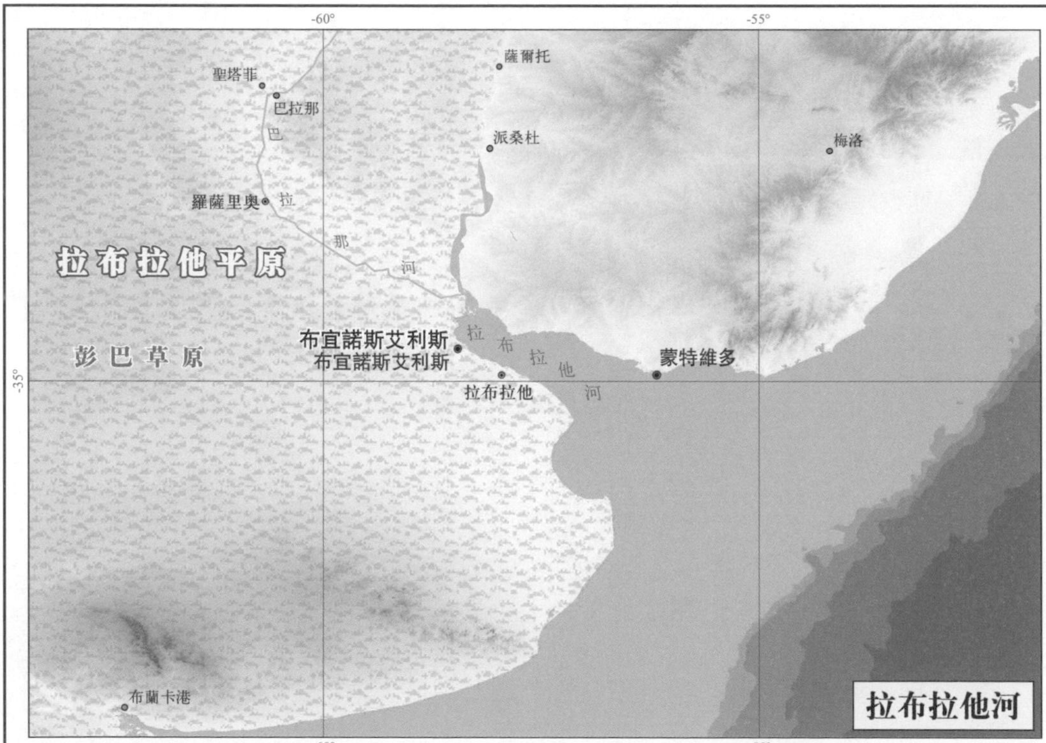

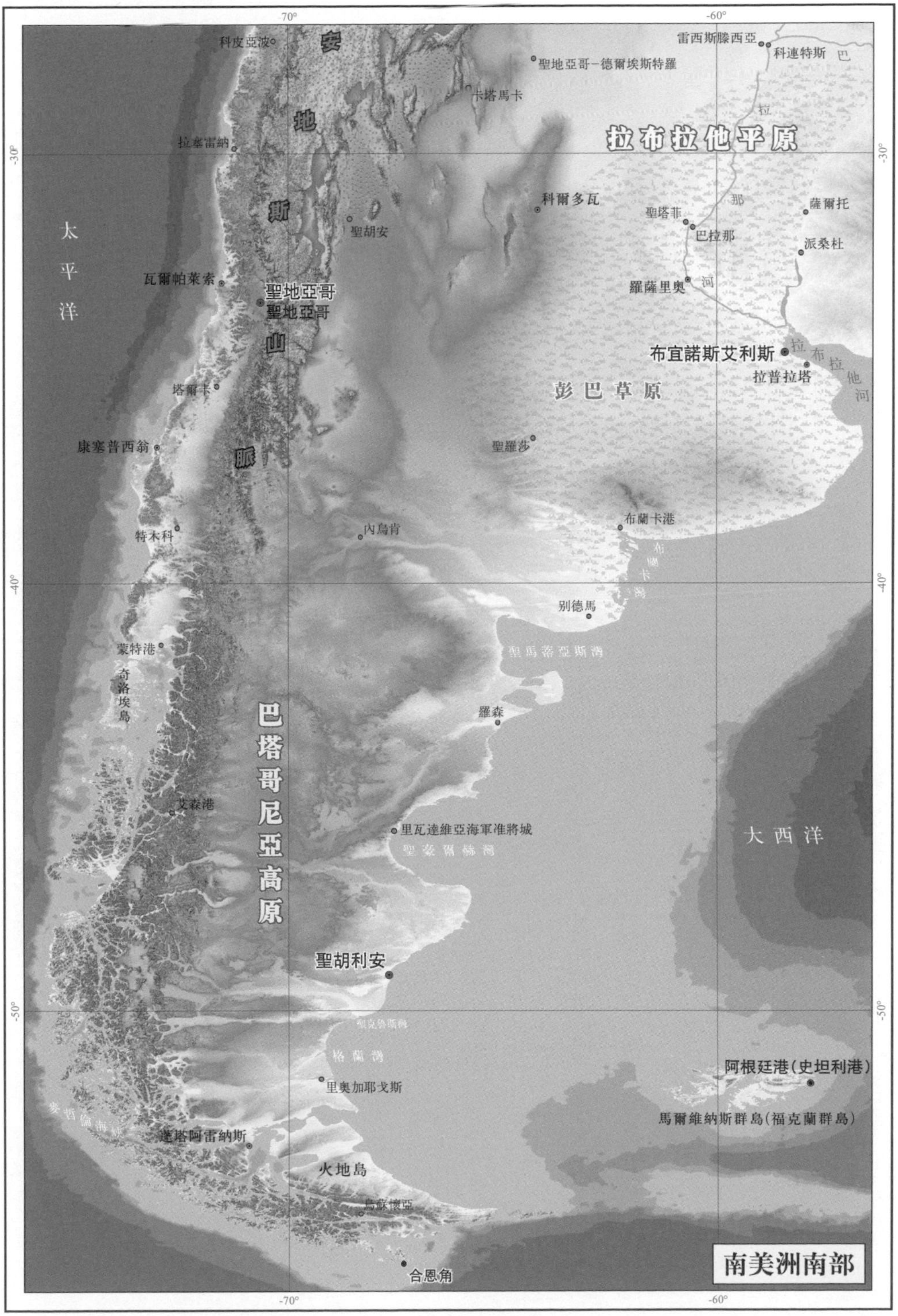

南美洲南部
-70°
-60°
-30°
-40°
-50°
安
地
斯
山
脈
科皮亞波
聖地亞哥－德爾埃斯特羅
卡塔馬卡
雷西斯滕西亞
科連特斯
巴
拉
那
河
拉布拉他平原
拉塞雷納
科爾多瓦
聖胡安
聖塔菲
巴拉那
薩爾托
派桑杜
太
平
洋
瓦爾帕萊索
聖地亞哥
羅薩里奧
布宜諾斯艾利斯
拉
布
拉
他
河
拉普拉塔
彭巴草原
塔爾卡
康塞普西翁
聖羅莎
布蘭卡港
布
蘭
卡
灣
特木科
內烏肯
別德馬
聖馬蒂亞斯灣
蒙特港
奇
洛
埃
島
巴
塔
哥
尼
亞
高
原
羅森
艾森港
里瓦達維亞海軍准將城
聖豪爾赫灣
大西洋
聖胡利安
格蘭灣
阿根廷港(史坦利港)
里奧加耶戈斯
馬爾維納斯群島(福克蘭群島)
麥哲倫海峽
蓬塔阿雷納斯
火地島
烏斯懷亞
合恩角

灣，不免再一次失望。這個地方早在六年前就有兩名葡萄牙航海家到達，只是沒留下任何紀錄。

進入三月後，如果是在北半球，天氣會愈來愈暖和，而南半球剛好相反，天氣愈來愈冷，白天變短，夜晚變長。南半球的三月相當於北半球的九月，但此時船隊已到達南緯四十五度左右，相當於中國的哈爾濱，即使是秋天也是天寒地凍了。

三月底，船隊到達南緯四十九度（即後來的聖胡利安港）。天氣愈來愈冷，麥哲倫打算在此過冬，但這一帶實在太荒涼，四處杳無人煙，補給是個大問題，於是他下令開源節流。節流就是縮減每個人的口糧，開源有兩個方向，一是捕魚，二是打鳥。幸虧有這些措施，不然船隊根本熬不過被麥哲倫遠遠低估的太平洋。

本來天氣就冷，再加上苛扣口糧，船員們開始心生不滿。更可怕的是，前路漫漫，一切都是未知，有些人開始打退堂鼓。

四月一日晚上，叛亂終於來了。發起者是康塞普西翁號的船長凱塞達，以及已經被撤職的聖安東尼奧號船長卡爾塔赫納，他們帶著三十多人偷襲聖安東尼奧號，綁架新任船長阿爾瓦羅·德·梅斯基塔（Álvaro de Mesquita），還殺死二副。與此同時，維多利亞號船長緬多薩也加入叛亂隊伍。這樣一來，五艘船中有三艘船被叛亂分子掌控，形勢不容樂觀。

但麥哲倫畢竟不是純粹的理想主義者，他航海多年，經驗老道，先找叛心不那麼強烈的維多利亞號下手。他派保安官貢薩洛·戈麥斯·德·埃斯皮諾薩（Gonzalo Gómez de Espinosa）帶著幾個人坐小艇去維多利亞號談判，上船後，出其不意將緬多薩刺死，船上其他叛亂分子一看沒戲唱就投降了，於是維多利亞號又回到麥哲倫手上。

隨後，麥哲倫將自己所能控制的三艘船（特立尼達號、聖地亞哥號和維多利亞號）在港灣的出口處一字排開，堵住兩艘叛亂船隻的去路。

四月三日凌晨，凱塞達開著聖安東尼奧號想奪路而逃。他衝向旗艦，下令開炮，但沒有人聽命。麥哲倫見狀，立即命令特立尼達號鳴炮警告，並喊話勸降。結果聖安東尼奧號上的船員都表示願意追隨麥哲倫，繼續遠航。麥哲倫派人乘小艇去把凱塞達等幾個為首的叛亂分子逮捕，聖安東尼奧號也歸隊了。最後一艘叛船康塞普西翁號，船長卡爾塔赫納見大勢已去，於四月四日投降。

對於叛亂分子，麥哲倫根據情節和性質不同分別處置：已死的緬多薩分屍，凱塞達砍頭後肢解；卡爾塔赫納和一名參與叛亂的神父放逐到附近荒無人煙的海岸；其餘普通的船員均被赦免。

至此，一場事關遠航成敗的叛亂被鎮壓下去。麥哲倫僅用三個人的死，換來船隊穩定，更沒有損傷船隊的元氣。

船隊在聖胡利安停泊近五個月，一開始沒有發現土著，後來發現了身材高大的巴塔哥尼亞人。西班牙人說，他們站起來只能到巴塔哥尼亞人的腰部。這個說法雖然有點誇張，但說明一個事實，巴塔哥尼亞人是世界上身材最高大的人種，在西班牙語裡，巴塔哥尼亞就是「大腳人」的意思。我們通常認為非洲人身材高大，但歐洲人到達非洲時也沒有這麼驚奇。巴塔哥尼亞印第安人生活的地方非常寒冷，人口很少，後來絕大多數混入了歐洲血統，如今能看到這個民族的痕跡主要來自巴塔哥尼亞高原，就是巴塔哥尼亞人曾經生活的地方。

麥哲倫想帶回兩名土著做為地理發現的證據，於是騙了兩名巴塔哥尼亞人上船，又哄騙他們帶上腳鐐。對印第安人來說，歐洲人的到來就是惡魔降臨。

五月，麥哲倫派若奧．謝蘭率聖地亞哥號沿海岸線向南探索，結果在二十二日，聖地亞哥號在聖克魯斯灣一帶遇險沉沒。幸運的是，除一人遇難外，其他人都上了岸——他們派兩名船員去聖胡利安求援，其餘的人在聖克魯斯河畔堅持了兩個月，最終得救。

到了八月二十四日，南半球已是早春的天氣，麥哲倫率船隊向南駛向聖克魯斯灣。但愈往南，天氣愈冷，船隊又休整了兩個月。

一直等到十月十八日，船隊正式出航。十月二十一日，在南緯五二．五度附近發現一個峽口。擔心像前幾次一樣空歡喜一場，麥哲倫派康塞普西翁號和聖安東尼奧號進入峽口探索，最後證實這裡確實是個海峽，不是海灣。

以今天的衛星地圖來看，這條海峽不是一條筆直的水道，中間還有許多岔道，一不留神就會走很多冤枉路，浪費時間不說，天氣寒冷，食物又缺，很容易搭上性命，註定是一段艱苦卓絕的航程。

穿過這條海峽時，每到晚上，麥哲倫就會發現南岸有篝火燃起，於是將其命名為火地。這其實是海峽南岸的一個大島，後人把它叫做火地島。火地島人當時還不會生火，晚上的篝火是留來做火種的。

這條海峽長達五百八十公里，忽寬忽窄，港汊交錯，潮汐洶湧，險象環生的航程又嚇壞了一些船員。十一月一日，舵手埃斯特萬·戈麥斯（Estêvão Gomes）劫持聖安東尼奧號，叛逃回國。他在西班牙誣告麥哲倫叛變賣國，導致麥哲倫的妻子和兩個兒子遭到迫害，最後鬱鬱而終。

經歷了三十八天艱苦又險惡的探索後，船隊終於找到海峽的出口，看見大洋。至此，聯繫大西洋和「大南海」的海峽終於找到了。為此，歐洲人花了二十多年。

麥哲倫把這條海峽命名為「聖徒海峽」。後來，人們為了紀念麥哲倫這次偉大航行，改名為「麥哲倫海峽」。

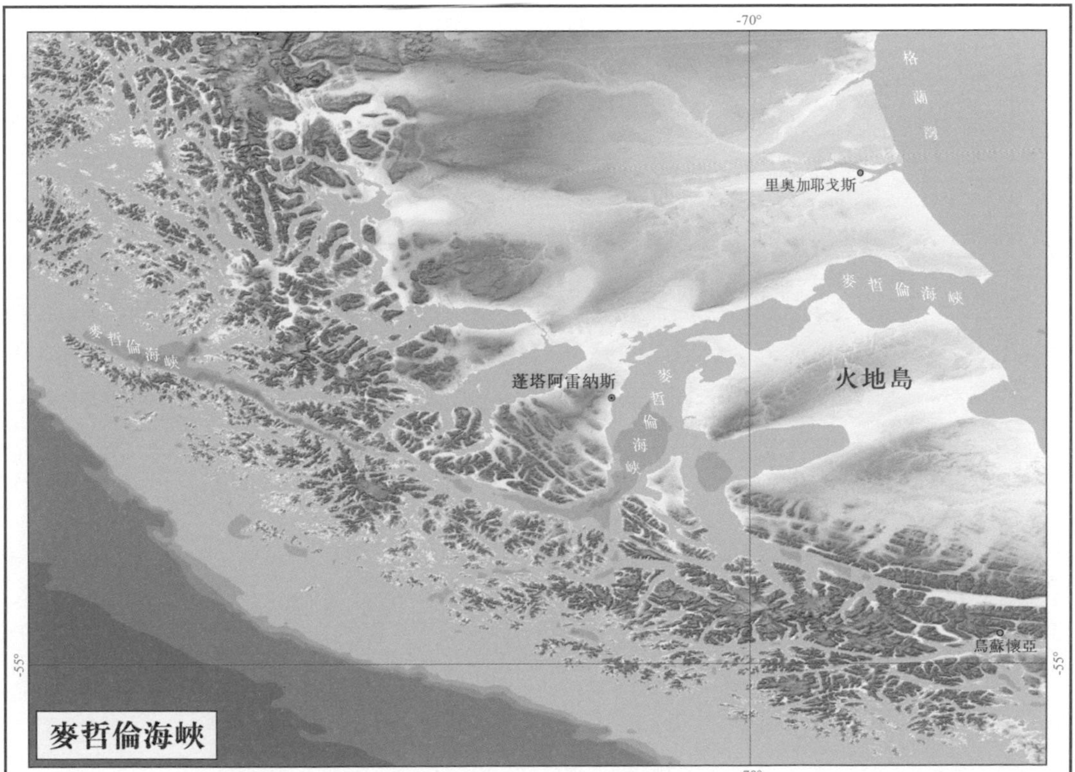

麥哲倫海峽

第二十三章

首次完成的環球航行

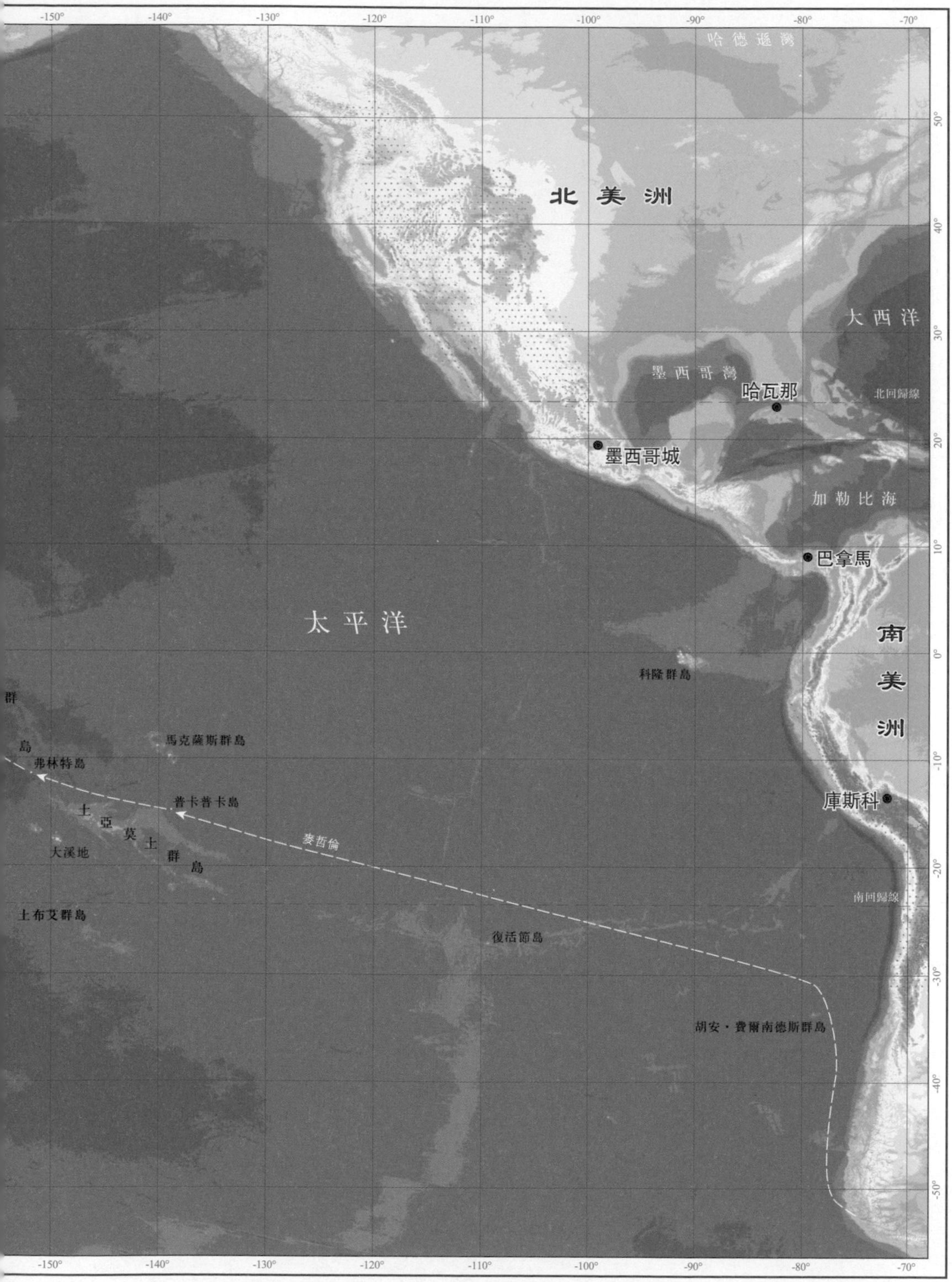
哈德遜灣
北美洲
大西洋
墨西哥灣
哈瓦那
北回歸線
墨西哥城
加勒比海
巴拿馬
太平洋
南美洲
科隆群島
群島
馬克薩斯群島
弗林特島
普卡普卡島
土亞莫土群島
麥哲倫
大溪地
庫斯科
南回歸線
土布艾群島
復活節島
胡安・費爾南德斯群島

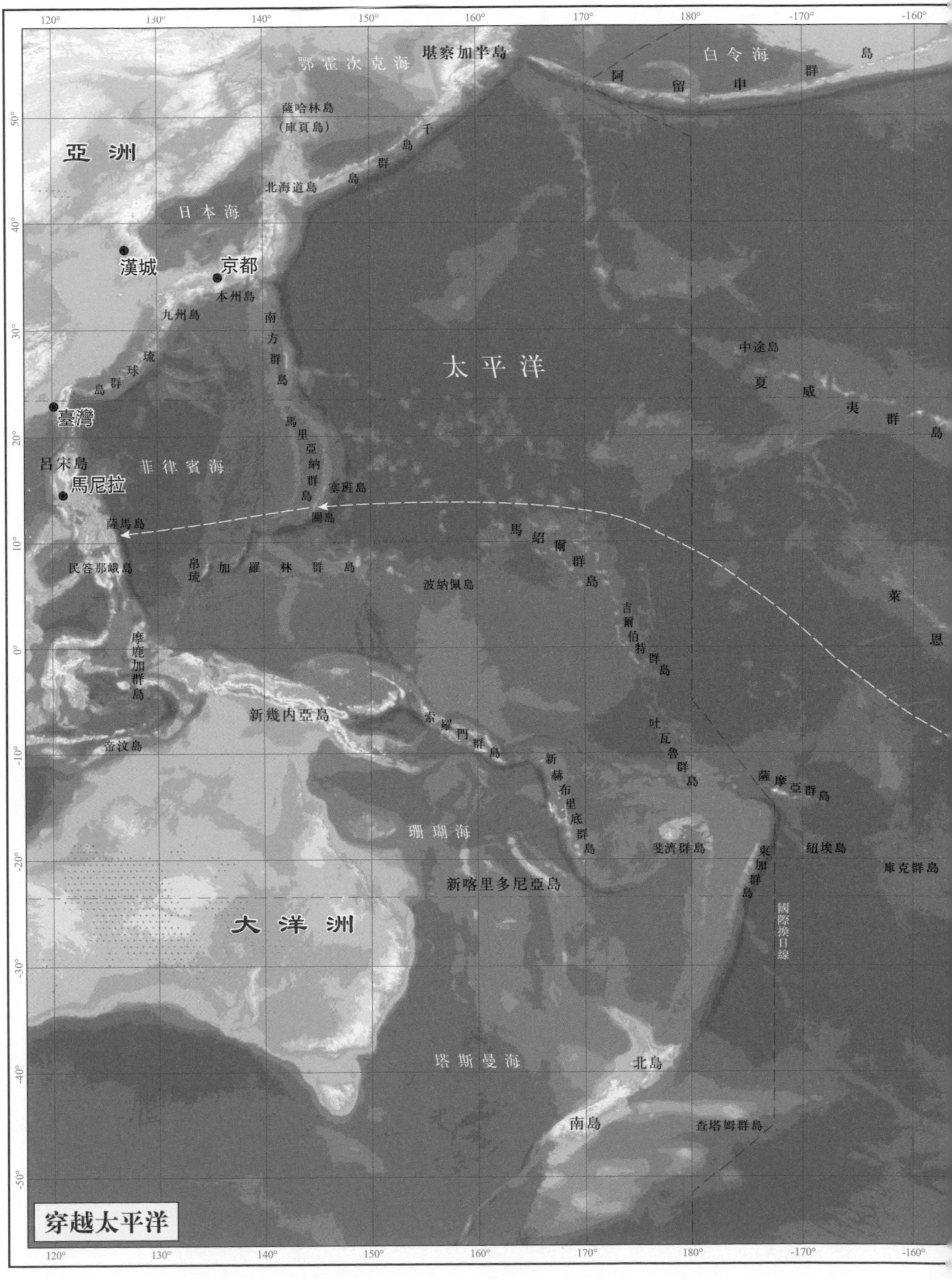
穿越太平洋
亞洲
太平洋
大洋洲
鄂霍次克海
堪察加半島
白令海
阿留申群島
薩哈林島
(庫頁島)
千島群島
北海道島
日本海
漢城
京都
本州島
九州島
南方群島
琉球群島
臺灣
中途島
夏威夷群島
呂宋島
菲律賓海
馬尼拉
馬里亞納群島
塞班島
關島
薩馬島
馬紹爾群島
民答那峨島
帛琉
加羅林群島
波納佩島
吉爾伯特群島
萊恩
摩鹿加群島
新幾內亞島
索羅門群島
帝汶島
吐瓦魯群島
新赫布里底群島
薩摩亞群島
珊瑚海
斐濟群島
東加群島
紐埃島
庫克群島
新喀里多尼亞島
國際換日線
塔斯曼海
北島
南島
查塔姆群島

離開麥哲倫海峽後，船隊向北航行了二十三天，一路上順風順水，波瀾不驚。在麥哲倫心裡，「大南海」應該不大，他把船開到盡量遠離海岸線，但又可以看見海岸山影的地方，以期能發現「大南海」的對岸，但沒能如願。南緯三十度附近，船隊離開了南美洲海岸，開始向西北方橫渡「大南海」。這一天是一五二〇年十二月二十一日，此後的日子是麥哲倫作夢也沒想到的煎熬，否則，他至少應該在南美洲西海岸補給後再走。

一開始船員們興致很高，白天欣賞海景，晚上看星星。船員們發現，南半球的天空不像北半球那樣星光燦爛，而是許多小星星聚成一團，其中有兩個巨大的星團被後人稱為麥哲倫雲。

一五二一年一月中旬，可怕的事情發生了，船上開始出現壞血病，食品開始短缺。

一月二十四日，船隊發現聖巴拉夫島（今普卡普卡島），但島上荒蕪人煙，無法補給。二月四日，船隊又發現一個小島，這裡有鯊魚出沒，於是命名為鯊魚島（今弗林特島）。讓人絕望的是，鯊魚島同樣荒蕪人煙，無法補給。麥哲倫失望至極，把它們統稱為「失望群島」。

到了二月上旬，饑餓和壞血病的威脅愈來愈嚴重。從進入麥哲倫海峽前算起，整整三個月二十天，船上沒有補充一點新鮮食品。儲存的餅乾都化成粉末，裡面長滿蟲子，還有老鼠撒的尿，聞起來一股惡臭。船員們餓得沒辦法，開始吃包在桅杆上的牛皮。牛皮風吹日晒後已經變得很硬，需要在海水裡泡上四、五天，然後烤著吃。這還算好的，有的船員餓急了，開始吃木頭的鋸末。後來他們發現老鼠是一種很好的食物，開始在船艙裡抓老鼠。但不是每個人都能抓到老鼠，身體強壯的還有力氣抓，身體弱的只能從別人手上買，一隻老鼠的價錢能賣到半枚金幣。

這裡正好說一下當時遠洋船隻的飲食問題，先說吃的，基本上就兩種：鹹肉和餅乾。千萬別以為鹹肉和我們常吃的臘肉差不多，為了保存更長時間，這種鹹肉是拿牛肉或豬肉，先在高濃度的鹽水裡浸透，再一層鹽、一層肉地放在橡木桶裡醃製，最終除了鹹，嘗不出別的味道。餅乾不是我們印象中鬆脆可口的餅乾，叫乾餅更合適，就是把麵餅烤乾，幾乎不含水分，口感可想而知。至於新鮮蔬菜、麵包和肉食，只能保存約一週時間，剛得到補給的頭幾天能享用，遠離大海時就別想了。

再說喝的，主要有三種：淡水、啤酒、蘭姆酒。淡水和新鮮蔬菜一樣，保存期只有一週，過後就變綠發臭，只能用來洗澡。啤酒也是存放在橡木桶裡，保存期略長，但只有兩週。保存期最長的是蘭姆酒，這是遠洋水手們的最愛。

蘭姆酒是殖民者熬製砂糖後用剩下的甘蔗渣滓發酵而成，價格低廉，酒精濃度高，不但可以替代飲水，酒精的麻醉作用還可以緩解水手們緊繃的神經，因而大受歡迎。但酒的攜帶數量有限，時間長了也有斷飲的一天。總之，那時還沒有保鮮技術，船上的條件很艱苦，常人難以忍受，能參與遠洋航行的人只有兩種：一種是懷抱夢想的人，不管是發財夢，還是建功立業的夢；另一種是生活所迫、走投無路的人。不管是哪種人，從踏上甲板的那一刻起，他們就把生死交給了茫茫大海。

最大的威脅還是壞血病，長期吃不到新鮮蔬果，得壞血病的人愈來愈多，病情愈來愈嚴重。患者一開始牙齦腫大，接著出血；然後牙齒開始鬆動，直至脫落；接著整個嘴巴都腫了；最後，咽喉腫痛，什麼都吃不下，活活餓死。從壞血病發生的那一天開始，一個月之內有十九個人相繼死去，包括那兩個捉來的巴塔哥尼亞人。

幸運的是，天氣一直晴朗，海面風平浪靜，假如此時碰到暴風雨，這些虛弱的船員只能坐以待斃。於是，麥哲倫把「大南海」改稱為「太平洋」。

三月五日，船上徹底斷炊了，情況萬分緊急。但就在第二天，船隊發現了關島，水手們鳴槍示意，慶祝絕處逢生。

我們從地圖上看，會發現麥哲倫完美地錯過了很多人口密集的大島。這當然是事後諸葛的看法，事實上在大海裡，西班牙的帆船再大也如一粒沙塵，而那些島嶼就像一個小石塊，再加上地球是圓的，在事先不知情的情況下，要發現那些島嶼非常困難。而且，在普通的地圖上，很難感受到太平洋的浩淼，假如從太空看地球，視角正好落在太平洋上方，我們會發現太平洋幾乎覆蓋了整個地球，地球完全是顆水球。用數字說話，太平洋面積是一億八千萬平方公里，而地球的總面積是五億一千萬平方公里，太平洋面積約占地球面積的三五％。地球上所有陸地面積加起來才一億四千九百萬平方公里，還沒有太平洋大，最大的歐亞大陸約五千萬平方公里，別說太平洋上的小島，就是地球上的大陸，在太平洋面前也就相當於一個島嶼。

按原定計畫，麥哲倫要去赤道附近的香料群島，赤道附近島嶼更少，也許是陰錯陽差，反而讓他發現了關島。

關島物產豐富，人口稠密。但當地土著還處於原始社會，沒有私產的概念。他們一看到有大船來，好奇地划著獨木舟蜂擁而至，爬上大船後，幫西班牙人送水果、蔬菜，毫不客氣地拿走船上看來新奇的東西，最後實物交換變成搶奪，有些島民甚至還搬走西班牙人用來登陸的小艇。麥哲倫覺得吃了大虧，下令用弓弩射擊。這些可憐的土著連弓箭都沒見過，一旦有人中箭，他們就會很驚奇地把箭從另一頭拔出來，等於替自己穿膛，然後就倒地了。

但麥哲倫仍不罷休，小艇是登陸的必備之物，於是組織了一支武裝小隊上岸，最後殺了七個人，燒了十幾

從地球上空看太平洋

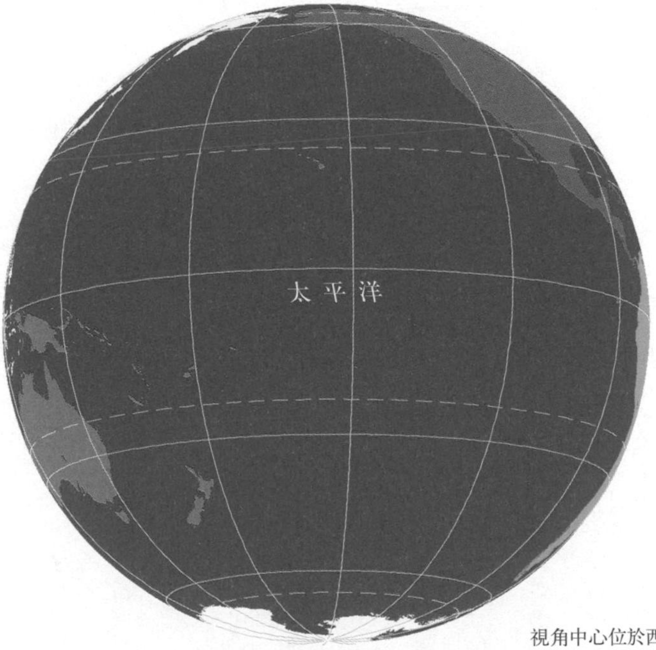

視角中心位於西經155°，南緯10° 處

間茅屋，搶了一些食物回來，麥哲倫還憤怒地把這一帶稱為「強盜群島」。

三月九日，船隊離開關島，往北出發，登陸附近的羅塔島（處於關島和塞班島之間），和島上土著進行交換。之後，船隊拔錨啟航，繼續向西。

三月十六日，船隊在茫茫的大海上發現遠處有一大片陸地（薩馬島，也叫三描島）。十七日，他們在薩馬島以南的霍蒙洪島停靠休整。這是一個無人小島，不過，目之所極，似乎到處都是島嶼，看來大陸就在附近，太平洋應該是跨過去了。

休整十幾天後，船隊來到利馬薩瓦島。島上有居民，船隊裡有一位翻譯，是麥哲倫從麻六甲帶回歐洲的，此人出生於蘇門答臘，會馬來語，這位翻譯用馬來語和當地人搭話，彼此間居然能聽懂。麥哲倫恍然大悟，他已經到了亞洲，他夢想的從歐洲西向到達亞洲的新航路開闢成功了！

麥哲倫到達的地方正是菲律賓群島，菲律賓群島以山地為主，占總面積的四分之三以上；有二百多座火山，其中活火山有二十一座。除了少數島嶼有較寬廣的內陸平原外，大多數島嶼僅沿海有零星分布的狹窄平原。各島之間為淺海，多珊瑚礁。這裡的河流都很短小，例如呂宋島上最大的河流卡加延河，全長只有五百零五公里，在人類早期，這種環境要發展出自己的文明幾乎不可能。

和馬來群島上的其他島嶼一樣，主要受中國和印度的雙重影響。只是菲律賓位置更偏，不在中國到印度的航道上，發展更慢。島上的居民主要是馬來人，以及後來陸續移民過來的印度人、中國人。西班牙人到來時，仍處於人類文明的初期狀態，各個島上邦國林立，還沒有形成統一的政權。

在利馬薩瓦島，船員們用各種百貨換取食物，同時與拉賈（當地統治者）搞好關係，獲准在這裡傳播基督教，一邊打聽香料群島的消息。

四月三日，船隊在利馬薩瓦島拉賈的領航下來到宿霧島。同樣的，他們一面用百貨與當地人交換食物和一些貴重物品，一面傳播基督教。宿霧島最大的拉賈胡馬邦（Rajah Humabon）本來想按慣例向他們徵稅，後來聽一個暹羅人說，他們就是征服印度的歐洲人，於是放棄徵稅，轉而想利用他們的武力擴張自己的勢力。宿霧島的東部有一個小島叫麥克坦島，胡馬邦一直想拿下卻實力不濟，正好向麥哲倫求助。麥哲倫根本沒把這些土著部落放在眼裡，就答應了，先派小分隊登島偷襲，燒了幾座房子，強行徵收一些貢物，但麥克坦島上的小拉賈拉普拉普（Lapu-Lapu）仍是不服。

四月二十七日，胡馬邦率一千人進攻麥克坦島，拉普拉普率一千五百人迎戰。麥哲倫率六十名白人替胡馬邦打頭陣，剛登陸時便遭到拉普拉普的反擊，最終寡不敵眾，被迫後退，麥哲倫親自斷後。大航海時代，歐洲人征服各地土著主要是靠火炮，特別是大帆船的側舷炮，火力之猛，一般土著先在心理上就投降了。但這一次，因為宿霧島周圍的海水太淺，西班牙的大帆船開不進來，沒有火炮掩護，西班牙人只能用火繩槍和弓箭，這兩樣東西對付沒有鐵器的印第安人沒什麼問題，但對於菲律賓島上這些受過附近中國或印度文明洗禮的人卻半斤八兩，占不到任何便宜，何況他們的人數那麼少。

這次輕敵讓麥哲倫付出了生命的代價，當他掩護西班牙人撤退時，被追上來的士兵圍攻，最終被殺身亡。

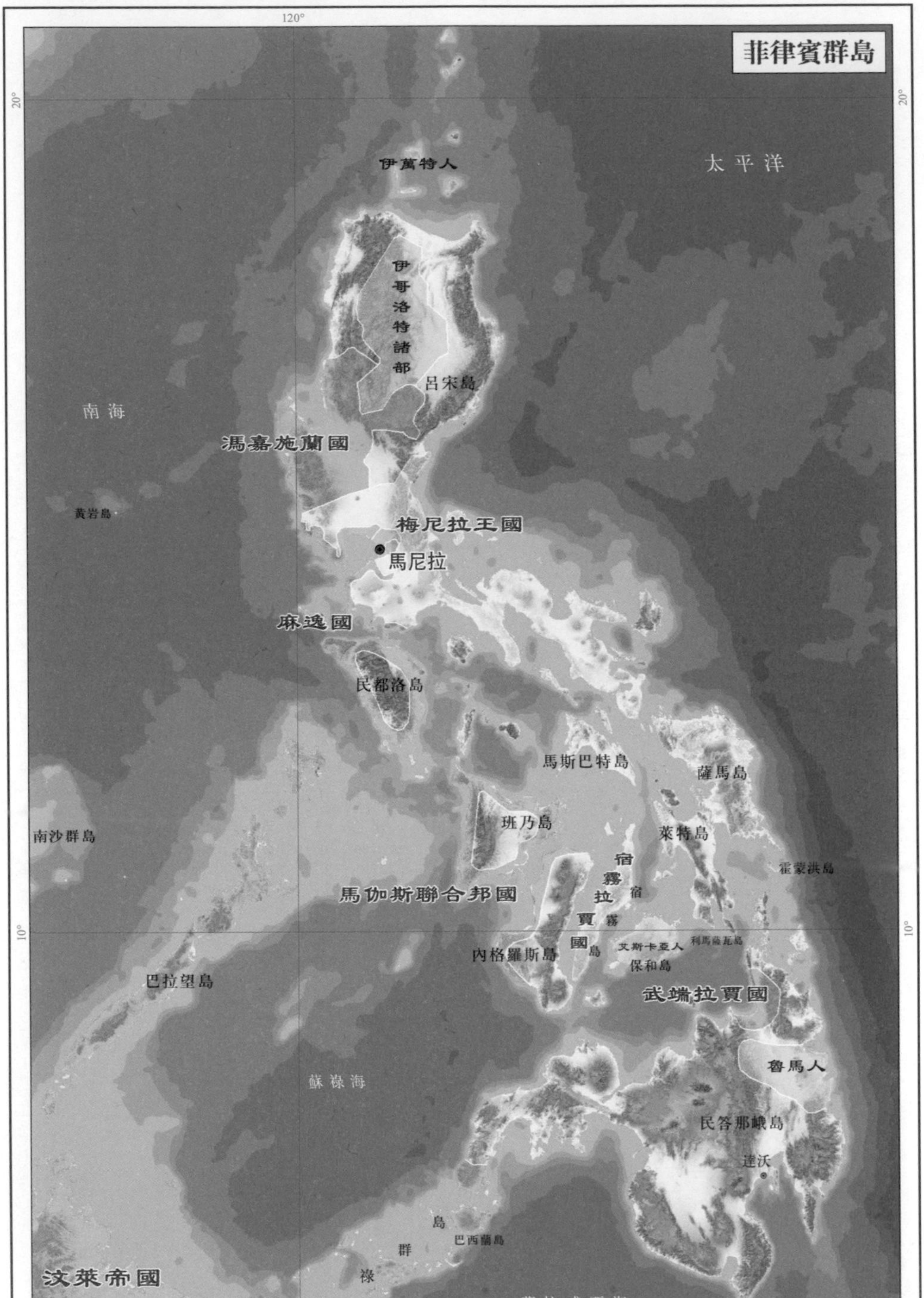

菲律賓群島
120°
20°
伊萬特人
太平洋
伊哥洛特諸部
呂宋島
南海
馮嘉施蘭國
黃岩島
梅尼拉王國
馬尼拉
麻逸國
民都洛島
馬斯巴特島
薩馬島
班乃島
萊特島
南沙群島
宿霧拉賈國
霍蒙洪島
馬伽斯聯合邦國
10°
宿霧島
內格羅斯島
艾斯卡亞人
利馬薩瓦島
保和島
巴拉望島
武端拉賈國
魯馬人
蘇祿海
民答那峨島
達沃
蘇祿群島
巴西蘭島
汶萊帝國
加里曼丹島
蘇拉威西海
薩蘭加尼島

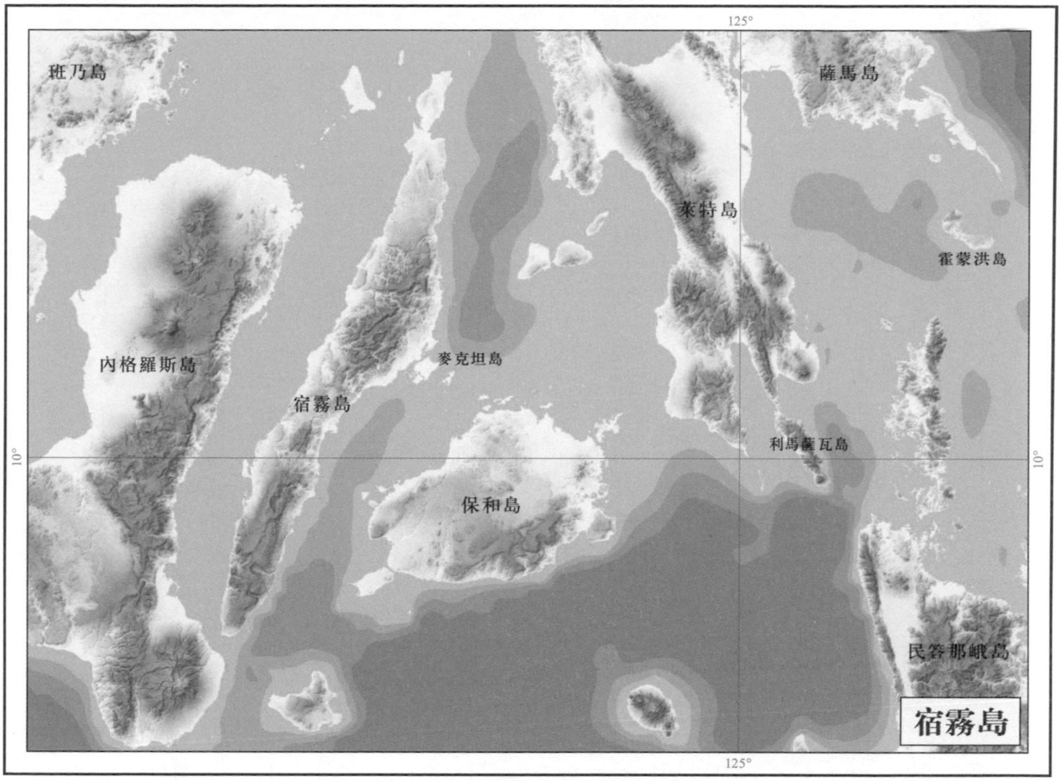
125°
班乃島
薩馬島
萊特島
霍蒙洪島
內格羅斯島
麥克坦島
宿霧島
利馬薩瓦島
10°
保和島
民答那峨島
宿霧島
125°

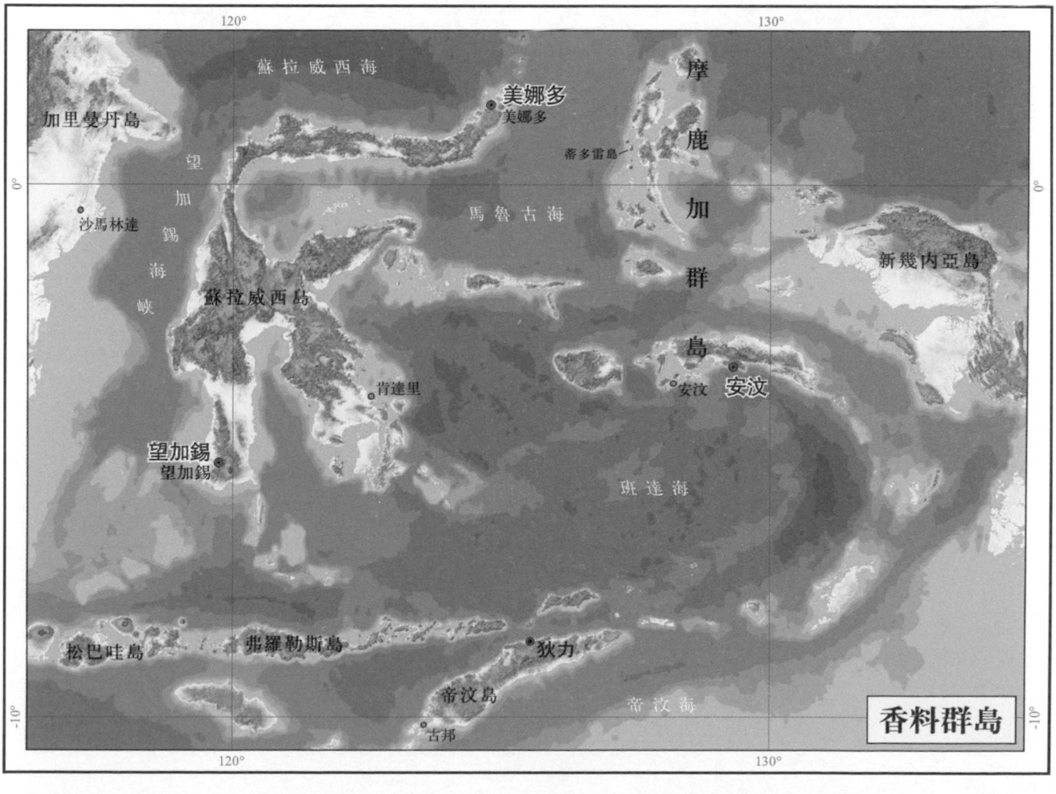
120°
130°
蘇拉威西海
美娜多
美娜多
加里曼丹島
摩
鹿
加
群
島
蒂多雷島
望
加
錫
海
峽
0°
沙馬林達
馬魯古海
新幾內亞島
蘇拉威西島
肯達里
安汶
安汶
望加錫
望加錫
班達海
松巴哇島
弗羅勒斯島
狄力
帝汶島
帝汶海
-10°
古邦
香料群島
120°
130°

胡馬邦看西班牙人沒有利用價值了，便開始打起大帆船和船上成堆物資的主意。他設下一道鴻門宴，殺死包括謝蘭船長、麥哲倫內弟巴爾鮑薩（Duarte Barbosa）在內的二十多名船員。

五月一日，未赴宴和僥倖逃脫的船員立即解纜啟航，逃離宿霧島。到了保和島之後，由於船隊大量減員，開不動三艘船，探險隊就把康塞普西翁號燒掉了，人員和物資轉移到特立尼達號和維多利亞號上。這樣一來，他們只剩兩艘船。麥哲倫雖死，但他們的任務還沒有完成：千辛萬苦開闢到東方的航線，不是來旅遊的，是要把東方的香料帶回去。

驚弓之鳥，再加上群龍無首，接下來的幾個月，這支船隊像無頭蒼蠅一樣在大巽他群島一帶遛達，先後經過民答那峨島、巴拉望島、加里曼丹島、巴西蘭島等島嶼，依然沒找到傳說中的香料群島。

從本書一開始，當歐洲人踏出地中海的那一刻起，他們就沒有停止過尋找香料，以及盛產香料的島嶼。那麼，讓歐洲人魂牽夢縈的香料群島到底在哪裡呢？

馬來群島裡的大多數島嶼，雖然不適合種植糧食，但位於赤道附近，氣溫高，光照強，雨水多，很適合種植香料。所謂的香料群島，可以泛指馬來群島，但香料品種最豐富、產量最多的是摩鹿加群島，即今馬魯古群島。這裡盛產丁香、肉豆蔻、肉桂、胡椒、生薑、香石竹（康乃馨）等各種香料，正是歐洲人夢寐以求的東西。真正的香料群島就是指摩鹿加群島。

我們不免覺得奇怪，中國離這裡很近，卻對香料群島毫無興趣，反倒是相隔萬里的歐洲人冒死前來，這是為什麼？人類的飲食中，雞鴨魚肉都有腥膻之氣，要去掉就必須借助各種香料的作用，否則這些食物難以下嚥。中國人平時烹飪時，有蔥、薑、蒜，有八角和花椒，有料理酒和醬油，還有五花八門的中藥材，足以解決這些問題。但歐洲人沒有，他們本土不產香料，試想，一旦他們嘗過用香料醃製或烹飪的食物，再讓他們吃帶著腥臊味的魚和肉，那滋味簡直要人命。

香料群島的美名可能來自印度人，由印度人傳到阿拉伯人，再由阿拉伯人傳給歐洲人。印度人對香料的偏愛可以用瘋狂來形容，他們常吃的咖哩就是由幾十種香料混合而成。中國商人應該來過香料群島，只不過他們的目的主要還是把香料販賣到印度，如果拉回國內，銷量很少。中國商人的主要商品還是本土產的絲綢、茶葉和瓷器，把這些東西運到麻六甲就可以了，自然會有印度人和阿拉伯人搶購，再販賣到世界各地，那才是真正的暴利。

一直到十月底，西班牙人才在菲律賓最南端的薩蘭加尼島上找到一名當地人，願意當引水人，船隊才找到方向，朝摩鹿加群島駛去。

說起來很簡單，從薩蘭加尼島往南，只要往東偏一點，就可以到達摩鹿加群島。之前，西班牙人只是在蘇祿海附近的島嶼中尋找，連蘇拉威西海都沒進去過，難怪沒有找到。也怪麥哲倫死得太突然，他曾到過麻六甲，對香料群島的大致位置心裡有數，如果他在，船隊不至於耗費幾個月的時間。

十一月六日，船隊終於到達摩鹿加群島中的蒂多雷島。這裡處於馬來人和巴布亞人的過渡地帶，各色人種混雜，但主要信奉伊斯蘭教。船員們盡其所能地購買香料，當地蘇丹也幫忙收購，很快船艙就爆滿了。

當船隊準備啟程返航時，卻發現旗艦特立尼達號嚴重漏水，必須留下來修理。從摩鹿加群島返回塞維利亞港，西班牙人有兩個選擇：一是經原路從太平洋返回；二是經印度洋和大西洋，實現環球航行。原路返回距離遠，走印度洋和大西洋會經過葡萄牙的勢力範圍，還會有暴風雨。

有五十三人自願留下，打算等特立尼達號修好後，經太平洋返回巴拿馬灣。另外六十人（包括十幾個自願到西班牙當翻譯的當地人）推舉胡安・塞巴斯提安・艾爾卡諾（Juan Sebastián Elcano）為船長，由他帶領大家，乘維多利亞號經印度洋和大西洋回西班牙。

十二月二十一日，維多利亞號在港口向特立尼達號和香料群島鳴炮告別。這一幕讓人感到莫名悲壯，因為誰也不知道這是不是永別。

為了避開葡萄牙人，艾爾卡諾下令向南航行，先到安汶港，然後穿過班達海向西南航行。如果從班達海一直往西，就是葡萄牙人控制的麻六甲，無疑是自投羅網，艾爾卡諾先到帝汶島，做最後的補給後，維多利亞號往西南方直接進入印度洋，目標是非洲最南端的好望角。正是維多利亞號走的這條路線，讓葡萄牙人開始重視帝汶島的戰略地位，於是加快對這裡殖民。東帝汶後來能獨立成國，正是受葡萄牙殖民的影響，與荷蘭殖民的印尼格格不入。

一五二二年三月十八日，維多利亞號在南緯三十八度附近發現阿姆斯特丹島。此後，壞血病來襲，艾爾卡諾下令向西南航行，朝南緯四十度前進，這樣就能避開好望角，好望角也在葡萄牙人的控制下。

這次橫渡印度洋的過程中，二十五人因壞血病死亡，船上的人員由六十人減少到三十五人。

五月二十日，維多利亞號在南緯四十度左右，從好望角以南繞過非洲，進入南大西洋。好望角原名風暴角不是沒有道理的，這次維多利亞號也趕上了風暴，前桅杆斷裂，船體嚴重漏水。船員們只能靠人力一邊抽水一邊前進。六月八日，維多利亞號第四次，也是最後一次越過赤道。七月九日，實在扛不住了，維多利亞號駛入葡萄牙人控制的維德角群島補給。

維德角群島的地理位置很特殊，船到了這裡，既可以說是從亞洲回來，也可以說是從美洲回來。如果是從美洲回來，沒有侵害葡萄牙人的利益，只是不得已補給一下，葡萄牙人不會太計較。他們靠著謊言上岸，補給品還沒採購完，就有人露出馬腳，葡萄牙人發現他們是從亞洲回來的，結果有十三人被葡萄牙人抓走。七月十八日，艾爾卡諾趕緊開船逃跑。

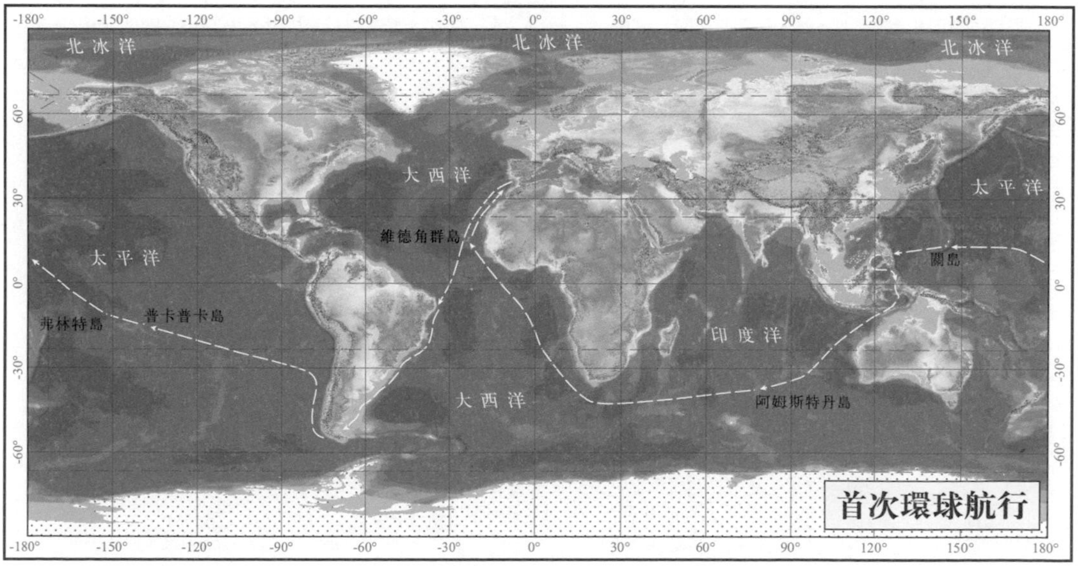

九月六日，維多利亞號進入西班牙的桑盧卡爾灣，這時船上只剩下十八人，而且全都疾病纏身。至此，麥哲倫的環球航行勝利完成。九月八日，千瘡百孔的維多利亞號被拖回出發港塞維亞。

這次遠航，西班牙王室收益甚微，但意義重大。卡洛斯一世賞給艾爾卡諾紋章一枚，其他船員都有賞賜。在維德角群島被扣的十三名船員，在卡洛斯一世的交涉下，很快被釋放。

再說這次遠航的旗艦特立尼達號，在香料群島修好後，於四月六日在干沙路・高梅茲・德・埃斯皮諾薩（Gonzalo Gómez de Espinosa）的指揮下離開了蒂多雷島，準備再次橫渡太平洋。他們先繞過哈馬黑拉島的北端，然後轉向東方，直朝巴拿馬駛去。但沒有想到的是，此時強勁的東南季風把他們吹向了北方。五月初，在北緯五度附近發現加羅林群島西部的索索羅爾島，接著又在北緯十二度及其以北發現馬利亞納群島的十四個島嶼。

六月十一日，特立尼達號到達北緯四十三度、東經一五五度一帶，接近千島群島。七月中旬，他們遭到連續十二天的風暴襲擊，壞血病和饑餓也隨之而來，船員死亡過半。七月下旬，特立尼達號調頭返航，途中發現馬利亞納群島北部的幾個島嶼。

十月二十日，他們回到摩鹿加群島，此時船上僅剩十九人。十月底，特立尼達號被葡萄牙人俘獲。葡萄牙人查封了船上所有的物品，沒收了地圖和航海日誌，一些水手被處死，其他人被轉押到里斯本，大部分人在監獄中被折磨致死，只有埃斯皮諾薩等四人活著，四年後才被釋放回到西班牙。

麥哲倫雖然沒有活到最後，但由他計畫、指揮的這次遠航行動，首次實現了人類的環球航行。這次航行前後歷時整整三年，行程八萬公里，從實踐上證明地球是圓的，海水是相連的。可以說，麥哲倫真正發現了地球，以往的數學計算也好，科學觀察也好，都是停留在理論方面，他的行動證明了這些理論的正確性，更一步促進歐洲的科學技術向前發展。

第二十四章

殞落的印加帝國

麥哲倫環球航行後，引發了兩個問題。

一是關於香料群島的劃歸問題。

按原教皇子午線的劃分，西經四十六度（估值）以東歸葡萄牙，以西歸西班牙。但現在已經證明地球是圓的了，香料群島既可以說是在教皇子午線的東邊，也可以說是西邊。為此兩國爭論不休，直到一五二九年，經過教皇的調解，兩國才達成約定，在摩鹿加群島以東十七度處劃一條線，以西屬葡萄牙，以東屬西班牙。

這條線大約在東經一四四度處，按照這條線的劃分，香料群島和菲律賓群島都歸葡萄牙，看來西班牙吃了大虧。但條約還有一條，因為是西班牙先發現的，現在主動放棄權力，葡萄牙必須向西班牙補償一筆三十五萬金幣的鉅款。想當初，麥哲倫只向葡萄牙國王要求每月增加一個半銀幣的工資，國王沒答應，現在卻要為此付出三十五萬金幣的代價，麥哲倫如果活著，估計也會被氣死。

從結果上看，麥哲倫以生命為代價替西班牙開闢了新航線，最終卻被西班牙國王給賣了，似乎很不值。其實大可不必這麼想，麥哲倫的發現成果不僅是西班牙的，更是全人類的。而西班牙王國沒有吃虧，開闢新航線本身就是一門生意，現在能拿到一大筆錢，可以馬上對更近的美洲進行大規模開發。畢竟香料群島太遠，從香料群島到歐洲，往西需要經過葡萄牙的勢力範圍，往東返回的航線還沒有找到。

另一個是東北航線的問題。

一五二五年，莫斯科大公國外交家德米特里．格拉西莫夫（Dmitry Gerasimov）在羅馬回訪教皇時，提出開闢到中國東北航線的設想。就是從莫斯科東部啟航往東，經北冰洋，過白令海峽，入太平洋，最後抵達中國、日本，以及東南亞和印度。如果沒有麥哲倫的環球航行，誰提出這種想法，估計所有人都會把他當成神經病，但現在所有人都知道，理論上是可行的。但當時僅是設想，歐洲各國都躍躍欲試，真要實踐起來還需要時間準備，誰都知道北冰洋可不是鬧著玩的，那裡會凍死人。

先說西班牙人對南美洲的征服行動。

一五二六年二月，西班牙航海家奧塞斯遠航至火地島以南，真正發現美洲大陸的最南端。但隨後船隻失事，奧塞斯不幸遇難。

至此，整個南美洲已經完整地呈現在西班牙人面前，下一步，西班牙人需要征服這塊大陸上的居民。而首當其衝的就是印加帝國，它是南美最大的國家，更讓西班牙人感興趣的是，它是盛產黃金的國家。

和其他印第安人一樣，印加人是在約一萬年前越過白令海峽來到美洲大陸。與阿茲特克和馬雅不一樣，印加文明是高山文明，他們一開始就喜歡住在高山。只不過剛開始，印加人占據的地方不大，和其他安地斯山脈一帶的部落王國沒什麼區別。十四世紀，印加人以庫斯科為中心，開始向四周擴張。十五世紀中期，印加帝國已經獲得全盛時期三分之二的領土。這種速度應該算很快了，印加人沒有馬，也沒有車，僅靠人的兩條腿，已經是了不起的成績。約一四七〇年，印加人征服今祕魯北部的奇穆王國後，在南美已經沒有任何對手了。十五世紀末，印加帝國的版圖已經覆蓋今厄瓜多、祕魯南部、智利北部、阿根廷大部分，以及玻利維亞高原的一部分。隨著印加帝國擴張的腳步，許多印第安部落消失，有的被滅族。與此同時，反叛的事情此起彼落。

印加人沒有文字，隨著疆土擴大，組織和管理能力的不足開始顯現。特別是繼承人的問題，印加帝國沒有明確法規，鼎盛過後，因為奪位之爭，帝國陷入內戰。而此時，西班牙人已經攜帶著槍炮上岸了。

早在攻打阿茲特克時，法蘭西斯科．皮薩羅就知道印加帝國正陷入內戰，意識到這是進攻印加帝國的好時機。

一五三一年，皮薩羅被任命為祕魯總督，受西班牙國王之命前往征服印加帝國。當時皮薩羅的隊伍是一百六十八人，而整個印加帝國的人口是六百萬。不用計算，在人數上，完全不是同一個量級，但結果卻令人匪夷所思。

皮薩羅用了一年時間到達祕魯西海岸，一五三二

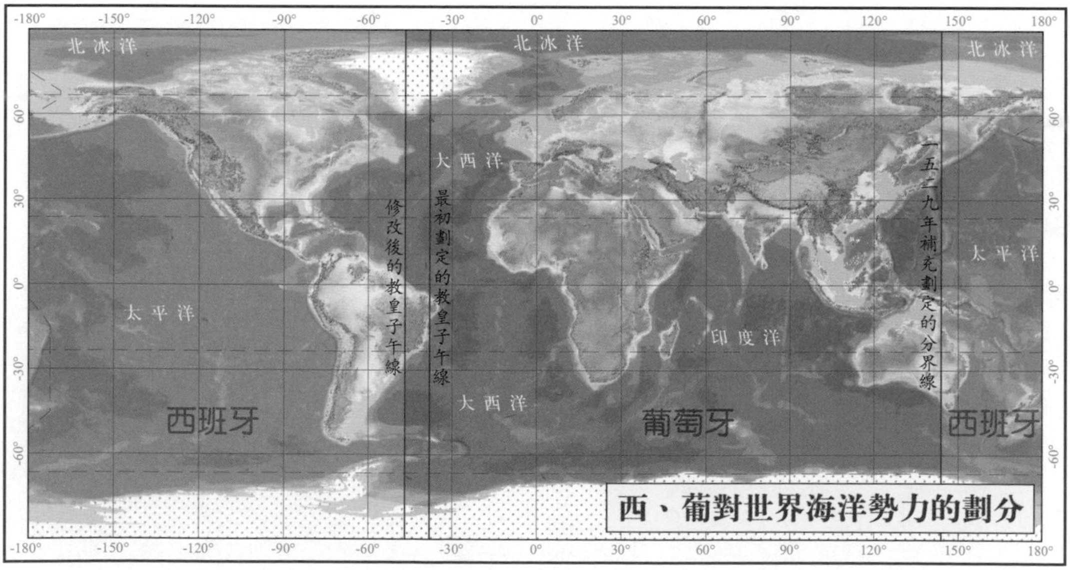

西、葡對世界海洋勢力的劃分

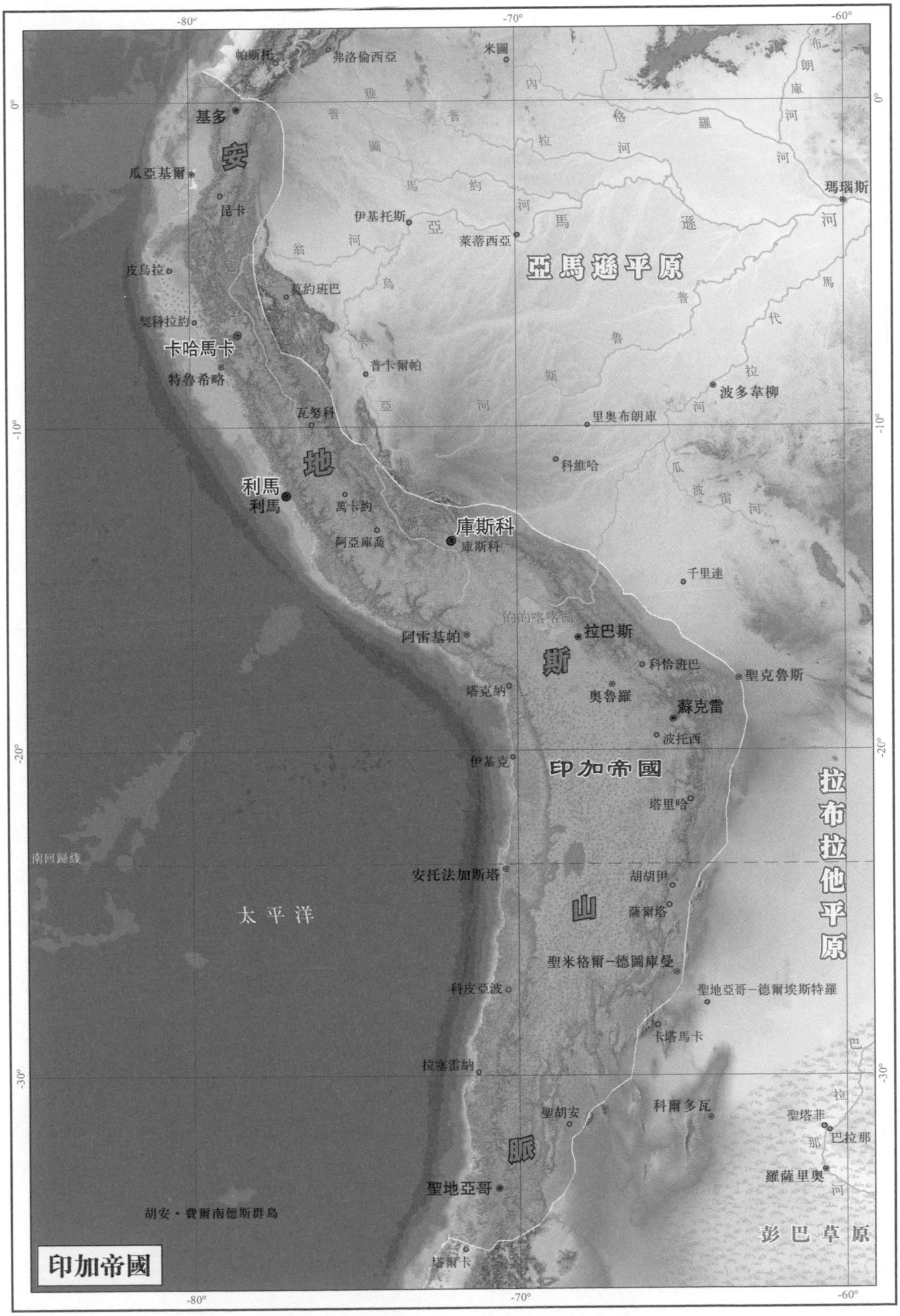
帕斯托
弗洛倫西亞
米圖
基多
安
瓜亞基爾
昆卡
伊基托斯
萊蒂西亞
瑪瑙斯
亞馬遜平原
皮烏拉
莫約班巴
契科拉約
卡哈馬卡
特魯希略
普卡爾帕
波多韋柳
瓦努科
里奧布朗庫
科維哈
地
利馬
萬卡約
阿亞庫喬
庫斯科
千里達
的的喀喀湖
阿雷基帕
拉巴斯
斯
科恰班巴
聖克魯斯
塔克納
奧魯羅
蘇克雷
波托西
伊基克
印加帝國
塔里哈
拉布拉他平原
南回歸綫
安托法加斯塔
胡胡伊
太平洋
山
薩爾塔
聖米格爾-德圖庫曼
科皮亞波
聖地亞哥-德爾埃斯特羅
卡塔馬卡
拉塞雷納
科爾多瓦
聖胡安
聖塔菲
巴拉那
脈
羅薩里奧
聖地亞哥
胡安・費爾南德斯群島
彭巴草原
塔爾卡
-80°
-70°
-60°
0°
-10°
-20°
-30°
印加帝國

年九月，他領著不到二百人的部隊向內陸挺進，目標是卡哈馬卡城。此時印加帝國的國王正是奪位之爭中獲勝的新國王阿塔瓦爾帕（Atahualpa），他領著一支約八萬人的印加精銳正駐守在卡哈馬卡。十一月十五日，皮薩羅到達卡哈馬卡一個四面有圍牆的廣場。第二天，國王的信使來了，皮薩羅請求與國王談判，並要求對方只能帶五千名非武裝的士兵。信使走後，他立即在廣場四周布防，總共一百六十八人（包括皮薩羅），其中一百零六名步兵，六十二名騎兵，各分兩組，埋伏在四周。皮薩羅騙他們說，對方只有四萬人，但足以讓這些西班牙士兵不寒而慄了。

印加國王顯然沒把這一百多人放在眼裡，當天中午，阿塔瓦爾帕帶著浩大且豪華的排場來廣場會面：前面是二千名清掃道路的印第安人，隨後是載歌載舞的儀仗隊，再往後是威武雄偉的印加武士。而阿塔瓦爾帕坐在高大的肩輿上，由八十名印加領主扛著，阿塔瓦爾帕更是盛裝繡服，披金掛銀。氣勢浩大，埋伏在廣場後方的許多西班牙人當場就尿褲子了。

皮薩羅當然不是真的想談判，只是要找一個開戰的藉口。他讓牧師向阿塔瓦爾帕遞上一本《聖經》，讓他皈依基督教。印加帝國還處於結繩記事的階段，不懂文字是什麼，更沒見過紙張，但很好奇這玩意裡面是不是有什麼法寶，結果半天也沒打開。牧師上前幫忙，阿塔瓦爾帕感覺受到羞辱，一拳打向牧師，翻開了書，發現裡面什麼也沒有，就把書扔出幾公尺遠，還說：「我們只信仰太陽神，不相信上帝和基督！」牧師立即大喊：「出來吧！基督徒們。」皮薩羅也發出攻擊信號。

一時間，全副武裝的西班牙人喊叫著從兩翼殺出，印加人立即陷入一片混亂，彼此踩踏，死傷一片。亂軍叢中，皮薩羅親手抓獲阿塔瓦爾帕。失去國王的印加人四散逃竄，西班牙人趁機掩殺，大獲全勝。

據統計，卡哈馬卡戰鬥中被殺死的印加人有七千人之多，除了皮薩羅在生擒阿塔瓦爾帕過程中受了點輕傷外，西班牙人幾乎沒有損失。

印加人的失敗，其實和晚清敗於列強的原因一樣，器不如人。印加人的武器主要是木頭、石頭，青銅器極少。歐洲人靠的不是火器，火繩槍的威力不比弓箭強，而且前膛槍裝填速度太慢，即使是最優秀的士兵，一分鐘也只能裝填一到兩發，而且當時皮薩羅的隊伍裡只有幾支火繩槍，作用不大。火繩槍還有一個致命弱點：怕水。況且打伏擊戰時，火繩槍特別不合適，如果戰前把火繩點燃了，就會引起敵人警惕，暴露目標；如果開戰後再點，時間又來不及。應該說，西班牙人這次獲勝，騎兵發揮很大作用。印加人沒見過馬，看到西班牙人騎著馬衝過來以為是神從天降，根本無心抵抗。當然還有盔甲刀劍，印加人的木頭棍棒殺不死西班牙人，只能在盔甲上留下點劃痕，西班牙人的刀劍卻可以把對方砍為兩截，首先在心理上，這種不對等的戰鬥已經讓印加人崩潰了，更無心反抗。最後，西班牙人還有那麼一點運氣，如果印加人一開始就積極應戰，憑幾萬人的木頭棍棒，一百多個西班牙人很難進入他們的腹地。

隨後，皮薩羅指定一間長二十二英尺、寬十七英尺、高八英尺的房間，讓印加人用黃金把這個屋子填滿，就可以贖回他們的國王。當印加人從各地把黃金源源不斷地運來，終於把房子填滿後，皮薩羅卻背信棄義地把阿塔瓦爾帕殺了。仗著騎兵的優勢，皮薩羅先後在豪哈、比爾卡蘇阿曼、比爾卡康加和印

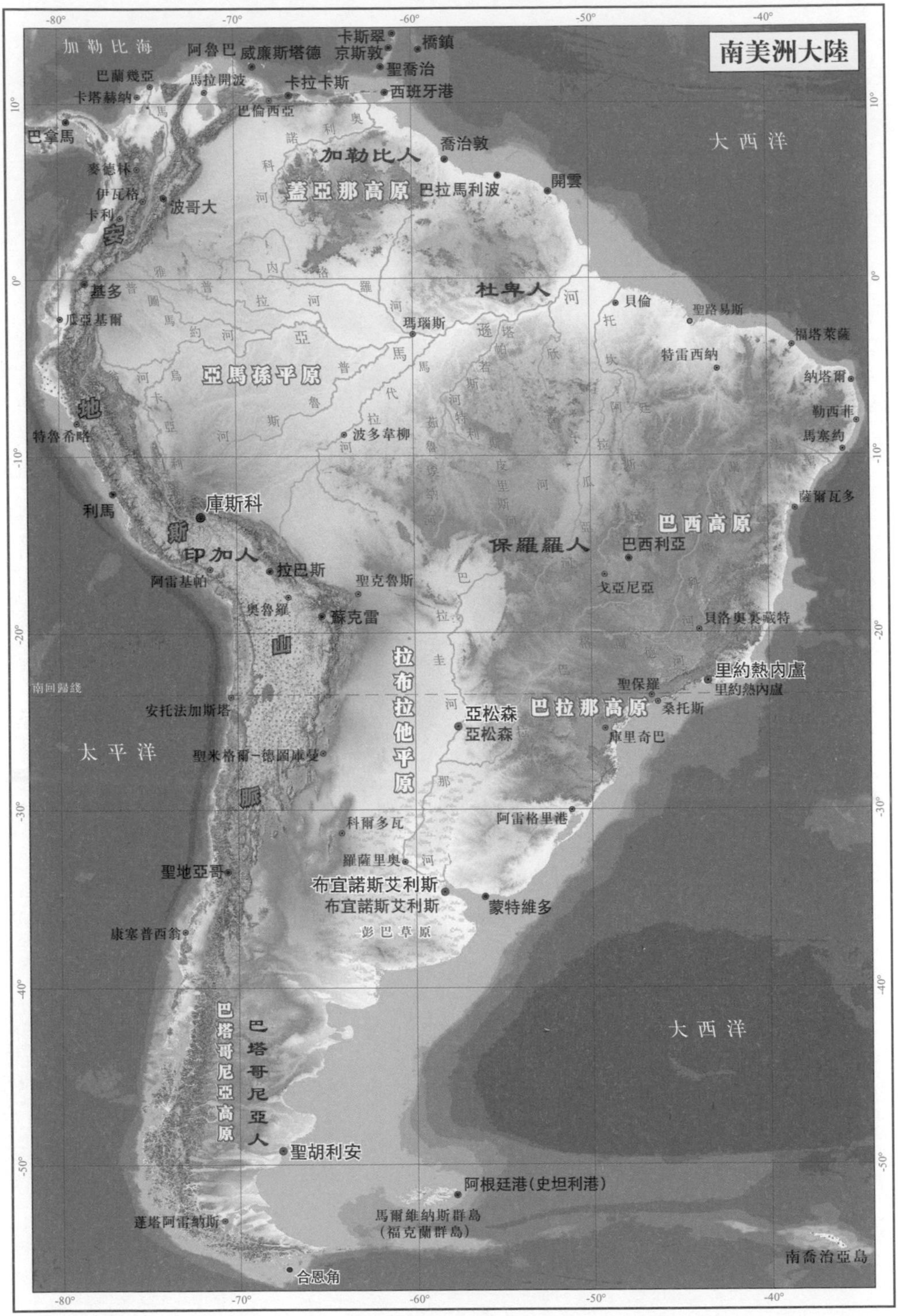
南美洲大陸
加勒比海
阿魯巴
威廉斯塔德
卡斯翠
京斯敦
橋鎮
聖喬治
巴蘭幾亞
馬拉開波
卡拉卡斯
西班牙港
卡塔赫納
巴倫西亞
巴拿馬
奧利諾科河
加勒比人
喬治敦
開雲
蓋亞那高原
巴拉馬利波
大西洋
麥德林
伊瓦格
波哥大
卡利
安地斯山脈
基多
瓜亞基爾
杜皮人
貝倫
聖路易斯
福塔萊薩
普圖馬約河
瑪瑙斯
亞馬遜平原
亞馬遜河
托坎廷斯河
特雷西納
納塔爾
勒西菲
馬塞約
特魯希略
波多韋柳
薩爾瓦多
利馬
庫斯科
巴西高原
保羅羅人
巴西利亞
印加人
拉巴斯
阿雷基帕
聖克魯斯
戈亞尼亞
奧魯羅
蘇克雷
貝洛奧里藏特
拉布拉他平原
里約熱內盧
聖保羅
南回歸綫
巴拉那高原
桑托斯
安托法加斯塔
亞松森
庫里奇巴
太平洋
聖米格爾–德圖庫曼
科爾多瓦
阿雷格里港
羅薩里奧
聖地亞哥
布宜諾斯艾利斯
蒙特維多
康塞普西翁
彭巴草原
大西洋
巴塔哥尼亞高原
巴塔哥尼亞人
聖胡利安
阿根廷港(史坦利港)
馬爾維納斯群島
(福克蘭群島)
蓬塔阿雷納斯
合恩角
南喬治亞島
-80°
-70°
-60°
-50°
-40°
10°
0°
-10°
-20°
-30°
-40°
-50°

加帝國首都庫斯科的四次戰役中大敗印加軍隊。參加這四次戰鬥的西班牙人數分別是八十人、三十人、一百一十人，而印加每次戰鬥動輒上萬人。其實這不是戰鬥，而是屠殺，印加人可以說真的是手無寸鐵。

一五三三年，皮薩羅已經完成對祕魯全境的實際占領。

一五三五年，皮薩羅建立利馬城，做為祕魯總督的駐地。

皮薩羅征服祕魯的同時，西班牙的軍隊已在南美大陸上四面開花：一五三二年占領今厄瓜多、烏拉圭和巴拉圭地區；一五三六年占領今智利北部、哥倫比亞、委內瑞拉，同年在哥倫比亞境內建波哥大城；一五四九年占領今阿根廷。

至此，從中美洲到南美洲，除了內陸的熱帶雨林和高原地區還難以深入外，葡萄牙和西班牙完全掌控了這裡的命運。葡萄牙主要占據巴西一帶，而其他地方幾乎全是西班牙的勢力範圍，整個南美洲的歷史日後也深受兩國影響。西班牙也好，葡萄牙也罷，他們的語言都屬於拉丁語，和後來屬於日耳曼語的英語不同，所以又把中美洲和南美洲合稱為拉丁美洲。

第二十五章

法蘭西的航海大發現——加拿大

葡萄牙和西班牙對海洋勢力的劃分，對許多後起的國家來說很不公平，例如法國。

法國地處歐洲的腹地，歷史遠比英國複雜。簡單回顧一下，法國雛形脫胎於中世紀的法蘭克王國，查理曼（Charlemagne）把帝國一分為三後，西法蘭克占據的是高盧人的地盤。在漫長的歷史中，法蘭克人和高盧人逐漸融合，不再叫西法蘭克了，改叫法蘭西。

法蘭西王國和英格蘭王國百年恩怨，英格蘭人退出歐洲大陸，把目光轉向海洋時，法國人緊跟著過來了。一開始是法國漁民跟著英國漁民到紐芬蘭大淺灘撈魚，然後是法國王室一看英國開始尋找新航線，於是也坐不住了。

法國此前一直忙著處理陸地上的事，等他們下海時才發現，到處都是葡萄牙和西班牙的勢力，簡直無處落腳，於是法王乾脆和海盜合夥，發放私掠許可證給他們，讓他們襲擊葡萄牙和西班牙的船隻，還提供資金給他們，賺了錢再分成。這個方法後來被英國女王伊莉莎白效仿，並發揚光大。一時之間，穿著合法外衣的海盜在大西洋，特別是加勒比海一帶出盡風頭。

但葡萄牙和西班牙畢竟實力強大，法國這時在明面上還惹不起，而英國人開拓西北航道也沒有什麼成效，所以法國人把目光盯上西北航道。

一五二三年冬天，法國派遣喬瓦尼・達・韋拉扎諾（Giovanni da Verrazzano）率四艘帆船出海探尋西北航道。韋拉扎諾是海盜出身，原籍佛羅倫斯共和國，後為法國服務，他的目標是中國，但一場風暴把船毀得不成樣子，只好無功而返。

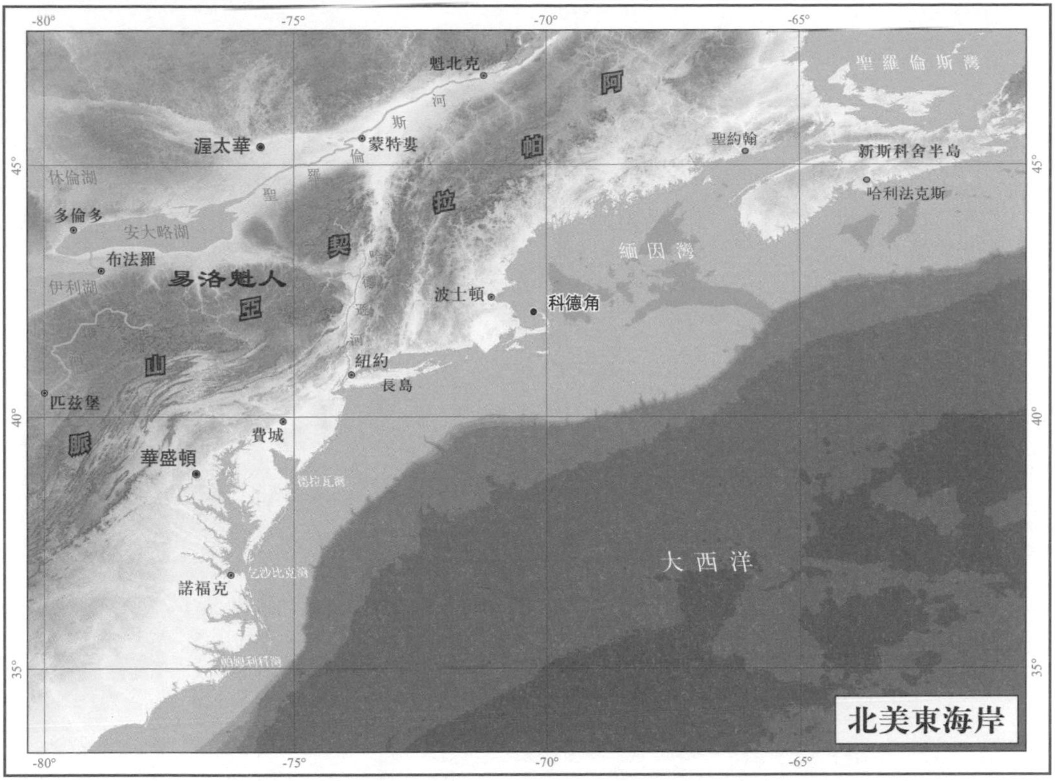

-80°
-75°
-70°
-65°
45°
40°
35°
聖羅倫斯灣
魁北克
聖羅倫斯河
蒙特婁
渥太華
休倫湖
多倫多
安大略湖
布法羅
伊利湖
易洛魁人
阿帕拉契亞山脈
聖約翰
新斯科舍半島
哈利法克斯
緬因灣
波士頓
科德角
紐約
長島
匹茲堡
費城
華盛頓
諾福克
大西洋
北美東海岸

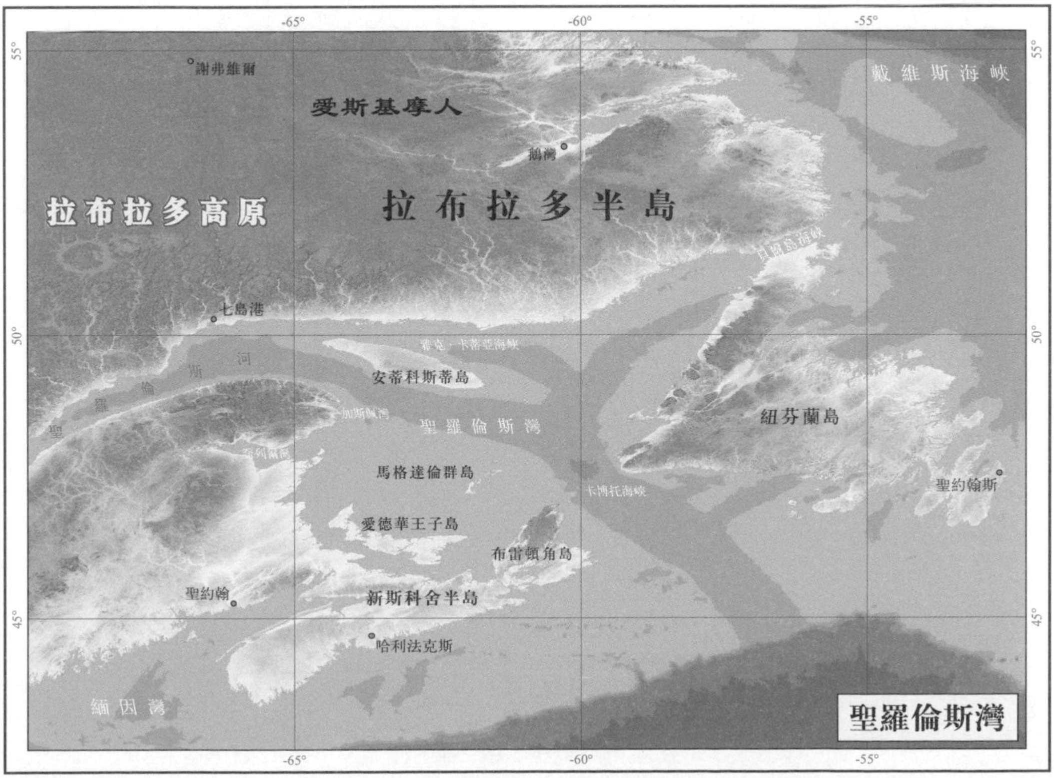

-65°
-60°
-55°
55°
50°
45°
謝弗維爾
戴維斯海峽
愛斯基摩人
鵝灣
拉布拉多高原
拉布拉多半島
七島港
聖羅倫斯河
安蒂科斯蒂島
聖羅倫斯灣
紐芬蘭島
馬格達倫群島
卡博特海峽
聖約翰斯
愛德華王子島
布雷頓角島
聖約翰
新斯科舍半島
哈利法克斯
緬因灣
聖羅倫斯灣

第二年春天，韋拉扎諾換了艘載重一百噸的王妃號從第厄普港出發。他們先到馬德拉群島，然後向西橫渡大西洋。三月二十日，王妃號到達北緯三十四度一帶。韋拉扎諾先向南探索約三百公里的海岸線，尋找通往太平洋的海峽，無果。於是掉頭一路北上，其間多次登岸考察和補給，接觸到當地的印第安人，但都保持友好，沒有發生衝突。有時候，海盜比官軍更仁義。

一路上，王妃號先後考察了帕姆利科灣、乞沙比克灣和德拉瓦灣，隨即發現哈德遜河。他們沿河而上行駛了十幾公里，遇到風暴後返回。然後，他們繼續往東北方向航行，經過長島、科德角半島，入緬因灣，到達新斯科舍半島。最後因糧食不足，韋拉扎諾只好返航。回到法國後，法蘭西國王立即宣布北美東海岸為法國領土。

這次遠航讓韋拉扎諾認識到北美洲的溫帶地區不存在通向太平洋的海峽。一五二八年，韋拉扎諾再次出海，去中美洲尋找通向太平洋的海峽。沒想到的是，船到達連灣一帶，在某個島上，他被當地土著殺死後吃掉了。他指揮的帆船於年底返回法蘭西，並帶回許多巴西木。

韋拉扎諾之後，在歐洲人的地圖上，北美洲開始和南美洲連成一體。再後來，「亞美利加」的稱謂開始使用到北美洲。

一五三四年二月二十日，一名海盜出身的冒險家雅克·卡蒂亞（Jacques Cartier）奉法國海軍司令的委託，尋找前往中國的西北通道。卡蒂亞帶了兩艘帆船，載重均為六十噸，成員共六十一人。船隊從聖馬洛出發，只用了二十天就橫渡大西洋到達紐芬蘭的東海岸。稍微休整後，他們繼續前行，但是，之前說過，這裡有拉布拉多洋流，浮冰很多，何況是在二月分，天氣還很寒冷，他們往西北探索時，前進艱難，便折向西南，進入貝爾島海峽，卡蒂亞在這裡仔細考察了海峽北方拉布拉多半島的海岸。直到八月十日，船隊駛入一個巨大的海灣，卡蒂亞將其命名為聖羅倫斯灣。事實上，當年英國的卡博托父子到過這裡，英國和法國的漁民也到過這裡，只是沒取名而已。

在聖羅倫斯灣，卡蒂亞沿著紐芬蘭島往南，考察了西海岸。接著，向西南行駛的過程中，先後發現馬格達倫群島和愛德華王子島。只不過當時以為愛德華王子島是個半島，所以沒再往南，而是折往西北方。卡蒂亞在北緯四十八度發現沙勒爾灣，沙勒爾灣伸入內陸很長，而且不像河流的入海口（憑水的鹹淡可以做基本判斷），卡蒂亞以為它是個海峽，說不定能通往太平洋。如果真是這樣，那西北航道就找到了，但真相總是讓人失望，這只是個海灣而已。

在沙勒爾灣，他們和當地印第安人進行交換，然後就出了海灣，繼續沿海岸線北上。隨後，他們到達加斯佩灣，並在此登陸，舉行占有儀式，宣布以法蘭西國王的名義占有這裡。還在這裡帶走兩名印第安人，既做為嚮導和翻譯，同時做為他們地理發現的見證。

從加斯佩灣出來，船隊往東北方行駛，終於發現聖羅倫斯灣內最大的島嶼安蒂科斯蒂島。但同樣的，卡蒂亞以為它是與加斯佩相連的一個半島，考察東南海岸和東北海岸後，卡蒂亞看到一條深深的海水從安蒂科斯蒂島的北面流過，一眼望不到盡頭，他深信那就是通往太平洋的通道。卡蒂亞需要做些準備，於是先回到貝爾島海峽的西南口。但兩位船長再三懇求回國，卡蒂亞只好返航，九月初回到法蘭西，卡蒂亞說他已經發現通往太平洋和中國的海峽，並把它命名為「聖彼得羅海峽」。

一五三五年五月中旬，卡蒂亞再次受命尋找西北通道。這次發令的是法王法蘭索瓦一世（Francis I of France）。船隊共有三艘帆船，船員一百一十多人，包括去年帶回的兩名印第安人。這一次，卡蒂亞直奔目的地而去，就是他說的「聖彼得羅海峽」（今雅克．卡蒂亞海峽，後人為了紀念他這次發現，改以他的名字命名）。八月中旬，船隊穿過海峽，卻沒有進入太平洋，而是來到一條大河的河口，卡蒂亞把它命名為聖羅倫斯河。

溯河而上，卡蒂亞發現有一條大河匯入聖羅倫斯河。透過當地印第安人得知，這條河名為薩格奈河，它的上游有個薩格奈王國。卡蒂亞以為這條河可以通往太平洋，而薩格奈王國就是傳說中的印度。但顯然，卡蒂亞再次失望，溯河不遠就會發現，這裡全是淡水，根本不是海峽。在河口以南，這裡的印第安人把自己的村落叫做「加拿大」，卡蒂亞便以為「加拿大」是這個地方的地名。緊接著，「加拿大」更演變成對整個北美北部的統稱，最後竟成為一個國名。

法蘭西人和印第安人相處得很好，和他們換貨交易，向他們傳播基督教，並在這裡舉行占領儀式，宣布聖羅倫斯河兩岸屬於法蘭西國王。

船隊繼續逆流而上，到九月中旬，發現河道驟然變淺、變窄，河水完全成為淡水。卡蒂亞把兩艘船留在附近一個村子休整待命，自己帶著一艘船和四十人繼續逆流而上。這個村子名叫斯塔達科納，就是後來的魁北克城。

數日後，卡蒂亞來到渥太華河和聖羅倫斯河的交匯處，卡蒂亞受到當地印第安人的熱烈歡迎。兩河交匯處有一座山，卡蒂亞將其命名為蒙特婁。從印第安人口中得知，再往上會有很多瀑布和淺灘，行船困難，卡蒂亞便下令返航。

十一月，卡蒂亞回到魁北克與主力匯合，在這裡修建營地和工事。因為冬季來臨，河水結冰，他們打算在這裡過冬。一個冬天下來，有二十五名探險隊員因疾病、饑餓和嚴寒而死。卡蒂亞打聽到，聖羅倫斯河的源頭是一個大湖。但仍然相信聖羅倫斯河很長，也許能把他們引向亞洲。

一五三六年五月，聖羅倫斯河開始解凍了，聖羅倫斯灣也開始解凍，卡蒂亞立

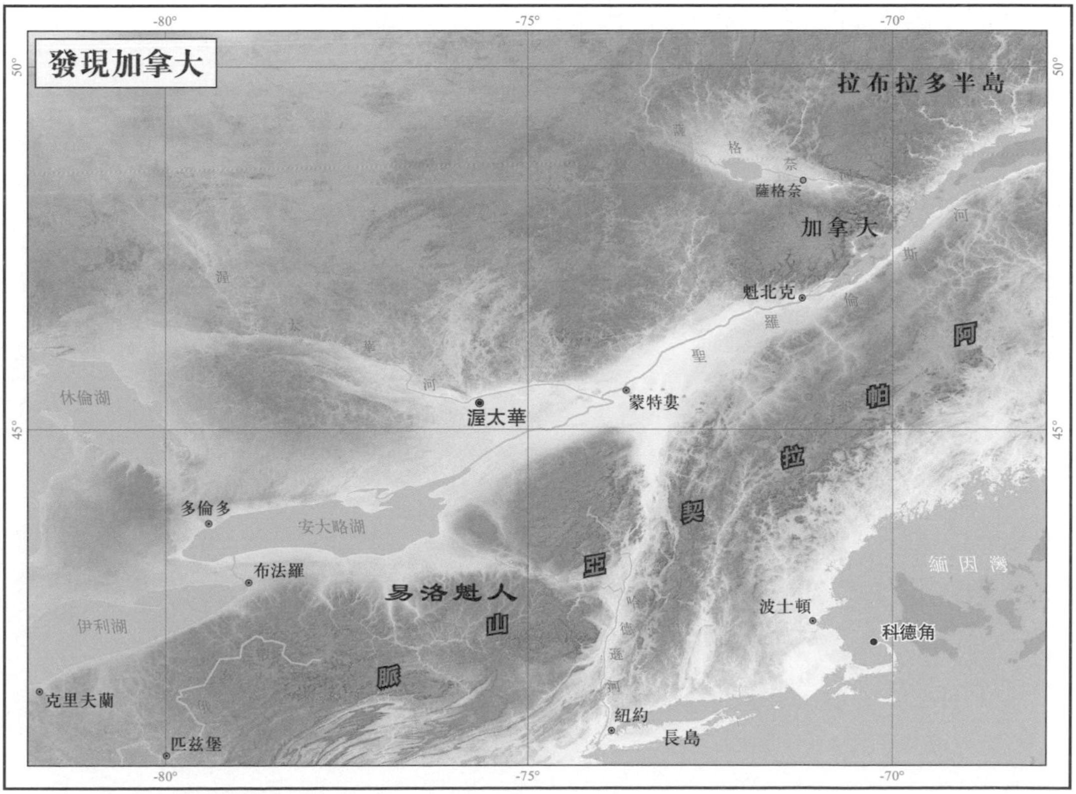

即率船隊返航。他們出聖羅倫斯河，進入聖羅倫斯灣，然後經卡伯特海峽進入大西洋。

同年七月，船隊回到法蘭西。法蘭索瓦一世立即公布他們的重大發現，並把加拿大地區正式劃入法蘭西王國版圖，名為新法蘭西。卡蒂亞回國時，還帶回一名當地的印第安酋長，但這位酋長到達法國後不久，因為水土不服死掉了。

一五四一年，法蘭西國王任命大貴族讓・弗朗索瓦・羅伯維爾（Jean-François Roberval）為新法蘭西的副王。五月下旬，這位副王派卡蒂亞率五艘帆船去加拿大殖民和探險，自己卻一直等到第二年四月才出發。

八月，卡蒂亞的船隊到達魁北克後，先在上游九英里的羅格角一帶建立營地，然後再上溯到渥太華河口一帶考察。

第二年春，卡蒂亞考察完畢回國，六月上旬，船隊在紐芬蘭東南岸與新法蘭西的副王相遇。羅伯維爾要卡蒂亞回去，卡蒂亞顯然看不慣這些紈褲子弟的做法，拒絕聽從命令，直接回了法國。卡蒂亞從加拿大帶回很多優質毛皮，其中包括海狸鼠皮。海狸鼠是美洲獨有的物種，牠的皮毛厚實且具有一定的防水性，如果做成衣服，對於在高寒地區探險的人來說，無疑是珍寶。卡蒂亞還帶回大量的黃鐵礦石，他當時不知道這些東西是黃鐵礦石，看起來金燦燦的，以為是黃金。

副王羅伯維爾決定自己去探險，但逆流而上行駛幾十公里後，發現到處都是急流、險灘和瀑布，於是退了回來。但就此回去又不甘心，於是派胡安・阿方索（Juan Alfonso）去探索薩格奈河，聽說那裡有個薩格奈王國，自己卻先打道回府了。

阿方索沿薩格奈河而上，一直到薩格奈河中洲的聖約翰湖，認為這條河有可能通向太平洋。但河道畢竟狹窄，應該有海路可走。於是，阿方索返回聖羅倫斯灣，先考察拉布拉多半島的南海岸，接著往東，再往北，順著半島的海岸線，去找通往太平洋的航道。但出貝爾島海峽後不久，因冰層阻隔，難以前進。無奈只好返航，先經紐芬蘭島東海岸，再經新斯科舍半島，到達北緯四十二度的麻塞諸塞灣後，向東，穿越大西洋回法蘭西。

此後，法國人常到聖羅倫斯灣和聖羅倫斯河一帶捕魚。主要的魚類是鱈魚，也有鯨魚，鯨魚個體太大，難以保存和運輸，他們就把牠煉成鯨油。法國人還深入內地收購毛皮，也和印第安人交換百貨。總之，法國人雖然啟用海盜開拓殖民地，但相較於葡萄牙人和西班牙人對印第安人的所做所為，他們簡直就是聖人，此後英國的海外殖民政策也深受法國人影響。

第二十六章

大航海時代最悲壯的探險——東北航道

本來西北航道是英國人最先嘗試的，結果讓法國人撿了個便宜。法國人走了英國人的路，讓英國人無路可走，只好再找其他通道，這時他們想起俄國人曾經提起的東北航道。

當然，最主要的原因在於，法國人在加拿大的探索可以證明一點，就是從中緯度地區過海峽進入太平洋是不可能的了，除非往北，駛入冰海，或許能找到一條通道。但誰都知道，海上的浮冰對遠洋帆船來說就是最大的殺傷武器，它們不知道會從哪裡冒出來，也不知道水下的體積有多大，這種不確定性讓船員們繃緊每一根神經，稍有不慎就會灰飛煙滅。

而東北方就好多了，相同緯度下，歐洲比美洲暖和很多（洋流作用）。而且，相較於北美那些蠻荒之地，從歐洲到亞洲都是文明開化之地，這些地方對英國人來說就是巨大市場。英國主要的產品是羊毛製品，印度人、東南亞人不需要這些東西，而東北通道沿線的俄國人、中國人，包括蒙古人卻需要。

需要說明的是，歐洲人向海外擴張，一開始的目的就是貿易，沒有想到殺人越貨。只是向外延展貿易線時，發現有些地方太蠻荒，沒有成熟的貿易點，做起生意來很不方便，於是派人去那些地方建立貿易點。貿易點有貨棧、有倉庫、有酒館、有旅店，還有一些其他的配套設施，這樣一來做貿易就方便多了。這就是最早的殖民地，古希臘人也是這麼做的，後來的歐洲人只不過是繼承了這一傳統。至於後來經常出現的暴力事件，主要是力量對比懸殊造成的，如果殺人越貨不會受到懲罰，這種賺錢方式雖不持久，但短時間內的效率比貿易快很多。對比今天北美和南美的差異，就會發現這兩種模式產生的不同後果。西班牙、葡萄牙在南美殺人越貨，以搶劫資源為主，造成那裡至今後繼乏力，而北美沒有那麼多資源，英國、法國不得已只能自己開荒種地，發展卻蒸蒸日上。

有了這幾個原因，英國人決定往東北方向試試運氣。至於西北方，地廣人稀，天寒地凍，讓法國人去玩吧！

一五四八年，英格蘭王國的一些商人成立了「前往新世界的商人與探險家公司」，主要發起人是老探險家塞巴斯蒂安．卡博托、諾森伯蘭公爵達德利（John Dudley）和學者約翰．迪伊（John Dee），協會的目標就是開闢東北新航道到達中國。早在一五二五年，莫斯科大公國的外交家格拉西莫夫就提出從歐洲的東北方向，經北冰洋，過白令海峽，入太平洋，最後抵達中國的設想，只是一直沒有人嘗試，現在，英國的商人企業家協會就是要把這個設想變成現實。

一五四九年，奧地利學者格爾貝希對格拉西莫

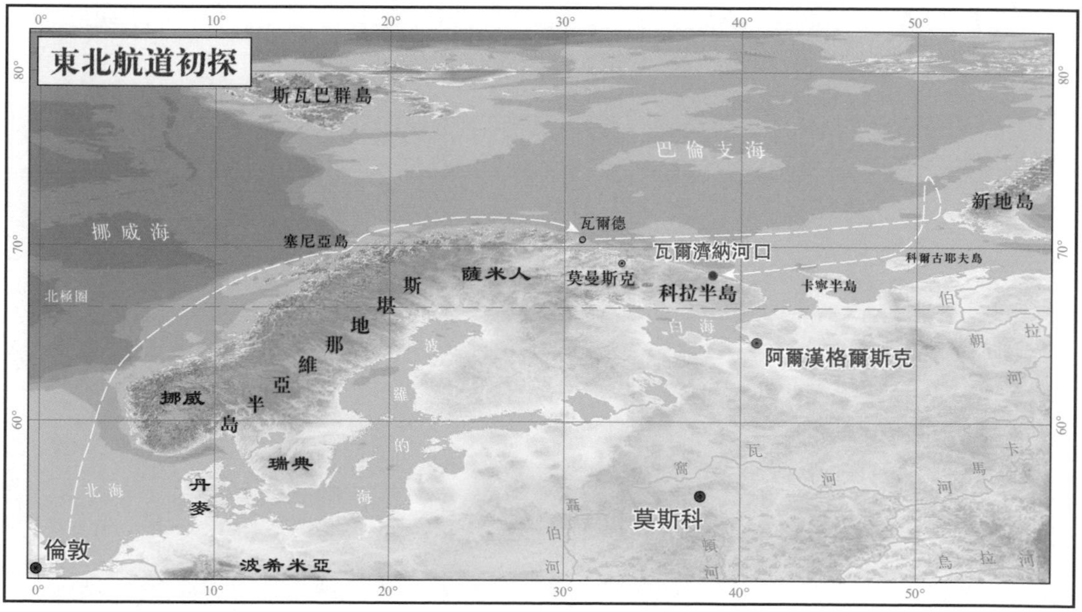

夫的設想進行一些修正，主要是：不用繞道白令海峽，從俄羅斯北部到鄂畢灣後，可以溯鄂畢河而上直達源頭中國湖，而中國首都北京就在中國湖以東不遠處。這裡的中國湖是指貝加爾湖，實際上不是鄂畢河的源頭，而且離北京很遙遠。但格爾貝希的觀點很流行，此後一百年，西方人都覺得他的說法沒什麼問題。

一五五三年，「前往新世界的商人與探險家公司」正式開始探索東北航道。他們購置了三艘船，共三百七十噸，乘員一百一十五人。旗艦為好望號，船長休．威洛比（Hugh Willoughby）身兼探險隊隊長。五月中旬，船隊駛出泰晤士河，進入大西洋，但出師不利，逆風加逆水，船隊在英格蘭海岸迂回了六個星期。直到六月二十三日，才駛向深海。又經過六個星期的航行，到達北緯六十九度附近的塞尼亞島。誰知這時暴風雨來臨，這裡海岸線曲折複雜，淺灘礁石眾多，船隊不得不駛入深海，以免觸礁擱淺。在暴風雨中，船長理察．錢斯勒（Richard Chancellor）率領的幸運愛德華號失散。

威洛比率領著剩下的兩艘船在大海上徘徊了十幾天，等風暴稍微平息後，便向挪威王國東北部的瓦爾德海灣駛去。稍微休息後，船隊向東駛去。

八月十四日早晨，船隊在北緯七十二度附近發現無人的陸地（實際上是新地島西南的古斯地）。這裡水淺，浮冰又多，無法靠岸，便折向北方。三天後，一艘船漏水，又調頭向南。又過了三天，海水愈來愈淺，卻看不見陸地，為避免危險，便折向西航行，路過科爾古耶夫島，沿卡寧半島北岸經過，四個星期後到達科拉半島的庫耶夫島。

九月十八日，兩艘船駛入諾庫耶夫灣停泊休整。這裡地處北極圈以內，夏天已經過去，開始進入漫長的永夜，天氣愈來愈冷，威洛比下令在此過冬。

然而，這裡不僅寒冷，還荒無人煙，船隊難以補給。風雪、嚴寒再加上饑餓，全員七十人一直堅持到第二年一月，最後全部凍死，無一倖免。直到第二年冬天，白海沿岸的居民在瓦爾濟納河口才發現這兩艘船，這是大航海時代最悲壯的一次探險。就是從這時起，探險家們發現，在遠航的路途中，除了暴風雨和壞血病這兩個殺人惡魔之外，嚴寒也是殺人的利器。威洛比的壯舉讓人惋惜，此後二百多年裡，西歐人一直把新地島命名為「威洛比之地」。

再說失散的幸運愛德華號，在船長錢斯勒的率領下，順利抵達瓦爾德港。他們在那裡等候威洛比，一個星期過後沒有等到，便決定獨自探險。八月二十四日，幸運愛德華號進入白海，隨後到達俄羅斯北方重要港口阿爾漢格爾斯克，他們從俄羅斯居民那裡得到補給。

上岸後，錢斯勒乘雪橇來到莫斯科，晉見沙皇伊凡四世（Ivan the Terrible），請求和俄國通商。俄羅斯一直憋屈在歐洲內陸難以出海，伊凡四世正想打破這個局面，於是欣然應允。一五五四年三月，沙皇派人護送錢斯勒回國。

錢斯勒回國後，「前往新世界的商人與探險家公司」得到英國政府的正式承認，並於一五五五年改組為「莫斯科公司」。莫斯科公司又稱俄羅斯公司，是世界上第一家股份公司，英格蘭政府授予它擁有對俄貿易的壟斷權。公司約由一百六十人組成，設有董事會，在莫斯科和倫敦都有代理人。透過莫斯科公司，英國的呢絨和火器源源不斷地運往俄國，而俄國的蜂蜜、魚油、毛皮、木材和海軍軍需品也源源不斷地運往英國。可以說，正是莫斯科公司的存在，讓俄國與西歐的差距逐步縮小，特別是武器方面。

一五五五年，莫斯科公司派遣錢斯勒前往俄羅斯通商，雙方達成一些貿易協定。回英格蘭時，沙皇派特使奧西普·涅佩亞（Osip Nepeya）同行，同時將威洛比及其同伴的骨灰，還有兩艘船和船上所有的物品都轉交給錢斯勒和英國商務代辦。沒想到，錢斯勒航行至蘇格蘭附近時，帆船失事，錢斯勒遇難。涅佩亞僥倖逃生，來到倫敦，受到英國人禮遇，他是俄羅斯派往英格蘭的第一位官方代表。

英俄航路開闢以來，英格蘭商人從俄羅斯人那裡了解到鄂畢河，而且聽說它的源頭就在亞洲腹地，那麼從鄂畢河逆流而上，就能到達中國。從地圖上看，鄂畢河發源於阿爾泰山，有一條非常長的支流額爾濟斯河，也是發源於阿爾泰山，按照一般習慣，人們通常把最長的那條河定為正源，所以也有人說額爾濟斯河是鄂畢河的源頭。和正源相比，額爾濟斯河已經深入準噶爾盆地，確實到了中國的西域。但這時，占據西域的是蒙古人的瓦剌部，而不是明朝。

如果能從內河直接到中國，顯然比走冰海安全許多，一五五六年，英國莫斯科公司派史蒂芬·博羅夫（Stephen Borough）率領一艘船前往鄂畢河探險，成員僅十人。這次探險一路上都有俄羅斯人提供幫助。博羅夫最北到達北緯七十二度的新地島西南的梅日杜沙爾斯基島，最東到了喀拉海西部的瓦伊加奇島，還了解到一些涅涅茨人的情況。涅涅茨人是薩莫耶德人的一支，他們的祖先可以追溯到中國古代北方的丁零人。漢朝時，丁零人在薩彥嶺一帶游牧，後來因為戰亂，一部分人沿葉尼塞河北遷，最終到達北冰洋沿岸，有些還越過烏拉山脈進入歐洲，與當地土著融合後，形成一個新的族群——涅涅茨人。而留下來的那些丁零人，中國稱為高車人，後來遷入阿爾泰山一帶，最終融合成為維吾爾人。薩莫耶德人是對西伯利亞有烏拉語系薩莫耶德語族各民族的統稱，包括涅涅茨人、埃涅茨人、恩加納桑人、塞爾庫普人等。

博羅夫回去後，第二年編寫了一本英語—涅涅茨語詞彙手冊，收錄上百個涅涅茨語詞彙。不過，博羅夫在地理上的發現都是俄羅斯人早就了解到的，對俄國人沒有什麼意義，倒是讓西歐人開始注意北極的地理情況。

一五五七年五月，莫斯科公司派安東尼·詹金斯（Anthony Jenkinson）率領四艘

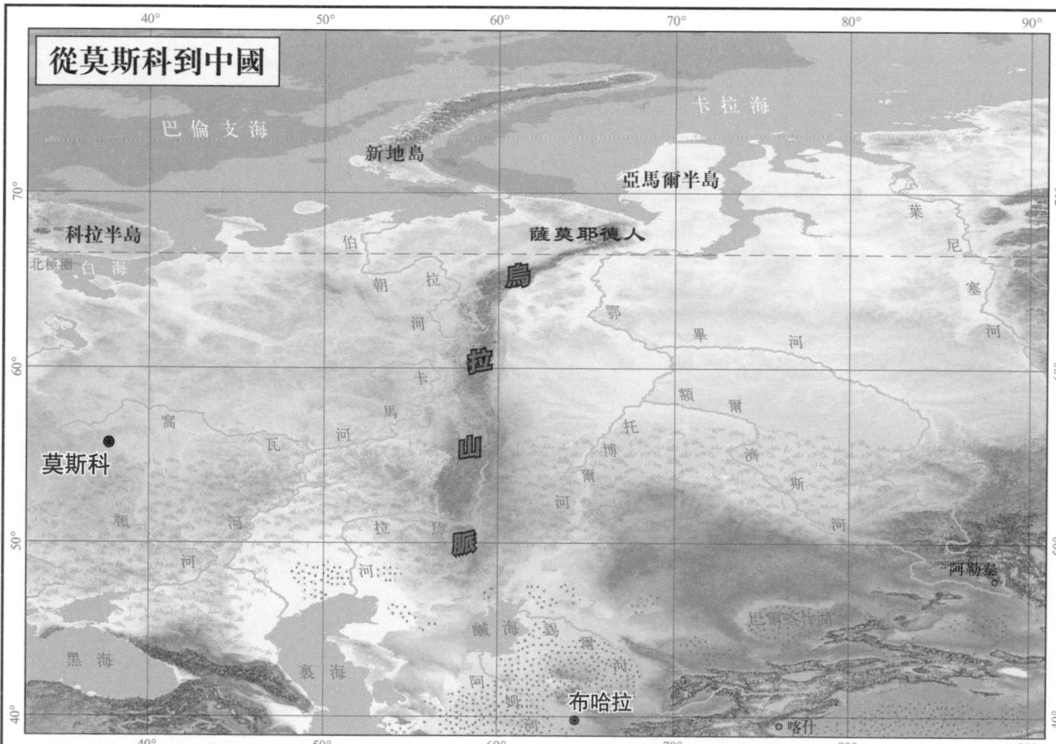

船探索前往中亞和中國的道路。詹金斯走了一條非比尋常的路，先到白海後棄舟登岸，然後到莫斯科過冬。第二年春天，詹金斯率探險隊離開莫斯科，沿窩瓦河到達裏海，渡海到東岸後，騎駱駝穿過沙漠到達阿姆河畔；十二月，一行人到達阿姆河中游的商業中心布哈拉。在這裡停留了好幾個月，聽說東去的路上戰亂不止，猶豫再三就原路返回了。

這條路線拋棄了歐洲人擅長的海路而改走陸路，可以說危險重重，好在最終安然回國。但這一年英國發生一件大事，從此對探索東北航線喪失了興趣。

一五五八年，英格蘭女王瑪麗一世（Mary I）去世，她的妹妹伊莉莎白．都鐸（Elizabeth I）繼位，即伊莉莎白一世。伊莉莎白一世是新教徒，她的上臺意味著新教在英國的地位提升。所謂新教，是相對於傳統的基督教而言。早在一五一七年，德國人馬丁．路德（Martin Luther）提出《九十五條論綱》，質疑羅馬教宗的權威，從此拉開宗教改革的序幕，此後迅速波及歐洲各國，就是新教。相對於舊的基督教壟斷一切，新教的主要訴求是擺脫羅馬教廷的控制。例如歐洲各國的國王，以前需要得到羅馬教廷的認可才能上位，否則不合法，等於宗教控制了世俗的權力，教會的權力無處不在。而新教卻是在國王的控制之下，在自己國家成立的教派，和羅馬沒有任何關係，等於瓦解了羅馬教廷壟斷上千年的權力，歐洲各國的民族意識自此逐漸建立。從這時起，中國人為了區別兩種教派，把舊的基督教翻譯為天主教，而新教仍稱基督教。相較於天主教，基督教只是一種改良，將羅馬教廷的權力分散到各個王國的宮廷，沒有改變勞苦大眾被教會盤剝的本質，到了十六世紀後期，新教中又出現一個教派，他們要求清除天主教在基督教中的殘餘因素，因而被稱為「清教」。清教是最徹底的宗教改革者，他們強調人人都可以和上帝通話，上帝面前人人平等，打破一切教會的世俗權力。當然，這是後話。伊莉莎白一世上臺時，正是天主教和新教打得火熱的時候，做為女王，伊莉莎白一世對雙方都採取包容的政策，暫時緩和了矛盾，也使國家趨於穩定，把目光放到海洋上。

只是，東北航道從開闢到目前，收穫不大。這條航線上，由倫敦出北海北上，很快就進入北極圈。北極圈以內，嚴酷的氣候對人類生存是一個挑戰，只是受北大西洋暖流的影響，直到今莫爾曼斯克以西，還能找到不凍港，再往東，嚴寒加浮冰，死神會隨時光臨。對英國人來說，每一次出海都是生死考驗，單從經濟上講，很不划算，而且目前所到的地方都有人，都是俄羅斯人的地盤，沒有占領到一寸土地做為據點。與其冒著重重危險去做這些得不償失的冒險，倒不如學學法國人，發放私掠許可證給海盜，去搶西班牙的大珍寶船，然後分成。

那麼，海盜們要搶西班牙的大珍寶船，最好是從哪裡下手呢？

第二十七章

政府發放的私掠許可證——加勒比海盜

西班牙征服南美洲後，發現大量的黃金和白銀，以及從當地搜刮的各種珍寶，只是這些金銀財寶如何運回國內是個問題。黃金和白銀的產地主要在祕魯，就是原印加帝國所在地，瀕臨太平洋，如果把珍寶裝船，再經由麥哲倫海峽到大西洋，然後運回西班牙，一是路途遠；二是麥哲倫海峽地處南緯五十度以上，氣候寒冷；三是經過巴西時會碰到葡萄牙人，顯然不是一條理想的線路。西班牙人採取的方式是，先把祕魯產的黃金和白銀沿太平洋運到巴拿馬，再透過陸路運到北岸的波多貝羅，由波多貝羅的帆船運往哈瓦那，最後由從西班牙本土過來的大型蓋倫帆船統一運回國。蓋倫帆船是對克拉克帆船的一種改良，克拉克帆船最大的缺點是重心高，遭遇暴風雨時很容易翻船，蓋倫帆船主要將船首樓和船尾樓降低，整個帆船的重心降低了，在浩瀚的大洋之上航行更穩當，不至於被風拖著走。到十六世紀中葉，大多數航海國家都採用蓋倫帆船，尺寸也隨需求大小不一，大致可劃分為小型（一百～四百噸）、中型（五百～八百噸）、大型（九百～一千二百噸）三類，西班牙運送財寶的蓋倫帆船就是排水量高達一千二百噸的龐然大物。

這是第一條線路，主要是來自南美洲的財寶，其中包括從哥倫比亞搜刮來的財寶，因為隔著安地斯山脈，不便運到太平洋，但可以順著馬格達萊納河運到卡塔赫納，再經加勒比海運到哈瓦那。

另一條線是從亞洲來的。雖然一五二九年西班牙和葡萄牙簽訂了「薩拉戈薩條約」，把香料群島讓給葡萄牙，但西班牙沒有打算真正放棄亞洲，特別是菲律賓，這裡靠近中國，能買絲綢、茶葉和瓷器，包括香料（本地產的和從香料群島來的）。當時西班牙和法國人開戰，急需錢財，答應了葡萄牙人的要求，等戰事平息，西班牙人就開始探索從菲律賓到巴拿馬的航線。自從麥哲倫環球航行後，西班牙人已經知道從美洲到亞洲的航線，但是從亞洲到美洲的航線卻還沒有探索出來（原路返回肯定是逆風、逆水）。

一五四二年，航海家胡安．蓋塔諾（Juan Gaetano）從菲律賓駛往墨西哥，試圖開闢新航線，最終失敗，意外的收穫是中途發現夏威夷群島。

一五四四年，冒險家奧爾蒂斯．德雷特斯（Yñigo Ortiz de Retez）從香料群島駛往墨西哥，最終失敗，原路返回，這次的意外是發現新幾內亞。其實早在一五二六年，西班牙的薩德維拉就發現了新幾內亞，只是沒有詳細考察。德雷特斯發現這裡的土著皮膚黝黑，頭髮捲曲，和非洲幾內亞灣的黑人很像，就連氣候和風光也很像（都是熱帶），就把這個地方命名為新幾內亞。

直到一五六五年，航海家安德烈斯．德．烏達內塔（Andrés de Urdaneta）才成功地開闢一條從菲律賓返回墨西哥的航線。烏達內塔的成功，一是借鑑了前人的失敗經驗，二是大膽設想。太平洋和大西洋不同，菲律賓附近受季風影響，但在太平洋的北部，他認為應該和大西洋一樣，是受信風影響。一五六五年五月，烏達內塔先利用東南季風北上，到達日本附近的海域後，在北緯四十三度附近捕捉到盛行的西風，乘著這股強勁的西風一直到達北美的加利福尼亞，再順著加利福尼亞洋流南下，輕鬆抵達墨西哥的阿卡普科，整個航程共一百二十五天。這次東亞航線的開拓主要是受王子費利佩二世（Philip II of Spain）支持，他們就用王子的名字為這個地方命名，就是菲律賓。

從此，從中美洲到東南亞的往返航線被確定下來，西班牙人可以把亞洲的香料和絲綢源源不斷地運往中美洲的阿卡普科，再經由陸路運到韋拉克魯斯，在哈瓦那會合後，統一由珍寶船運回本國。就是從這時起，西班牙被稱為「日不落帝國」，後來英國人的這個頭銜是從西班牙學去的。

三條線在哈瓦那會合後，不計其數的珍寶、絲綢和香料從加勒比海運往西班牙。常言道，炫富遭人恨，西班牙不但不低調，還大張旗鼓地用大型蓋倫帆船運送，最多時有五十多艘同時開動，這種招搖過市的行為不讓人惦記才怪。不僅如此，西班牙還規定，任何其他國家的船隻不得在西班牙的美洲殖民地貿易，讓歐洲各國恨得牙癢癢的，但實力擺在面前，不好正面交鋒，於是發放私掠許可證給海盜們，讓他們去搶劫西班牙的珍寶船，然後分成，是最好的選擇。

如果看一看地圖就會發現，海盜們要打劫西班牙的珍寶船，最好的伏擊地點應該是從哈瓦

西班牙珍寶船路線

那到西班牙的航線上，而且需要島嶼和港灣做掩護。很顯然，最理想的地點就是巴哈馬群島。

巴哈馬群島由七百多個海島和二千四百多個島礁組成，其中包括哥倫布第一次西航時發現的聖薩爾瓦多島。巴哈馬群島是西班牙珍寶船回國的必經之路，這裡島礁眾多，很適合海盜們藏身，不管是伏擊還是打完後撤退，海島和礁石都是最好的藏身之地，又因為港灣多，海盜平時可以在此聚集，做為棲身之地，這些海盜就是常說的加勒比海盜。

嚴格來說，巴哈馬群島不在加勒比海內，而是處於加勒比海與大西洋之間。人們之所以稱為加勒比海盜，是他們的活動範圍不僅局限於巴哈馬群島，加勒比海上眾多的殖民據點顯然也是海盜們經常光顧的地方，最主要的原因還是他們打劫的對象來自加勒比海。

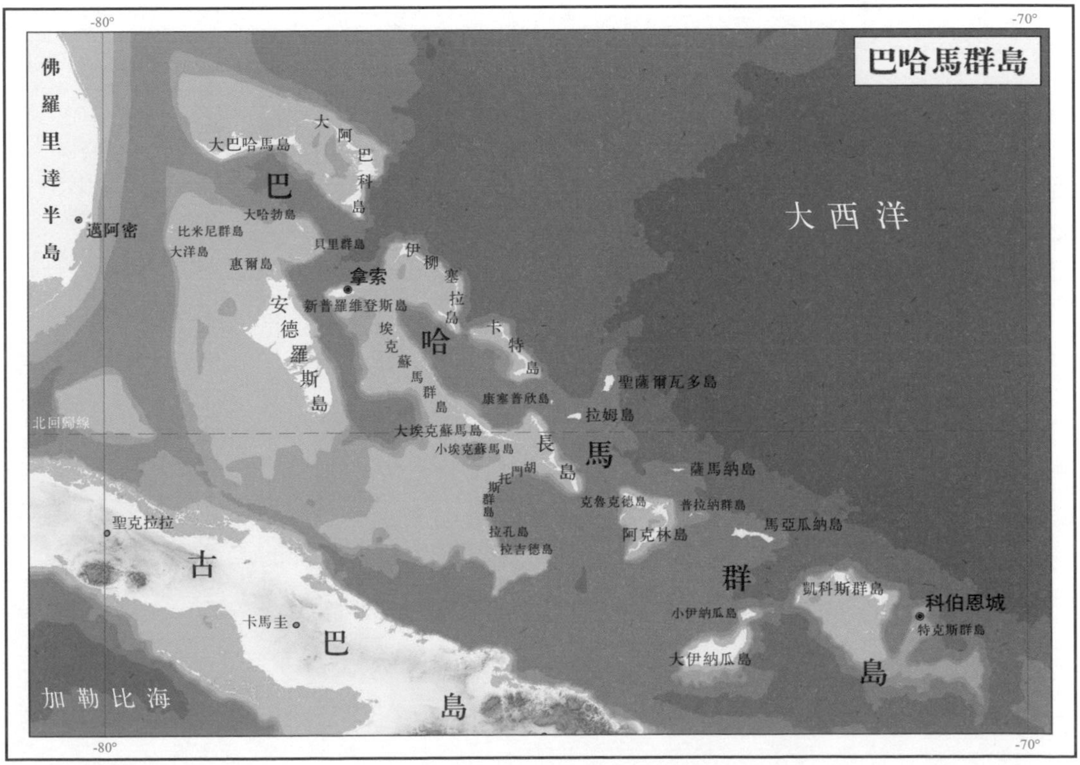

海盜的歷史很久遠，自從海上有船隻往來後，就有了海盜。但加勒比海盜之所以出名，在於背後政府的支持，散兵游勇式搶劫成不了這麼大的氣候。最早是法國人看不順眼，發放私掠許可證給海盜，有了許可證，海盜們原本非法的生意就變得合法，而且依靠組織，發揮出來的能量大大提升。然後是英國，後來幾乎歐洲各國都開始效仿。這些國家從政策上資助海盜，分成收益只是一方面，更主要的是增強自家的海軍實力，海盜可以攻擊敵國船隻，可以保護自家海軍和領海，而且不需要軍費開支，缺錢時自己去搶劫，無形中又削弱了敵人的力量，真是一舉多得。堂堂一個國家和海盜沆瀣一氣，但不要用道德批判這些行為，歐洲人有維京人和日耳曼人的血統，維京人是海盜出身，日耳曼人是游牧民族，對農耕出身的中國人來說，自己種糧自己吃，搶劫是一件極為可恥的事，以國家的名義搶劫更令人不齒，但對海盜和游牧民族來說，他們占有的資源有限，一到冬天就缺吃少穿，不搶劫根本活不下來，搶劫對他們來說不可恥，只是一種生存方式，已經刻在基因裡了。這一點可以解釋為什麼在當時和後來的殖民時期，歐洲人對當地土著那麼血腥殘暴，完全不顧他人死活；相反的，中國在歷史上也有擴張，但總是想盡辦法教化，就是用文化同化他們，而不是趕盡殺絕。歐洲人在殖民時期替全世界帶去文明，也帶去災難，主觀上是為了利益，客觀上促進了當地發展，當歐洲人真正富裕起來，成為全世界的領導者後，才開始思考文明這個東西，開始把殖民地的人當作和自己一樣的人去思考，以前那套強盜邏輯才慢慢從歐洲人身上褪去，變得愈來愈文明。當然，裡面也有宗教因素，極端的宗教信仰總會做一些極端的事情，宗教改革後，歐洲人對待他們眼中的異教徒就不那麼極端了。

宗教改革促使加勒比海盜的繁榮，葡萄牙和西班牙這些老牌的海上帝國仍信奉天主教，而英、法先後出現了新教，新教和舊教是敵人，搶劫敵人的財寶更是天經地義。法國資助的海盜主要在海地島和附近的托爾蒂島聚集，而英國的海盜主要集中在牙買加島和巴哈馬群島的拿索。這些地點都位於西班牙珍寶船回國的必經之地，海盜們就躲在這些地方，等待他們啟航，然後伺機出動，就像狼群等待圍捕的獵物一樣。

加勒比海盜是人類海盜史上最輝煌的篇章，湧現出許多傑出海盜。之所以說傑出，是他們與平時印象中殺人放火、無惡不作的海盜形象不同，他們有自己的行為準則，有自己的善惡標準，甚至不畏強權，扶困濟弱，頗有俠客之風，例如美國電影《神鬼奇航》中傑克·史派羅（Jack Sparrow）船長的原型巴索羅繆·羅伯茨（Bartholomew Roberts）。他搶劫過葡萄牙商船、法國商船、英國商船，還擊沉過荷蘭軍艦，歐洲各國都在通緝他，他卻完全不在意，還開玩笑說：「如果我被捕，就開槍點著火藥，大夥一起快快活活地下地獄去。」羅伯茨一生搶劫過四百多艘船，平時不喝烈酒，只喝淡茶，是個特立獨行的人。不過，他最出名的還不是這個，而是為手下的海盜們制定了十條戒律：

一、對日常的一切事務，每個人都有平等的表決權。

二、偷盜同伴財物的人要被遺棄在荒島上。

三、嚴禁在船上賭博。

四、晚上八點準時熄燈。

五、不許佩帶不乾淨的武器，每個人都要時常擦拭自己的槍和刀。

六、不許攜帶兒童上船，勾引婦女者死。

七、臨陣逃脫者死。

八、嚴禁私鬥，但可以在有公證人的情況下決鬥；私下殺害同伴的人要和死者綁在一起扔到海裡（皇家海軍也有類似規定）。

九、戰鬥中殘廢的人可以留在船上不幹活，並從「公共儲蓄」裡領八百塊西班牙銀幣。

十、分戰利品時，船長和舵手分兩份；炮手、廚師、醫生、水手長可分一．五份；其他有職人員分一．二五份；普通水手每人得一份。

是不是很意外？哪像是海盜守則，倒像是某個有宏圖大志的組織的行動綱領，難怪後世的歷史學家說這「十誡」洋溢著「原始的民主主義」。

加勒比海盜一開始僅在加勒比海附近活動，後來逐步擴展到葡萄牙的東亞航線。當英、法殖民者在北美洲開展殖民活動時，大量黑奴從非洲運往北美，三角貿易繁榮起來，於是海盜們的足跡也尾隨而至，開始打劫三角貿易的船隻。而此時，英國已經從大航海的追隨著變身為海洋強國，海盜的價值已經利用完了，於是宣布私掠行為違法，並開始清剿海盜。從這時起，加勒比海盜開始衰落。

當英格蘭女王伊莉莎白決定起用海盜時，他們的好日子才剛開始，從此風光了二百年。

第二十八章

一勝一負的屯門海戰

再說回葡萄牙。

一五一一年，麻六甲被葡萄牙人占據後，做為大明藩屬國，麻六甲國王自然想到向大明求救。但大明王朝對此毫無反應，倒是知道一群叫佛郎機的人，《明史》記載：「佛郎機，近滿剌加。正德中，據滿剌加地，逐其王。」滿剌加正是麻六甲，是中國古人的音譯。當時中國人的地理概念中，佛郎機人靠近麻六甲，實在錯得離譜。

所謂佛郎機，本意是法蘭克（Frank），印度斯坦語是 Farangi，波斯語是 Firangi，音譯就是佛郎機。當時從印度洋到東南亞的人，特別是穆斯林都叫他們佛郎機人。但穆斯林的本意不是單指法蘭克人，而是用法蘭克人泛指一切歐洲人，穆斯林口中的佛郎機人就是歐洲人。順理成章的，歐洲人使用的火炮就稱為佛郎機炮。

佛郎機人在穆斯林中的口碑很不好，傳到中國後，同樣惡名昭彰。因此，葡萄牙人想要進入中國，註定不會那麼順利。

對葡萄牙人來說，中國是他們夢寐以求的貿易對象，如果能從中國直接進口絲綢和瓷器，將是一本萬利的生意。占領麻六甲後不久，葡萄牙人就興致盎然地來敲中國的大門。

一五一三年，葡萄牙人歐華利（Jorge Álvares）率領一支船隊到達珠江口，要求登陸貿易。讓葡萄牙人意外的是，明政府官員一口回絕。歐華利沒辦法，只好在水面上和中國商人交易。

葡萄牙人大概想不明白，為什麼中國人有錢不賺，送上門的生意都不願意做？換成今天的中國人，也會覺得奇怪，為什麼古人會錯過第一次與世界交流的機會，造成後來被動挨打的局面？

如果我們了解當時中國人的想法就不會感到奇怪了。別說是明朝，就是往前二千年，中國人在世界上沒有碰到過真正強而有力的競爭對手，在中國的文化概念中，沒有「世界」這個詞，而只有「天下」。所謂天下，就是天底之下，中國居中，四周都是蠻夷，野蠻程度視其離中央帝國的遠近而定。而世界是個相對平等的詞，意味著國與國之間是平等的，這個概念在中國人的心中是不存在的。既然不存在國與國之間的平等關係，當然就沒有國與國之間的貿易了。如果兩國之間有稀有物品需要交換呢？中央帝國考慮到了，格外准許這些國家帶著這些稀有物品來朝貢，朝貢品不是白給，朝廷會給予很豐厚的賞賜，經常遠高於這些貢品的價值，比做生意划算多了。朝貢不是想來就來，有固定的時間和次數，不然朝廷也吃不消。當然，還有一個前提，來朝貢的國家首先得是中央帝國的藩屬國，事先得到中央的冊封才行。麻六甲可以來，但佛郎機顯然不行。

如果把這個規矩告訴葡萄牙人，估計葡萄牙人會如墜五里霧中。歐華利回到麻六甲後，不久又北上。這一次，他不打算和官方打交道了，直接進駐屯門。就像他們在非洲、印度所做的那樣，占據屯門後，開始設碼頭，修工事，立石碑，以示占領。如果說葡萄牙剛進入大西洋時還小心謹慎的話，那麼在近百年內，葡萄牙艦隊從非洲殺到印度洋，再到麻六甲，沒有碰到過對手，他們已經變得不可一世了，哪怕是面對龐然大物的明帝國。

不巧的是，大明王朝為了防患倭寇，實行海禁政策，葡萄牙如果不走官方朝貢，與民間的私下貿易也算違法。

海禁政策是明朝開國時就立下的，當時朱元璋規定，除了朝貢外，民間船隻片板不得下海，後來的繼任者不過是沿襲這一政策。實際上，海禁政策對打擊倭寇的效果有限，反倒是對中國民間的海上貿易給予沉重打擊，許多東南沿海的居民不得已只好當起海盜。所謂的倭寇不全是日本人，他們的上司也有中國人。日本有大量的武士階層，南北朝時戰亂不斷，許多武士失業，成為浪人。這些浪人被海盜雇傭，用來劫掠過往船隻，包括上岸打家劫舍，最好的目標當然是中國東南沿海，這裡遠比日本富庶。海盜頭子有日本的，也有中國的，例如鄭成功的父親鄭芝龍，就是游走於中國和日本之間的海盜頭子。中國官方通常把這些人都歸為倭寇之列，其實他們的主要工作是在中國東南沿海做貿易，因為這種貿易是非法的，官方稱他們為走私。可以說，東南沿海的海盜、倭寇猖獗和明朝的海禁政策是相輔相成的。

如果沒有海禁，靠正經做生意就可以養家糊口，甚至發財致富，沒有人會冒著殺身風險去當海盜。但帝國的統治者不理解這一點，中國是個傳統的農業帝國，一切的治國思想都根源於農耕，在統治者看來，這些不老老實實在家種地，偏要下海經商的人就是不安分，說他們是海盜也不冤枉。要怪只怪中國的面積太大，各地的差異遠遠超出這些統治者的想像。如果觀察中國東南沿海的地形就知道，絕大部分是山區，耕地少，種田養活不了那麼多人；相反的，背山靠海的地方很容易形成天然良港，因此居民最好的選擇就是下海經商，而不是種地。改革開放後，為什麼東南沿海迅速成為發達地區，傳統的內陸城市反而落後了，就是這個道理。我們經常用下海這個詞代指經商，是有道理的，下海的核心就在經商，海洋提供了廣闊的通道，如果僅是撈點魚，本質上和農民沒什麼兩樣。

和民間私下交易畢竟受到諸多限制，再加上官方打壓，終歸不是常態，葡萄牙人需要的是能把中國的絲綢和瓷器，當然也包括茶葉，裝滿他們的大帆船，源源不斷地運到歐洲發大財。

一五一五年，受葡屬印度總督阿方索·德·阿爾布克爾克（Afonso de Albuquerque）之命，拉斐爾·佩雷斯特雷洛（Rafael Perestrello）率八艘船到中國貿易。這時葡萄牙人已經知道佛郎機人的名聲不好，於是假扮成穆斯林，宣稱是來進貢的。葡萄牙人在廣州登陸後，兩廣總督陳金發現他們不是穆斯林，分明是佛郎機人，沒有國書，不在朝貢國名單內，於是安排他們到光孝寺學習中國禮儀，同時將此事上奏朝廷。

三年後（一五一八年，明正德十三年），朝廷答覆：將葡萄牙人帶來的特產按市價折成銀兩，使節進京洽談，其餘船隻、人等立即返回。

葡萄牙人顯然不甘心，他們只是退出廣州，率船隊南下後，企圖攻占南山半島（今深圳市南山區蛇口）。這裡明朝駐軍較多，無果，便退至屯門安營紮寨。

如果這樣下去，還是見不到中國皇帝，葡萄牙人向廣東的宦官行賄。此法果然奏效，一五一九年（明正德十四年）底，朝廷允許他們到北京朝見。

一五二〇年（明正德十五年）一月，葡萄牙人托梅·皮萊資（Tomé Pires）從廣州啟程，準備北上覲見大明皇帝。從地方宦官那裡得知，此時中國皇帝正在南京遊玩，皮萊資趕了四個月的路程直接去南京。明武宗卻不急著召見葡萄牙使者，而是自行返回北京，讓葡萄牙使者到北京朝見。

一五二一年一月，皮萊資到達北京後，又是行賄、拉關係，讓翻譯火者亞三（Eunuch Yasan）勾結武宗身邊的佞臣江彬。武宗對火者亞三很感興趣，跟著學了不少葡萄牙語。火者亞三本是麻六甲的華人，會講漢語和葡萄牙語。他的真名就叫亞三，火者是閹人的別稱。東南沿海一帶，很多經商大戶家裡三妻四妾，女傭眾多，招男僕怕戴綠帽，但又需要強壯的勞力，於是用這種閹人為奴。明武宗跟著火者亞三學了幾天葡萄牙語後，覺得很有意思，就把他留在身邊，成為寵臣。亞三自小受苦，哪裡得到過這等待遇，一時忘乎所以，跟著江彬飛揚跋扈。

四月二十日，武宗突然病逝，張太后（孝成敬皇后）當天根據群臣的意見殺了江彬，而後處死亞三，並下詔不許佛郎機進貢。皮萊資被驅逐出京，九月回到廣州時正趕上雙方交戰，就被關進了監獄。

七月，廣東官員上報，一批葡萄牙人到廣州要求進行貿易。如果開放貿易，地方政府有抽成，廣東官員的意思是答應葡萄牙人的要求。但葡萄牙人在屯門一帶的胡作非為，已經鬧得滿城風雨，而且麻六甲被佛郎機侵吞，做為宗主國的大明如果再不出手就太失顏面了。此時嘉靖皇帝已經繼位，下旨廣東海道副使汪鋐驅逐盤據在屯門的佛郎機人，屯門海戰一觸即發。

屯門位於今香港新界的屯門區，和一般的印象不同，葡萄牙人一開始沒有選擇澳門，而是屯門。如果觀察屯門的地理條件，就會發現和後來英國人挑選的香港有異曲同工之妙。不得不說，做為海洋大國，他們在選擇優質港口時所考量的要素基本相同。這裡位於珠江口，透過水路抵達廣州很方便，同時海灣眾多，可以很容易找到深水灣，又背靠山體，基岩穩固，很方便修建碼頭。單從地理條件上說，這裡比澳門略勝一籌，倒不是澳門離廣州更遠，這點距離對於水路來說不算什麼，重點是澳門附近的山體小，結果就是泥土多，容易沖刷入海，導致時間一長港口就變淺，不能停泊大型船隻，解決辦法就是修一條長長的石路，伸到深水區，但只能解決一部分問題，和天然的深水港無法比擬。特別是現代，船隻愈來愈大，這種先天優勢更是後天無法彌補，例如上海港，以前黃浦江就可以停船，但現在要停靠大型巨輪，只能把碼頭修到舟山群島的洋山港。

汪鋐時年五十六歲，面對在屯門盤踞日久的葡萄牙人，他需要面臨幾個問題：

一、自從鄭和下西洋後，由於海禁政策的實施，大明官方沒什麼像樣的海軍。

二、佛郎機（葡萄牙）人的船體巨大，火炮射程遠，中國土炮幾百年都沒有改進，完全無法抗衡。

汪鋐戰前主要做了兩項工作：一是加強南頭寨和東莞守禦千所的兵力，防止敵人登岸；二是收集戰船和漁船，以備軍用。加強陸地防守是做最壞的打算，萬一水上打不贏，還可以在陸地上拚命，收集船隻是揚長避短，中國戰船單打獨鬥不如葡萄牙，但可以從數量上壓倒對方。

當然，按中國人一貫先禮後兵的傳統，汪鋐先向葡萄牙人宣告皇帝的詔書，讓葡萄牙人快快離去，不然兵戎相見。葡萄牙人毫不理會，於是汪鋐率軍進攻，葡軍炮火猛烈，又有兩艘大船從麻六甲趕來援助，明軍敗退。

初嘗敗績後，汪鋐體會到佛郎機炮的厲害，第二次進攻時就改變了策略。不知是不是受赤壁之戰的

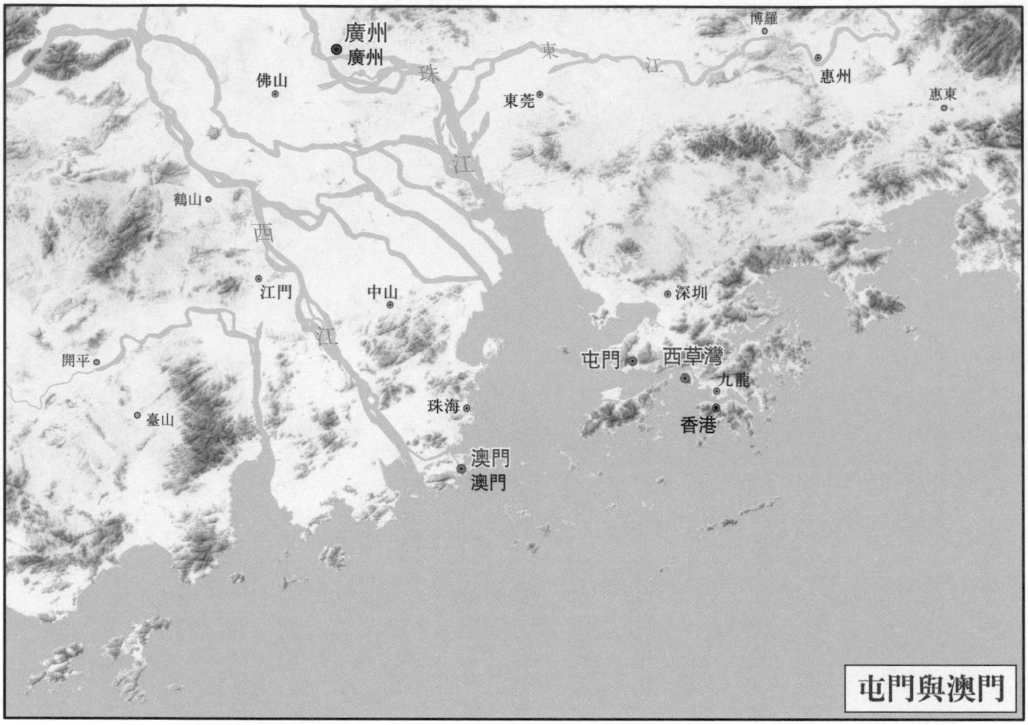
廣州
廣州
佛山
珠
東
江
博羅
惠州
惠東
東莞
江
鶴山
西
江門
中山
深圳
江
開平
屯門
西草灣
九龍
珠海
香港
臺山
澳門
澳門
屯門與澳門

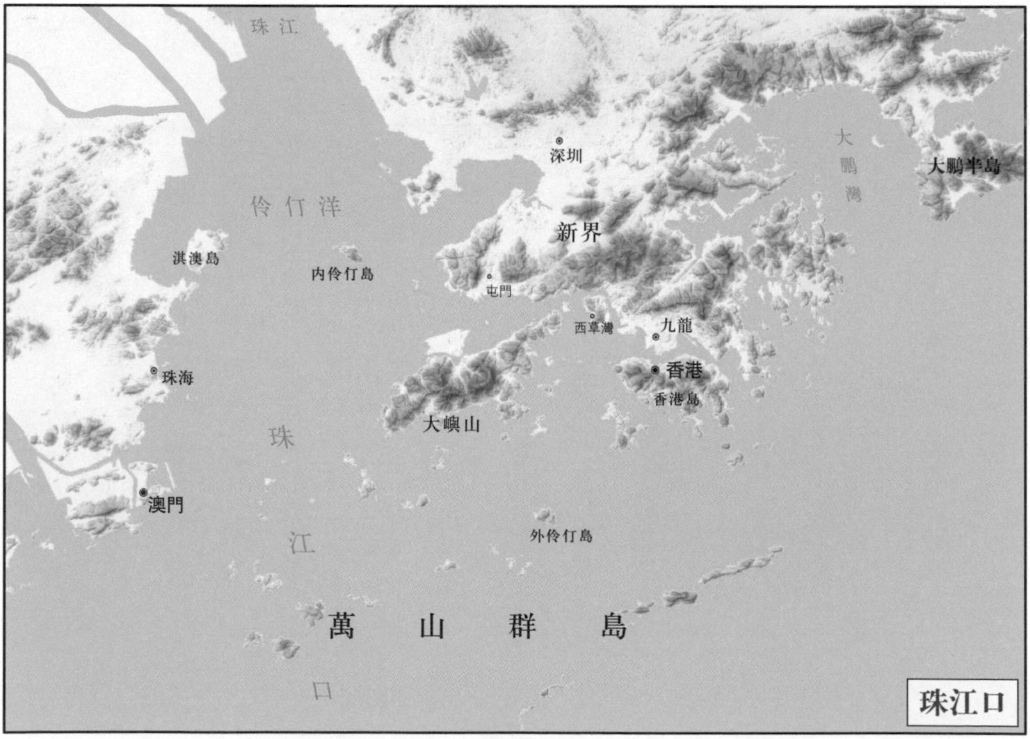
珠江
深圳
大
鵬
灣
大鵬半島
伶仃洋
新界
淇澳島
內伶仃島
屯門
西草灣
九龍
珠海
香港
香港島
大嶼山
珠
澳門
外伶仃島
江
萬　山　群　島
口
珠江口

啟發，敵人的船體大，炮火猛烈，但轉身調頭很不方便，汪鋐想到用火攻，於是準備一些小船，船上裝滿柴草和油脂。

一天大風，汪鋐率四千人、船五十艘，再次進攻葡萄牙人。裝滿柴草和油脂的小船被點燃，借著風勢衝入敵陣，葡萄牙人的大帆船很快就著火。汪鋐命水兵潛入水下，在葡萄牙人的船底下鑿洞，船體漏水，葡萄牙人紛紛跳海逃命。汪鋐率軍衝上敵船的甲板，和敵人短兵相接。

這一仗，葡萄牙人大敗，除了三艘船逃回麻六甲外，其餘全軍覆沒。

這一仗中國人雖然打勝，但葡萄牙人有兩樣東西讓中國人留下深刻印象：一是佛郎機炮，一是蜈蚣船。

佛郎機炮是一種鐵製後裝滑膛加農炮，由三部分組成：炮管、母炮（也叫炮腹）和子炮，在中國，又被稱為子母炮。開炮時，先將火藥和彈丸填入子炮，然後把子炮裝入母炮，引燃子炮的火門就可以射擊了。一門佛郎機炮可以配多個子炮，事先把子炮的彈藥裝填好，可以快速連續射擊。事後，中國人開始仿造佛郎機炮，但在使用中發現一個問題，由於子母炮的後膛是開口的，火藥引爆時會漏氣，射程不遠，再加上這種炮的炮體本身比較小，威力不大，優點是機動性強和連射速度快，如果攻擊木製帆船沒什麼問題，但如果攻打磚土結合的城牆就有些力不從心了，後來中國人更青睞前裝滑膛加農炮，這種炮有個專門的名字，就是紅夷大炮。

所謂蜈蚣船，是中國人比較形象的叫法。這種船兩側有很多划槳手，遠遠看去像蜈蚣的腳一樣，所以稱蜈蚣船。透過前文所述，這種船就是槳帆船，適合在無風地帶使用，例如地中海，威尼斯人普遍使用的就是這種帆船。但在中國的史書中，把葡萄牙人的主力說成是蜈蚣船，可能是以偏概全。實際上在屯門海戰當中，葡萄牙人總共才八百人，船五艘，逃走的三艘可能就是克拉克帆船，而被中國人擊沉的是槳帆船。印度洋海戰中，葡萄牙人正是靠著大型的克拉克帆船擊敗埃及的槳帆船，不可能在後來的戰事中還使用槳帆船為主力，頂多是補充。畢竟槳帆船有優勢，速度快，能在無風的海域裡航行，用它輔助能克服很多克拉克帆船解決不了的問題，例如從屯門沿珠江到廣州，顯然用槳帆船更合適。正是槳帆船有這些優勢，中國人開始仿造，只是後來又覺得這玩意兒太費木料就停止了。應該說，明朝時，中國人還是很樂於接受新鮮事物，汪鋐被稱為中國歷史上「師夷之長以制夷」的第一人。

屯門敗績，葡萄牙人顯然不甘心，這是他們遠航以來第一次在海戰中失利。一年後，葡萄牙人又率領一支由五艘帆船組成的艦隊北上，其中包括一艘中式帆船，估計也想「師夷之長以制夷」。和西方帆船相比，中式帆船有兩個特點：一是硬帆，就是在風帆中嵌入很多木條，操控起來非常方便，也省力；二是有水密隔艙，一個船艙進水了，只要其他船艙完好，船就不會沉。中式帆船更適合在近海或內河航行，如果要遠洋，除非造出像鄭和那樣的大型船隻，但顯然這已經是過去了。

一五二二年七月十九日，這支葡萄牙艦隊再次來到中國。客觀來說，葡萄牙人主要目標還是想貿易，打仗不符合他們的利益訴求。但屯門海戰後，明政府已經下令，凡見到懸掛葡萄牙旗幟的船隻，就地擊沉。這一次，葡萄牙求見廣東地方長官不成時，就遭到中國艦隊追擊，雙方在西草灣又發生一次海戰。

這一次，明軍生擒葡萄牙人四十二名，斬首三十五人，解救被葡軍俘虜的男女十人，又俘獲葡軍戰船兩艘。沒想到的是，剩下三艘葡萄牙軍艦反攻，又將這兩艘俘獲的戰船燒毀了。

這次戰鬥中，明軍繳獲二十門佛郎機炮和若干火繩槍。火繩槍後來被明軍仿製，在中國有個專門的名字，叫鳥銃。至於被俘虜的葡萄牙人，最後全部被處死，並梟首示眾。

一連兩次大敗，廣東沿海是不能待了。差不多二十年，葡萄牙人沒敢再踏入廣東。此後，葡萄牙人轉戰福建和浙江沿海，尋求立足點。在一些中國走私商人的引導下，葡萄牙人先來到閩粵交界處的南澳島，此後又來到舟山群島的雙嶼港，雙嶼一時成為亞洲最大的海上走私貿易基地。

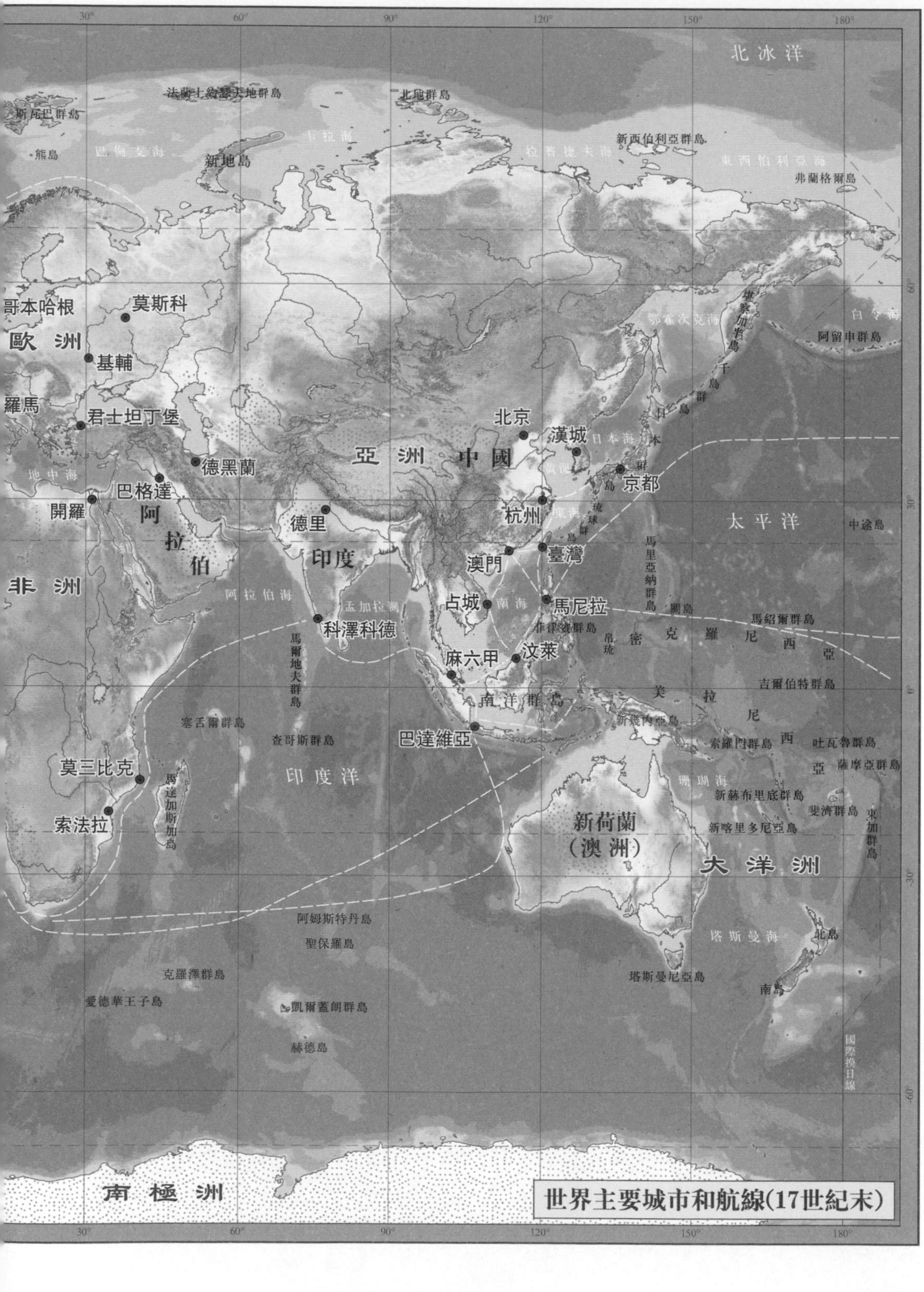

世界主要城市和航線(17世紀末)

-150°
-120°
-90°
-60°
-30°
0°
北冰洋
伊莉莎白女王群島
帕里群島
格陵蘭島
格陵蘭海
波弗特海
巴芬灣
維多利亞島
巴芬島
揚馬延島
挪威海
冰島
法羅群島
奥斯陸
60°
哈德遜灣
北海
阿留申群島
北美洲
倫敦
魁北克
巴黎
大西洋
亞速群島
里斯本
詹姆斯敦
馬德拉群島
百慕達群島
加納利群島
30°
北回歸線
墨西哥灣
哈瓦那
玻
大安地列斯群島
夏威夷群島
墨西哥城
加勒比海
維德角群島
里
萊恩群島
聖喬治
巴拿馬
太平洋
尼
波哥大
0°
科隆群島
（加拉帕戈斯群島）
祕魯
巴西
西
亞森欣島
馬克薩斯群島
庫克群島
利馬
亞
庫斯科
聖赫勒拿島
土亞莫土群島
南美洲
南回歸線
智
大西洋
復活節島
-30°
特里斯坦－達庫尼亞群島
果夫島
利
馬爾維納斯群島
（福克蘭群島）
南喬治亞島
布威
-60°
南極圈
別林斯高晉海
羅斯海
威德爾海

HISTORY 065

用地理看歷史：大航海，何以扭轉世界霸權？

作　者—李不白
主　編—邱憶伶
責任編輯—陳映儒
行銷企畫—林欣梅
封面設計—兒日
內頁設計—張靜怡

編輯總監—蘇清霖
董 事 長—趙政岷
出 版 者—時報文化出版企業股份有限公司
一〇八〇一九臺北市和平西路三段二四〇號三樓
發行專線—（〇二）二三〇六—六八四二
讀者服務專線—〇八〇〇—二三一—七〇五
（〇二）二三〇四—七一〇三
讀者服務傳真—（〇二）二三〇四—六八五八
郵撥—一九三四四七二四時報文化出版公司
信箱—一〇八九九臺北華江橋郵局第九九號信箱

時報悅讀網—http://www.readingtimes.com.tw
電子郵件信箱—newstudy@readingtimes.com.tw
時報出版愛讀者粉絲團—https://www.facebook.com/readingtimes.2
法律顧問—理律法律事務所　陳長文律師、李念祖律師
印　刷—金漾印刷有限公司
初版一刷—二〇二一年六月四日
初版二刷—二〇二一年九月八日
定　價—新臺幣五〇〇元
（缺頁或破損的書，請寄回更換）

時報文化出版公司成立於一九七五年，
一九九九年股票上櫃公開發行，二〇〇八年脫離中時集團非屬旺中，
以「尊重智慧與創意的文化事業」為信念。

用地理看歷史：大航海，何以扭轉世界霸權？／
李不白著 . -- 初版 . -- 臺北市：時報文化 , 2021.06
352 面；17×23 公分 . --（History 系列；65）
ISBN 978-957-13-8982-0（平裝）

1. 世界史

711　　110007154

ISBN 978-957-13-8982-0
Printed in Taiwan

農村武裝青年

和他們的朋友

江育達・吳致良——著

推薦序

認真的傻子

陳俐君（農村武裝青年大提琴手）

最近因為一趟新的旅程剛啟程，再次展開離開台灣的一段日子。很習慣四處流浪的日子，以為自己不太容易想家，但思念的情節總是因某些偶然而觸發。

身在異鄉讀著這本書，對我來說很錯亂也很挑戰，牽動著思念的拉扯，也牽動了憐惜與感嘆。坐在西雅圖的寧靜湖邊，看著彰化溪洲水圳的故事；在溫哥華的大樹下，再次看過台中水碓聚落的變化；躺在加拿大無數的綠地及公園裡，看著蘇花公路隧道的爭議……我突然覺得好像活在兩個世界裡。有一個世界看到幸福的生活模式，也不斷往這個方向走去；另外一個世界，卻像著了魔一般，不斷犧牲原本的美好，無限上綱地開發。而我深愛的那片土地，似乎著魔了。

即使如此，如果問，去過這麼多國家，有哪個國家值得一去再去，我會說：台灣。

因為這個島上有滿滿的人情味，有改變與創造的潛能，有多元的文化族群，有依然美麗的原始風景，更重要的是，他是我的家。因為他的滋潤，所以今天的我是這樣的我，站在這裡。

這一切不是理所當然，是有一群又呆又傻的人，不問回饋地在維護這塊土地。其實這群傻人很知足，知道台灣原本就是一個很棒的地方，只要找回他原本的樣貌就夠了。

是的，是這樣的力量，讓我們聚集在一起。

農村武裝青年走過許多地方，處處都有堅持努力的那群人，如今依舊。台灣之所以可愛，就是有這麼一些人默默地在這塊土地上付出。而很幸運的，因為農村武裝青年，我有機會認識他們，我經常想著，真希望有更多人也可以認識他們。

其實農村武裝青年的走唱過程，「唱」是其次，「走」才是真正的精神所在。因為「走」，我們才有機會認識這麼多志同道合的朋友，因為「唱」我們把更多的人聚集在一起，來到這些我們走過的地方。

這本書的初衷也是如此吧！音樂是把我們牽在一起的那條線，文字也是。希望可以把我們走過的故事，分享給更多的人，然後讓大家相聚。相聚能夠讓力量更強大，聚集相同的理念，聚集不同的點子，聚集更多的傻子，來共同打造這片土地的樣貌。

如果有一天，我依然流浪在世界某個角落，當我問到，世界上這麼多國家，有哪個國家值得一去再去，期待身旁的人會回答我：台灣。

一定是因為台灣有更多堅持努力的傻子，讓他呈現最純真的美好。

隨著這本書走一趟台灣吧！希望你，成為下一個認真的傻子。

推薦序

島國「樂（ㄩㄝˋ）」行

蕭長展（農村武裝青年鼓手）

今年八月初，前往加拿大參加「台灣文化節」演出前夕，接到紅桌文化編輯阿良來電，希望身為農村武裝青年團員的我能為本書撰序，以這幾年來隨著樂團參加社運、全島巡演的感覺、想法，為這本農武青「音樂旅途記事」來段開場白。

說實話，習慣了書寫「他人」的故事、報導，要將自己這幾年來的樂團生活寫成序言，一時之間還真不知該如何下手。

從二十七歲開始加入樂團，成為農村武裝青年的鼓手開始，「玩團」就不純粹是四處旅行、表演自己樂團創作的音樂，或和來看表演的朋友們喝酒、閒聊的光景。隨著樂團造訪各地農村、部落、濱海鄉鎮、青年社群，感受土地的溫度、認識這座島嶼的面容與生命，是這段旅程的主旋律，而「尋找」，則是當初決定成為旅人的初衷。

音樂，串起陌生而炙熱的靈魂

大三上學期，東海大學校園ＢＢＳ「大度山之戀」搖滾版上貼著這樣一則消息：搖滾音樂研究社籌備中，不管你是愛聽搖滾樂、還是想要組團創作

表演，歡迎來加入創社的行列。對於高中就愛上搖滾樂，一直想要組團、想要吸收更多搖滾資訊的我來說，看到消息二話不說就決定加入社團，也因為這個機會，認識了當初倡議創社的阿達。雖然那時沒有一起組團，但常彼此分享「搖滾經典名曲」、半夜在租屋處陽台喝酒聊馬克思，還曾一起跟著學運社團上凱道抗議九二一災民安置問題，因而成為無話不說的好友。

大學畢業後，二〇〇六年，正在念碩班的我、剛退伍出社會工作的阿達，重新在台中碰頭。不久後，他辭掉樂器行的工作，開始經營「東海和平咖啡」，也逐漸累積一定的創作量。隔年，「白米炸彈客」楊儒門出獄，為了向這位勇於以行動為農民發聲的青年致敬，阿達提議以「農村武裝青年」為名，找來了當時就讀東海建築的小提琴手小魏，三人編制的樂團正式成立。二〇一〇年小魏因生涯規劃離團，大提琴手俐君隨之加入，這段音樂旅程也進入新的一頁。

大約三年前開始，因咖啡館經營不易，阿達漸漸將大部分的心力投注在創作、講座及表演上。隨著他開始個人走唱，在全台各地認識了更多青年行動者、NGO組織者，活動策展人，農村武裝青年的表演邀約隨之增加，四處參與各種不同的社會議題及表演活動。從反對中科四期二林園區、抗議國光石化預定在彰化濱海設廠，到聲援台灣農村陣線上凱道抗議《土徵條例》造成浮濫徵收問題，或是參加高雄「蚵仔寮」居民自行籌辦的搖滾音樂季，音樂拉近了人群的距離，讓我們更清楚地看見，這座島嶼的哀愁與美麗。

灰暗的島，堅韌而溫暖的人

表演的時候，阿達總是很常用半開玩笑的口氣說「感謝這個政府，讓我們這樣以公共議題為創作素材的樂團，在這幾年一直有表演的機會」，而說出這席話的場合，若不是在凱道上，大概就是自救會抗議或聚會串聯的時刻。這句話雖是對現實的調侃，但其實反映的是公平正義仍然遙遠的無奈心情。

這幾年，關於勞動權、居住權、環境正義等各種議題的社會運動不斷在各地發「聲」，PTT上廣大的鄉民們更直接以「鬼島」，來嘲諷這塊曾經被稱為「美麗之島」（Formosa）的土地。縱然社會黑暗，但堅毅而溫暖的生命，持續綻放微小卻明亮的火光。用生命奮力對抗國家暴力徵收的張森文大哥、以堅強而溫柔的心守護家園、土地的彭秀春大姐，總是能以質樸卻犀利的妙語為想法帶來啟發的洪箱阿姨，還有許許多多堅信理想能被實現而積極奔走的人們，再再帶給我們這三個旅人持續前行的情感能量。

找啊找，沒有終點的旅程

因著樂團的關係，近年有兩次難得的出國表演機會，第一次是二〇一二年聯合國召開「永續發展高峰會」時赴巴西里約演出，另一次就是二〇一四年夏天應加拿大台灣同鄉會邀請，參與「加拿大台灣文化節」演出。

這次赴加拿大演出的經驗，除了感受到當地台灣僑胞的熱情，更多的是

重新思考了這幾年來以音樂踏上「尋找」旅程的意義。走在隨處都是樹林、被少有人為汙染的山與海所包圍的溫哥華，感覺到人與人之間不因膚色、階級差別而相互尊重的社會氛圍，很難不對生活在這樣的國家與都市產生嚮往。但是，這樣的嚮往所投射的，是希望這樣的社會與自然環境有一天能在台灣實現。

這幾年，我們這些旅人在旅途中所「尋找」的，就是讓台灣成為永續宜居家園的機會。這本書中所介紹的人物，都是像我們一樣走在「尋找」路途上的旅人們，是共同為「島嶼美好未來」的理想齊力前行的夥伴。希望藉著這些生命的故事，能夠讓你／妳對於這座島嶼、這個社會有著更不同的想像，也許哪天，我們會在這由眾人共同探索、創造的旅程相遇，成為同伴。

農村武裝青年

和他們的朋友

出發

社會學在哪？在台灣啤酒裡啦!!

曾經我跟許多玩團的年輕人一樣，擁有滿腔熱血的搖滾夢，期望有朝一日能站在萬人崇拜的搖滾舞台上，激情渲染著搖滾吶喊。二〇〇七年農村武裝青年誕生，我恰巧站上街頭抗爭的舞台上，用憤怒歌唱正義與革命的土地之歌。許多台下的人在抗爭情緒激烈的渲染下，跟著我們的音樂一起吶喊、舞動，彷佛是一場搖滾盛事，而我擁有搖滾巨星般的姿態，只是底下聽眾變成抗爭的群眾。然而，在台上唱歌的我卻開始懷疑自己存在抗爭現場的意義，心想如果搖滾樂可能改變世界，難道就只是在台上順應著集體意識與情緒，激動地唱著歌搖擺姿勢喊喊口號嗎？過程中我更深刻體會舞台即是一道階級的關卡，並不是每個人都有機會站上舞台講話，更別說是成為所謂的意見領袖，那我何德何能有這種權利站上舞台唱歌、發言。有太多人不僅無法上台，也沒機會來到現場參與活動，更無法看到我們演出。

我漸漸明白，我要的搖滾樂不是英雄式的姿態，而是回歸人間的生活。我跟土地上的每個人都是一樣的，有人是工人、農夫、老闆、計程車運將，我是創作歌手就這樣。而我創作著土地與人民的歌，就應該讓社會中每個角落的每個人都有機會聽到我分享的音樂。

台青蕉x農村武裝青年x達卡鬧x麵包車x葉子
搖滾日
Day
會場
三合院民宿
溪州大橋
11月25日上午八點台青蕉希望蕉園
活動洽詢：07-6611451
指導：行政院文化部、高雄市政府文化局
主辦：高雄市旗山尋憤活水人文協會
協辦：旗山三合院民宿、旗山分局、台灣香蕉研究所

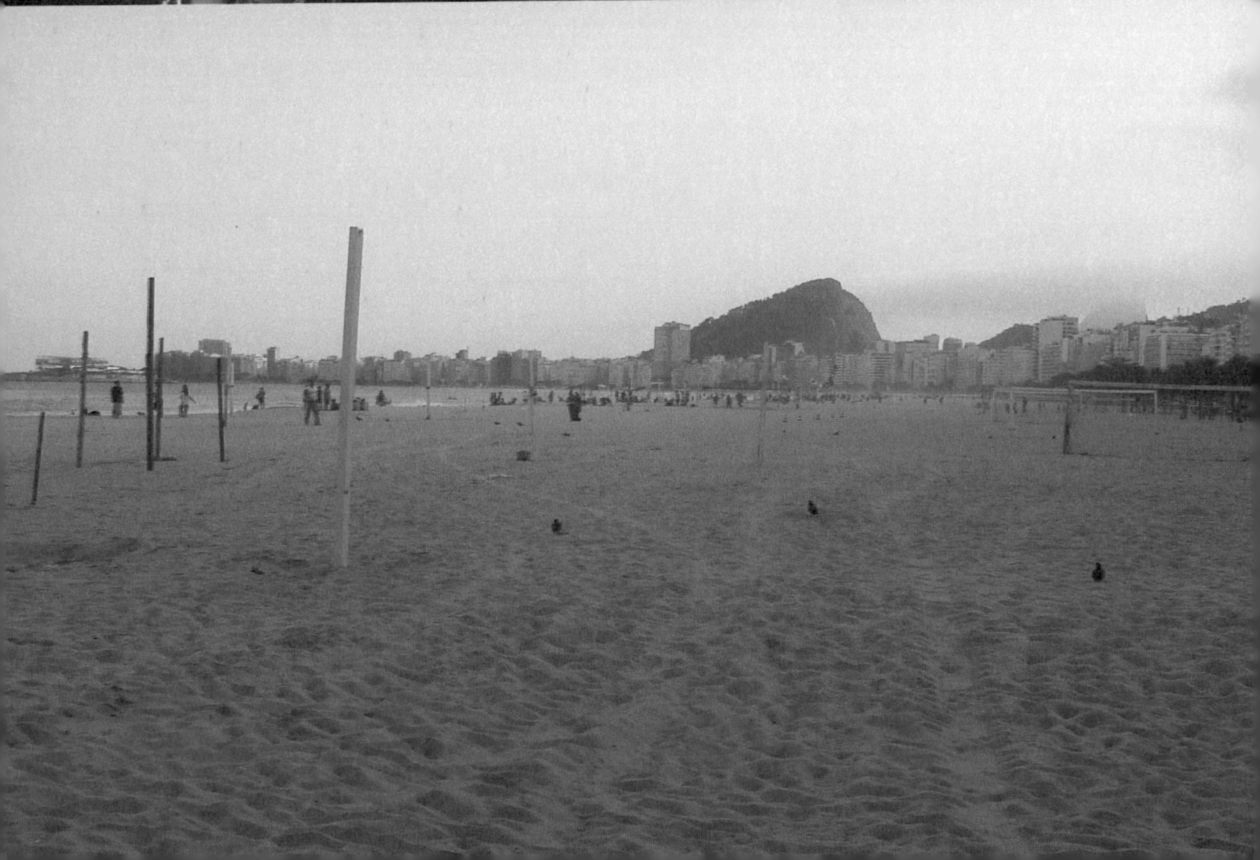

就這樣子一台小轎車裝載著音響器材、吉他、大提琴、非洲鼓、三個人，農村武裝青年開始了走唱台灣底層的生涯!!自己扛器材、架器材、自己音控，演出完自己賣CD、與聽眾合照、簽名，又自己拆器材、扛器材上車、自己開車。常有朋友問我：何時還要再環島演唱呢?我都說每天、每週我都嘛在環島演唱。今天台北，明天屏東，後天高雄，大後天……，這樣的行程幾乎是我生活的樣子。週間我自己跑校園演講場，用音樂說唱演講，週末則是全團編制的正式演出，演唱地點從音樂節、書店、咖啡店、民宿、NGO辦公室、社區大學、廟口、三合院埕、假日商演、卡拉ok海產店、農田等等，太多你可能無法想像的地點。

在走唱演出的過程中，通常我會在當地住上幾天，此時表演已經不是最重要的部分，反而是表演前的飯局跟表演後的酒攤才是重頭戲，認識當地的人、事、物與最在地的人文、歷史、地理、議題。我常跟阿展說，你念社會學、我念哲學，年輕時，我自以為是信奉左派的知識分子，如今才發現社會學在哪?在台灣啤酒裡啦!!什麼主義、什麼狗屎理論通通閉嘴，先喝個爽快互相博感情吧！

如今搖滾精神對我而言就是生活，自然而然的活在人間裡，這裡的每個人都教會我許多事，他們在自己的崗位上做自己的事。這些人、這些事更常常感動了我，讓我看見台灣底層與常民生活的力量，這股力量更回饋在我音樂創作的養分上。

我想借由這本書來與大家分享，土地、歌與這些人、這些事。是土地上的他們教會了我許多事。只要你有身體、有力量、有腦袋，那就從腳踏實地的生活中緩慢實踐吧!!

阿達，二〇一四年九月二號，加拿大飛回台灣的飛機上

第一站／

水碓巷 10 號

我的童年，有一大片綠油油的農田，家住田中那兩排透天厝的其中之一。每年十一月到一月休耕，是稻田的休養期，也是小朋友最快樂的時光，每天在裡面跑來跑去。我會挖泥土，蓋一座城堡，弄一扇門，把白色蝴蝶放進裡面，一廂情願以為這樣蝴蝶應該會很開心。

江慶洲的童年，則有一棵枝繁葉茂的大樹，夏日炎炎，帶上草蓆或坐在大石頭下，等微風吹來，沉醉在香甜的美夢，然後被掉落的成熟芒果敲醒。老樹，看著阿公阿嬤的阿公阿嬤長大，再看著阿公阿嬤，看著阿洲長大。

我跟阿洲，都想留住這些事情。

兩年前，他邀我到水碓聚落定居，我有幸見證這三百年聚落發生的變化，城市失去記憶的速度，讓人懷疑歷史只是一場午夢。

我的家在田邊

水碓巷十號，是阿洲回鄉整理家園的起點。在台北工作過幾年，他說自己是庄腳小孩，不適應城市生活，還是想要回來水碓。

「現代化的公寓大廈，搞不好隔壁都不認識；可是現在我去拜訪阿伯阿姆，地理可能距離三四公里，可是那種緊密的網絡，卻覺得是厝邊，這就是聚落。」阿洲說。

江慶洲是阿公帶大的小孩，在水碓，江家是異姓，而且經濟狀況是後段班，不過庄內有衝突，都會找上阿公來主持公道。

「我小時候的生活環境這麼自然，就是溪邊、田邊、果樹下。這些東西不會玩膩，尤其稻田收割的時候，永遠玩不完。」阿洲說。我小時候也是「野」大。整個稻田是我的遊樂園，拿縫衣服的線綁住綠金龜子，別人放風箏，我們放金龜子。或是拿芭樂養獨角仙，鬥鍬形蟲，看牠們摔角。

稻田是一個大寶窟，我很喜歡用縫衣服的線綁蚯蚓或水草，在青蛙聚集的地方，吸引牠們上鉤，趁牠把誘餌吞到嘴巴瞬間，拉上來，算準時間，用手抓住牠。之後，會很多異想天開的行為，像用橡皮筋把青蛙和水鴛鴦綁一起，或是拿牠去丟仙人掌，把牠變成「乩童青蛙」，小學四年級以前超愛這種遊戲。還把菜蟲帶回家養，放在戳了洞的玻璃瓶，每天跟我媽要高麗菜，都被她罵很煩，不過看牠結蛹、蛻變成我常常看到的白紋蝶，很好玩。小時候不是養動物，就是殺死動物。

不過，不管是水碓，或是我田中的家，環境生態都變了很多，農藥大量施用，青蛙變少，所有生物都少了很多。鄉村空間水泥化，以前家裡旁邊就有螢火蟲，現在不知到哪去了。

最好的《樹保條例》

台中市的《樹保條例》，是在阿洲的主導下過關的，他有自信地說：「這是全台灣最好的版本！」因為直接採用公民團體的版本，而非政府版本。這也是全國唯一《樹保條例》裡面有「容積移轉獎勵措施」（若規劃時將樹保留，可將樹的容積轉到建築物上，蓋更多層樓），能與建商互利，讓大家都嚐到甜頭。

但這一部分尚有爭議，原本十層樓，可能因此變成十五層，居住品質受到影響，無形中也有炒作的空間。阿洲進而解釋：面對開發，擋也擋不住，只有藉著讓老樹融入景觀設計，才能解決問題。

《樹保條例》不怕被罵，但阿洲始料未及的是，市政府根本不使用行政約束力去影響都市規劃。毀掉一棵珍貴的老樹只罰十萬，根本不痛不癢，還不斷同意移植；水碓去年同意移植八棵，今年更扯，同意移植十七棵！根據林務局統計：老樹移植後的存活率不到兩成。

1　1）過去聚落中，人與人之間情感緊密。

2　2）三百年的閩南聚落歷史，被現代化的進步風暴掃過，只剩瓦礫石堆。

每天公聽會最好

阿洲為了水碓，付出很多心力，像建制老樹身分證、重陽節在稻埕老樹下辦桌、自然家屋、邀請藝術家駐村、舉辦聚落生活體驗、尋根溯源等等。他希望找回過去充滿人情味的生活，「聚落生活的價值是——共工共伙、自給自足、信任合作、感恩分享、師法自然、積極參與。前人種樹，後人乘涼，水碓咚咚咚是幸福的聲響。」

他每天都在行動當中，不只上街頭，也常進出法院、議會。爭議事件很現實，轉眼失敗，事情被吃掉，最後什麼也沒留下。所以他也會走法律途徑，跟財團、政府談判。不過，因為跟政府和建商周旋之餘，卻又接政府案子做社造，所以被旁邊的人懷疑他靠計劃賺錢，他很氣這件事情。但寧願花時間把事情做好。擇善固執，用時間證明一切！但我想很多不了解的人，還是不會了解。

為了登記「聚落保存」，他跟很多朋友鬧翻。聚落保存是榮譽址，文化局又邀請主導開發執行的地政局來警告地主：如果保留，就不能領拆遷獎金，這等於是誘導民眾拆遷，而保留變成一種懲罰。

阿洲一直想要參選台中市南區的議員，其實他這種個性，我還滿推薦去選舉，很直接，最好選上進去開始得罪人。他說當上議員，最想每天開公聽會，讓大家都知道議員在幹嘛。哪有人沒事就開公聽會？這大概會把所有人都得罪光吧。

阿洲是個很單純的人，情緒都沒有什麼掩飾，很直接，所以在很多人眼裡也很白目。

你砍一棵老樹，我會跟你拚命！

六七年前，有黑道要來開發阿洲他家前庭外面的空地，他直接去找大哥談，當時根本不知道對方的來歷。大哥說：「少年仔，你軟我比你更軟，你硬我比你更硬！」阿洲就開始跟他談自己的理念，多種福田之類的，後來挖土機真的沒有進來。擋得了一時，但六百多坪的土地，幾年前被賣掉。現在又有人要改建成房子，講也講不動。

十年前，有建商告訴他：「你不要抗爭，我一棟透天的給你。」當時一棟透天市值五六百萬，但他不為所動。如果每個人都把土地看得比錢重要，世界應該會變更有趣。

我在台中已經住了十幾年，都市不斷擴張，各個大面積的農村被徵收，台中市的外圍，很多已經被鐵皮圍起來，水碓也是。稻田被填平，在新的建設裡，我們看不到過去的人怎麼生活，看不到阿公阿嬤怎麼一路生活來的，人失去記憶之後，也失去他的靈魂，城市跟人一樣。我家鄉彰化也在搞這種事情，鄉鎮升格，土地重劃等。

我寫了一首〈失去記憶的城市〉，就是在談這件事情，人之所以成為一個人，是因為有一個肉做的心。

水碓這幾年來，樣貌不斷變化，三百年的聚落，居然眨眼間就改變這麼大，路邊的樹木墳場，移植的老樹生氣凋零，還好阿洲還在為聚落保存努力。

小時候，我都趁休耕的時候，挖田裡的泥土蓋城堡，把蝴蝶放進去，以為他們會開心。就像現在那些變更田地、砍掉老樹去蓋大樓豪宅的人，以為這樣就能買到快樂，卻沒想到生活卻離幸福愈來愈遠。

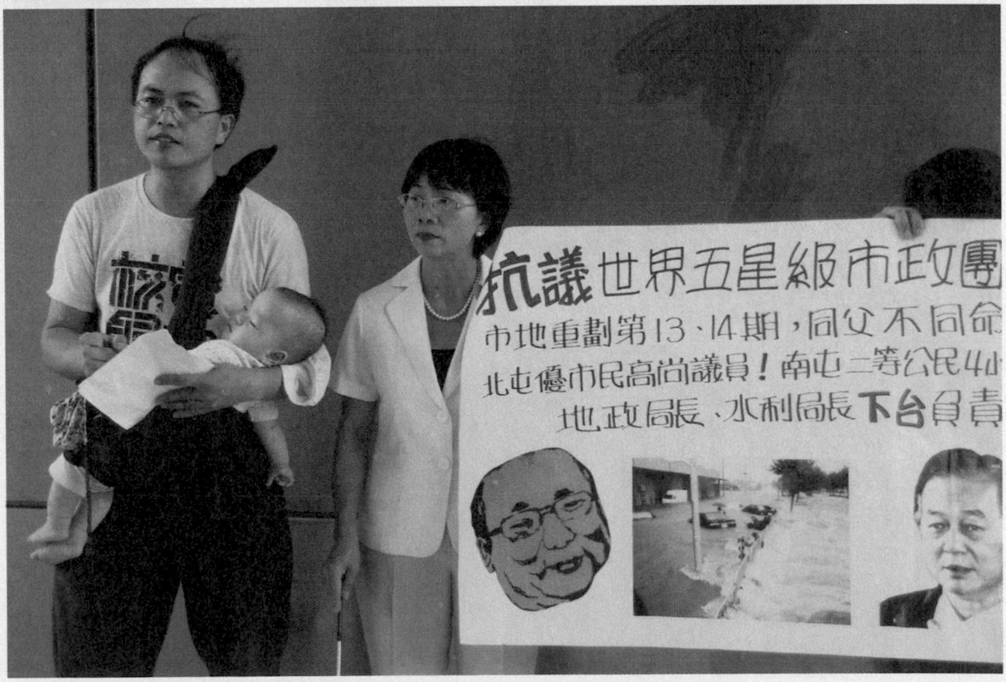

1　1）吃果子，拜樹頭。讓孩子們吃自己聚落的果實長大。

2　2）揹著襁褓中的孩子，也一定要來做社會運動的阿洲。

小鎮一處，

水碓是劉氏先祖借河川水力與槓桿原理，所設計出來省力的舂米工具，過去有兩處有此設施，地方因舂米「咚咚咚」聲而聞名，故名「水碓」。

阿洲找遍資料，四處田調，請日月潭有製作經驗的原住民協助，花了半年，打造十比一的水碓模型。當時，七十七歲的耆老劉阿波激動地說：「我小時候常看水碓打米，經過六十年，就快忘記了，今天是第一次看見哩，做得很像，就是這樣，給我找回了童年的回憶。」

阿洲小時候常在此摸蝌仔，抓蝦，抓螃蟹。旁邊種有黃槿、苦楝，還可以抓到野生的鱉。還有媽媽阿姨會找一個個「洗衣窟」，來洗衣服。

這邊生態還很自然，平常是菜園，如果洪水來了，就是易洪區。分流過多的水變成行水區，是最自然的融合——不要跟水爭地。

阿洲說：「如果都市裡的河流旁設計市民農場、

菜圃。你可以想像那有多棒！又自然又不擔心水淹。」

周邊的刺竹在過去可以守衛聚落，做農工具；竹筍可以吃，竹子可以當大灶的柴火。天然資源循環，不需要汙染的石油。

阿洲說：「水碓庄頭古建築仍然佇立這塊土地、百年老樹守護水碓家園。在水碓聚落內，目前仍有半數以上的家屋是土角厝，建築材料取自在地天然的卵石、竹子、稻草、米糠、土角及瓦片。」

「和鋼筋水泥的房子不同的地方是這種土角厝會呼吸，原因就在土角牆的成分是泥土，會隨著外在環境的溼度和溫度做緩慢的調節，等到太陽下山後的晚上，屋外的氣溫下降變涼了，這時的屋內就保有相對的溫暖，這種感受在冬天時最為明顯，所以自然家屋會冬暖夏涼。」

台灣各地，都在一邊拆房子一邊蓋文物館；一邊說要綠色建築，一邊拆掉這種經過時間歷練的天然呼吸建築。古人說買櫝還珠，現代人真的有比較聰明嗎？

到這裡走走

水碓聚落

・位於台中市南屯區鎮平里，環中路五段與永春東三路交接處，臨南屯溪。

・看百年聚落、自然工法的家屋、百年大樹；看正消失中的平地原生森林和三合院。

攜帶音樂

農村武裝青年〈失去記憶的城市〉、〈找啊找〉

13

第二站／

十三號咖啡

十三號咖啡所在的楓樹社區位在水碓聚落旁，走路過來頂多十五分鐘，我常騎腳踏車過來。在外面跑演講、演唱，只要回台中，來這裡說一聲：「大哥，你好！」就感覺自己回家了！

我已經中了這邊咖啡的毒。口味也被養叼，到外面喝咖啡都不習慣。如果有誰經過這裡，不妨進來品一杯咖啡。

十三哥說：「口感自己會說話！」

有人住的地方叫做家

三合院有很多種，有荒廢的，當古蹟的，觀光的，但最美的三合院，是有人住在裡面：十三咖啡不只是咖啡店，十三哥一家人也住在這裡。有時候待到晚上，我會跑進廚房，跟他們一起吃晚飯。若在外面演講跑久了，還會跟俐君說：「好想念十三家的菜！」

通常我會在這待上一整天，你若問我在幹嘛，真的沒幹嘛！在這裡沒有代表社運的標語、旗幟等任何符號宣傳品，沒有現代化與精品咖啡店的冷氣舒適空間，走進空間也沒有任何一本菜單。有的只是路邊撿回來的木頭家具經過老闆之手改造而成的桌椅。進來這只要找好位置坐下，等待著老闆端上一杯什麼都不加的單品咖啡。

天氣好，我喜歡四五點的時候來，這裡從下午一直到晚上，整個情境和氣氛完全不一樣。然後也沒做什麼，一個人坐在旁邊，鞋子脫掉，就覺得很爽！

十三哥跟我算是臭氣相投，聊起天來，很對味。我們很討厭太學理的東西，十三哥常唸一些來找他學煮咖啡的人，他說：「我常罵這些人：『你無知！你到底想學什麼？旋轉要靠右繞還是靠左繞嗎？誰告訴你一定要這樣做，憑感覺可不可以？相信自己的直覺可不可以？可以不要照本宣科嗎？不要再受以前的人所制約跟誤導了。』很多人都說得一口好咖啡，但事實上他不懂咖啡！」

我跟十三哥都有點特立獨行，他顛覆很多人對咖啡的想法，他說：「咖啡是『自己與自己』」。每顆生豆都是手工用陶鍋烘培，完全不經過任何金屬機器；一位客人走進店裡：沒有menu、沒有冷氣、沒有布爾喬亞的氛圍，沒有wifi。不接受客人點咖啡，不會有漂亮的拉花，更不會表演煮咖啡。

進來這裡，除了用鈔票換一杯咖啡，其他一切資本家創造出來的商業模式都被剝除，剩下純粹的咖啡，跟純粹的生活。

簡單才顯出不簡單

這裡因為一棵四人才能環抱的大楓樹，所以叫「楓樹社區」。社區官網這樣介紹：楓樹社區昔日舊稱下楓樹腳，創庄於西元一七三六年，位於台中市西南端，緊臨烏日，自古即為中部開發古道上的重要農村聚落，從鹿港到犁頭店北上葫蘆墩（豐原）的中途休息村落。

跟水碓一樣，都是很有歷史的社區，一九八〇年代初期土地重劃，社區居民拒絕區段徵收，保留了原始的農田和自然生態的樣貌。曾經是中部社區營造的成功案例之一。「生於社造，亡於社造。」阿洲說。因為鄰近市區，小有美名，卻也成為政府和建商眼中肥滋滋的牛肉。新別墅一棟一棟地蓋，樣貌不復古樸。

十三咖啡沒有顯著的招牌，很容易忽略。不過，越是高樓新房圍繞，屬於十三哥的三合院風味，越值得細細品嘗。年輕的時候，他在台北工作過一陣子。三十幾歲跑去綠島開咖啡店，所以三合院裡某些家具的細節，給人一種海島的風情，像有喃喃的海風吹來。

所有家具都是十三哥自己做的。他撿一些別人不要的木頭，重新改裝、上色，讓它們展現出新的樣貌。用雙手創造出店內的一切，從咖啡到所有木桌木椅。

十三大哥一家人，用自己的方式，簡單、樸實、悠哉、幸福地生活著。大哥常說他不按照市場上所謂商業豆或咖啡館的形式經營。咖啡對他只是生活跟分享而已——用一雙手留住手感、溫度、人性，釋放最天然的味覺，人最原始的生活，不也是這樣而已，當你漸漸習慣現代化的便利與資本市場支配的生活時，你的雙手也同時失去創造的功能。

這是十三的精神，雙手能創造生活的一切。

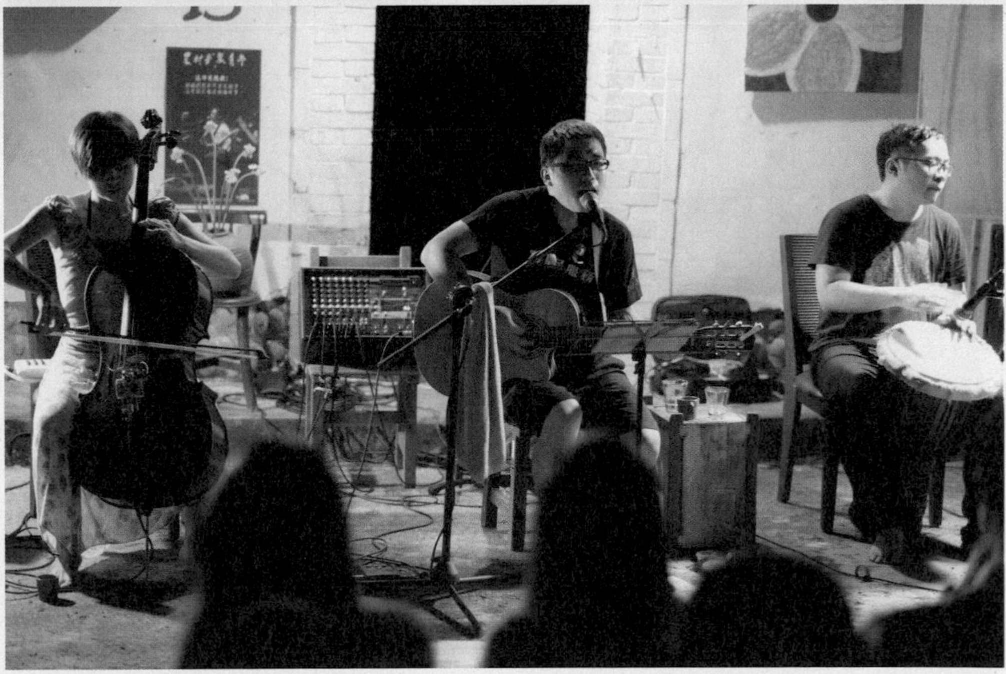

十三哥也有一副好歌喉。

找回生活的本質

在這裡，我和十三哥手中各拿一杯咖啡，漫不經心聊天。讓午後的風，沙沙吹來。庭中幾個角落的植物，有高有低，擺放也沒有一定的規則。每張桌椅，感覺都很有年紀了，在來這裡以前，它們都到過很多地方，上面有不同的人使用過的痕跡。十三哥給它們新的色彩，有藍色綠色等鮮豔的顏色，但看起來還是老實。

午後陽光螫人，我會躲到屋簷處遮陰，看著每個桌椅都變成日晷，影子拉長。接近黃昏的時候最舒服，我有時會躺在一塊長木板上，那塊一點也看不出來是躺椅的木板，卻符合人體工學。時間緩慢，其他客人在聊天，可是不會吵到我。生活在這裡，又好像在另外一個地方。

十三哥對咖啡的看法，也有同樣的孤獨感：「生豆是一種本質，這個國家在講什麼，表現在生豆的風味，這個國家講求什麼風味，是一個咖啡人要追尋的。一個只是會煮咖啡的人，那太一般了。愛咖啡應該追求咖啡的本質，不是嘴上功夫，也不是煮咖啡的方式，那些東西不是本質。喝到的咖啡是最後的結果，它為什麼會是這個風味，必須要定調本質，很多人大概不會理解。這個豆子如果焙生了，不會是這個樣子，要恰到好處，怎麼定咖啡？一個咖啡人就是在扮演這個角色。」

我在外面跑久了，回到十三咖啡，總可以找回初衷或是找回我的本質。

用自己的方式生活

我這一兩年跑很多地方，慢慢受影響轉換一些新的想法，住水碓、到竹南、認識了十三哥，看到他的生活方式，他影響的方式不是這麼直接：他過自己的生活，包括生活的空間營造，全部都是他自己要的，但對我的改變非常的大。

十三哥說：「我是在跟你分享咖啡，不是秀給你看。」我也常告訴別人，搖滾樂不是表演，是一種表達。表演好像你是皇上，我是宮女，我表演給你看，我跳是要讓你爽——搖滾樂不是要讓你爽，搖滾樂是我來表達，我有我的主導性。

我有很多玩音樂的好朋友，都是在十三咖啡認識的，需要幫忙時候大家都會互挺。所有人都走了之後，只有十三哥跟幾個好朋友，大家一起練肖話，一直到深夜，彈吉他、唱歌、聊天。

十三哥一家人在這個老祖厝生活，用自己方式，跟大家分享咖啡，這是很多人想要的生活，但是卻誤以為，一定要賺很多很多錢才能過這種生活。

我很喜歡來這邊，我感受到的是人跟土地很緊密的連結。用自己的方式，可以很自在、很有尊嚴的生活，這也是我常在勉勵自己與社會的：每個人用自己的方式在土地上生活。

這是十三，用自己的雙手創造一切，這裡的豆子沒有經過白鐵；從生豆、熟豆到一杯單品，全是手作的溫度。每一張桌椅，都是路邊撿回來，慢慢改，慢慢改，變成眼前的樣子。

我跟阿展，一個念哲學系，一個念社會系，從大學到現在，不斷不斷地批評資本主義如何支配人的生活，但是，我來到這裡的時候很感動：不需要任何反核旗，也不需要貼反服貿海報，都不用！他用他的生活證明這一切，他就是這樣生活！

我們在外面從事社會運動，抵抗不公平，對我來說這是最本質也最深沉的社會抵抗或運動，但說抵抗又太過矯情，其實只是想辦法生活而已。不用過多言語，只需用心、用身體，雙手可以創造的不需要再透過消費。面對過度資本主義支配人類行為的當下，十三大哥已找到自己的方式面對生活。

農村武裝青年和他們的朋友

小鎮一處，

十三哥的哥哥是一個平凡的送貨工人，但他親手蓋出一棟奇幻的房子，一個巨大而且可以居住的藝術作品。他蓋好房子之後，我第一個念頭是：一定要帶我建築系的朋友去看，叫他大學也不用念了！

地震沒事，颱風也沒問題，地基打很深，結構很特別。兩層樓高，整個牆面每個地方素材完全不同。那些材料都是他送貨的過程當中撿回來的，看到哪裡在拆房子，他就去搬。蓋得超美超美的！

低調的工人，蓋了低調的房子，想說自己興趣，摸一摸，就蓋出來！如果這種東西在台北，一個有名藝術家，鐵定吸引記者不停來採訪。但他們沒想過「藝術」或成名，只是自己要住。

他哥說那像是修煉，有時候一公尺高的東西，要花一個晚上弄，什麼都不能想，這樣心才不會雜。三天才能弄一個柱子，我每次看，都很驚訝，很佩服。

到這裡走走

十三號咖啡

- 台中市南屯區楓樹里楓樹巷13號
- 週一到週日：14:00-19:00
- 晚間時段請電洽十三：0917646373預約。

休息站

甘樂文創

「甘樂文創」兩年前邀請我去表演，我一開始真的以為是時下的文創商品店跟餐廳而已。結果跟老闆阿丞聊一聊發現他們很有想法，也完全被他們的刊物《甘樂誌》美學吸引。

如果沒有要做任何事情，只是自己的生活，很多東西可以隨興就好，但我自己也是做藝術產業的，我知道若想要有某種影響力，即使是小影響力也好，勢必要在意「美學」這個問題。

我特別在尋找一種台灣美學，像壞鞋子舞蹈劇團的「泥土的故事」，但太多當代藝術、當代設計的東西，老實講都很洋化。我自己被解嚴後的當代藝術影響很大，很台灣性、批判性，有濃厚的民俗色彩，像破爛藝術；搖滾樂也是一樣，像四三一樂隊、朱頭皮、蕭福德等等。

當整個全球化過渡到這十幾年來，兩千年之後，各種藝術型態，大量全球化，慢慢失去台灣原本的美學味道，很漂亮，很有設計感，但都不干台灣的事情。出現很多文青農業雜誌，我都很賭爛，覺得超假的。直到我看到《甘樂誌》，直覺告訴我：「就是這個東西！」。本質的台味有襯托出來，不做作，很真實，又具有美感，介紹打鐵師傅、菜市場的人物，很精采！

台灣的青年文化，大多不關台灣的事。但甘樂文創的琬淳，她是插畫家、做設計，也協助活動企劃與執行，幫《甘樂誌》採訪和編輯，也教小朋友彩繪石頭。阿丞和團隊，讓我看見了很台灣美感的東西。

甘樂文創

甘樂文創展演空間

・新北市三峽區清水街317號（近三峽老街、祖師廟）

・電話：02-26717090

・營業時間：週日至週四 為11:00-21:00；週五、週六延至22:00

阿丞做的事情很多，他在長輩反對聲中，自己借錢燒錢出來創立了「甘樂文創」，推廣三峽地方文化：辦藝文活動、辦刊物、培力營、組織志工等等。他覺得新北市政府雖然把老街做出來，但只是一個漂亮的空殼，沒有文化，與其不滿政府、批評政府，不如從自己出發，做給別人看，努力營造屬於三峽的巷弄的文化。

他定期到山上的小學，幫助一些弱勢的小朋友，有些父母離婚，或是失親，帶小朋友去種絲瓜、賣絲瓜，有了錢，才能去畢業旅行，給他們不同的觀念，讓這些弱勢的孩子學著不要依賴外界社會資源。打狗亂歌團的嚴詠能，寫了一首歌叫做〈菜瓜後生〉，就是講這個故事。我是先聽過這首歌，去了那邊才知道緣由。他去年也帶學生自行車環島，我也捐了十張CD義賣，他希望學生能自己做一些事情，讓他的人生有勇氣跟目標。

我有次看到他接受訪問，關於那些弱勢家庭的孩子，他講得很好：「就像這群小朋友一樣，我們是不是應該在這條路上，多等他們一下，多付出一點時間，而不是要求他們跟其他小孩子一樣。」也像甘樂文創付出了一些時間，等待三峽，等待這塊土地，有一天變得更好。

甘樂文創三合院的今昔對比。

第三站／

虎尾鎮民權路 51 巷

「你放個屁也是社會運動。」辣董說。「我應該是少部分台灣的政治人物，混過政治之後，意識還很清晰的。」

辣董跟我認識很多年，因為她在「姊妹電台」主持的節目開始有互動。當時，她才說在雲林找到一棟很漂亮的房子，準備開書店，現在卻已經名氣響亮——虎尾厝沙龍。

王麗萍女士，人稱「辣董」，一九八五年政大中文系畢業後，七月到學長鄭南榕擔任主編的《自由時代》雜誌社工作，九月底辭職幫學長輔選，兩個月助選結束，自認為比其他人更適合從政，十一月底決定回雲林選舉，用四十天選縣議員。當選。她從政第二年，民進黨才創黨。

虎尾厝沙龍

虎尾厝沙龍不只漂亮，而且是一座低調，靜靜座落在小巷中的老房子，等待她這位知音。

辣董的爽快，表現在她對房子的投資上，她的文章中提到：「我們完全不管時間，沒有進度表，共花了將近十五個月的時間整理，只求恢復它本來面貌，還原它原本的美好與質地。老厝的檜木門窗，曾被先後上了五次漆，時間的負擔必須用時間修復，一片檜木門窗也必須洗漆五次。儘管充滿著修復的功夫與成本挑戰，我們願意用時間等待。」前置時間是店家很高的成本，她用十五個月，只為磨出老厝原本的樣子。

一棟屋齡近八十年的「興亞式」建築，映照日本據台發展「大東亞共榮圈」的在地記憶，有和式的木質門窗，西洋水泥工法，進來這裡有如時光倒轉。

很多的家具、燈飾與擺飾品，是辣董私人收藏的十九世紀歐洲各地骨董。十九世紀末二十世紀初，留日的台籍菁英，生活是很世界主義的，物品或家具都是日本或歐洲的東西。這老房子遇上骨董，好像我阿達的吉他遇上大提琴，非常合拍。

在這裡聽辣董聊黨外運動特別有感受，革命的號角從日據時代穿越黨外時期，直抵現代，她說：「當時有所謂的南工北學，南部搞工運，北部搞學運，中部搞農運，所以有農盟系統，農權系統，農權以雲林縣為主，北部搞學運有台大為主，中部的學運有東海大學的學風，蔣介石覺得東海很麻煩，所以才派了情治系統的梅可望去當校長，鎮壓學潮，所以中部的學校包括中興大學都無路用，反而東海比較有學風。」

「那時候是魏廷朝的弟弟魏廷昱，我念大學的時候，他們都已經是黨外分子，會刻意在學校尋找青年的力量，所以很多學生也投入的黨外的助選，當時小魏是《自由時代》的編輯，他介紹我到《自由時代》。」

「那知影這個（指辣董）欲選舉，出世就應該給伊捏死！」辣董的父親，一個庄腳的養豬戶，聽到她要選舉，無奈講了這句話。

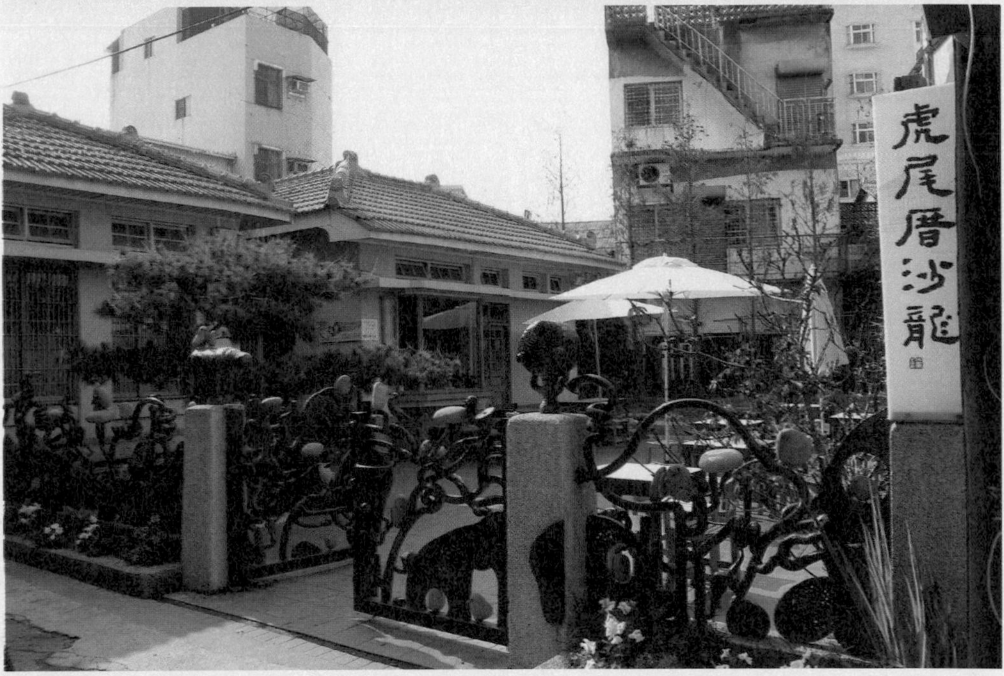

辣董與大家分享虎尾厝的故事。

當選後，她創立了雲林第一家人文茶館「歸去來茶坊」，一樣是老建築再利用。現在很流行「老屋欣力」，三十年前辣董已經在做了。

前衛的雲林

辣董創立了「雲林女青商會」、「雲林女權會」。一九九四年舉辦的女性自覺團體，因為是小團體動力，互相交流很深。她分享：「我心裡唯一的惶恐，是我知道老公不希望我從政，但我一直在從政；我知道我的父親一直在擔憂，我在乎他的擔憂。這變成我靈魂最深處的恐懼。」不過，婦女培力的夥伴告訴她：「王麗萍，你別傻了，你要是回歸家庭，才是你家庭的災難！」因為這一句話，她打通思想上任督二脈。

她在雲林開設，全台灣第一個以女性主義為導向的閩南語電台：姊妹電台。裡面空間營造，感覺得出來彷彿一個充實又有光芒的女人，很自我的空間，有一個開放式小書房，簾子由世界各地的保險套組成，書籍全部都在談性別。我第一次看的時候想說：這裡不是雲林嗎？太前衛了吧！

雖然辣董前衛又霸氣，不過聊起她老公，她會流露出難得的幸福樣態，非常可愛！

就是生活而已

後來我自告奮勇，跑進裡面開了一個節目，叫「搖滾台灣」，時段在星期六中午十二點到一點。主要談台灣的搖滾樂與社會的關係，每預錄兩到三集，一路聊台灣八〇年代的創作音樂，像是楊祖珺、胡德夫、黑名單工作室、陳明章等等，還有一集自己介紹農村武裝青年結合社會的議題，像國光石化、反水庫等等，闡述搖滾樂批判、抵抗、不妥協的精神。

我趁機把家裡的卡帶，全都換成CD，上網買了很多二手的唱片做節目，從沒想過有人會聽我的節目，不

過真的有人打電話進電台，問某次介紹的CD要去哪邊買，讓我滿感動的。在電台工作，主要想練練自己的台語口才，而且控制mixer，推前推後，有DJ的感覺，很帥！還能順便推廣運動的理念。

有時候在電台遇到辣董，她會留我下來吃飯，同桌朋友很多是前國代、立委或早期黨外運動的人，我無論年齡或社運的經歷，都像小屁孩一樣。辣董很支持我在做的事情，也很了解我的努力。只要有朋友，就盡量把我介紹給對方，說我用音樂改變社會等等，一直很照顧我。

對於「生活是一場最重要的社會運動」，她說：「生活本身就是生活，你可能覺得生活中有很多制約、不得已的事，那是你被需求限制住了。我今天這個空間花我很多錢，骨董也花很多錢，但如果給我一個很破落的空間，全部從外面撿廢材，自己油漆自己用，我也可以把那個空間弄得很好，什麼條件玩什麼鳥，只是呈現的風貌不一樣而已。物質的基礎，不是充分且必要的條件，僅僅是生活而已。你用自己的美學、品味，讓你自己舒適。」

辣董一直用私人經費做社會企業，多角化經營、多元化發展，總是圍繞著雲林跑，她信任員工，交給他們去執行。自己過著簡單的生活，在電台種滿植物的後陽台，澆澆花，拔拔草，再泡壺茶，跟老朋友聊天。

辣董說：「你們年輕人有時候想很多主義，沒那麼多主義，到最後就是在生活，有自己中心思想，然後貫穿在你所有的吃喝拉撒睡！」

姊妹電台入口處。

小鎮一處，

姊妹電台的台徽是一個鮮豔的辣椒紅唇，由創立「新臺風」的藝術家張文設計，表達女性美麗、自主和嗆辣感。

十年前有一次，主持人維維在節目中，談女同志情慾，模仿了各國的叫春方式——俄羅斯的含蓄、歐美的奔放、日本的撕裂快感、以及台灣本土的叫法，叫了兩分鐘，被新聞局開罰，辣董不但拒繳罰金，還說以後要繼續「叫」。現在來看都很前衛了，更何況是當時的雲林。

姊妹電台總共有一百五十坪，空間很大，不像電台，比較像藝廊，擺放了辣董收藏的藝術品與古董。在這裡工作，不用打卡，還被一堆藝術品圍繞，如果每個老闆都像辣董，台灣的文化競爭力一定超強啊！

虎尾厝沙龍一隅。

到這裡走走

虎尾厝沙龍

・雲林縣虎尾鎮民權路51巷3號

・電話：05-6313826

・週一公休／週二到週日 11:00-22:00

・看興亞式老房子、歐洲古董傢俱燈飾、看好展覽、看好書。

雲林布袋戲館

・辣董另一個用心經營的文創空間。

・週一公休／週二到週日 10:00-18:00

・展示區域：布袋戲常態展示區、布袋戲特展區、布袋戲定目劇表演、DIY、導覽服務、拘留所、文創賣店、戲棚。

洪雅書房 Hoa

第四站／

嘉義長榮街 116 號

這一切的起點，來自外人眼中的瘋子：余國信。

阿展還在念研究所的時候知道洪雅書房，說值得過去看看。我看到照片的感覺是：「奈ㄟ這俗！」二〇〇八年，那時國信接案子，弄了一個「古墟市集」，攤位多是有機食材跟手工藝品，但一點也不年輕，我一看到的直覺是：這會賺錢才有鬼！

第一次去洪雅書房跟國信見面沒多久，他就把整間店丟給我、阿展跟小魏，自己跑去收攤位，一走大概有三小時。不過我們三人在書店裡消磨的時光，就寫了〈重返鄉土〉這首歌。

在嘉義市政府跟警察局眼中，余國信是最頭痛的人物。只要有高官要來，有反抗活動，他一定被跟蹤，因為大家都怕他出來亂！

從這間菜市場裡的小書店開始，嘉義轉動了反抗的力量。

洪雅書房

國信其實是雲林人，國中畢業後到嘉義念高工。當時他常去張宏榮醫師與友人所成立的「台灣圖書室」看書，那裡收藏了許多台灣文化、歷史、政治與藝術等相關書籍，深受影響，所以有了開書店的念頭。

考上了台南的崑山工專，一樣讀汽車修理科。不過他常跑去成大聽課，還參加山地服務社，認識很多做原住民研究的朋友。後來借了二十幾萬到嘉義開書店，一開始就設定成「專業書店」，竟然只因覺得這樣很帥！

把書種的特色設定在原住民和生態環境，順便加入深度旅遊，像是賞鳥、植物和青蛙等等。借了二十幾箱原住民的書擺在店裡，客人看到喜歡，書店再代購。有一個作家，出了很多賞鳥的書，但常在環評大會主張開發，余國信一氣之下把他的書全部退掉，「毋願賣了！」

國信沒有在管別人想看什麼書，都用練肖

洪雅書房賣很多生態方面、文化研究的書。

話的方式，拐騙大家來買書。這書店風格就是國信的性格。

他跟客人搏感情，久而久之聚集很多年輕人。通過書店這個媒介，可以做很多跟書店無關的事。「這間冊店厲害的所在就是，每一擺攏會駛出一台遊覽車去參加抗爭。」國信說。

人情與黑道

「在南部做社運跟台北最大的不同，是人情味跟黑道的拿捏。」國信說。一開始做書店很有理念，可是別人看衰你，店小人少，說話再有理也沒人理會，三不五時把車停在門口，還嗆說：「我看你店裡也沒人，借我停一下不會怎樣！」阻擋也沒用。

先得慢慢培養自己跟社區的關係，再來是跟地方人士的距離拿捏。洪雅書房很早就被定位成年輕人聚集的地方。所以每當選舉的時候就會有很多人來找國信，想要吸收青年勢力。

在鄉下，社運不看理念，選舉也不重政

1　1）余國信一行人探望革命先行者賴和之墓。
2　2）洪雅書房一隅。

見，而是看「關係」，常有來往，自然會互挺，這是人情味。

黑道開槍

大多數的人，都覺得余國信這人很怪！

明明四處參加運動，像二二八紀念日，千里苦行，反核運動，或現身各個抗議場合，應該很民進黨，可是有時候做的事情卻又反民進黨。像「搶救嘉義郡役所」反市政大樓的案子，執政是民進黨，他也反對。當時國信罵得很大聲，有記者慫恿他去電台講，也真的去了，講到情緒激昂，很多聽眾call in，越來越多煽動的字眼。

沒多久，惹來黑道對書店開槍，國信才明白自己已經闖了大禍！

經過這件事情，大家反而更把他看做傻子，喜歡跟工程、黑道對抗，不分藍綠，建立很好的口碑。他開了「玉山旅社」，大家便認為他背後一定有黑道或政治勢力撐腰，否則隨便的人那敢去開旅社？一間書店沒人逛，怎麼都不會倒？

二〇〇九年，租下玉山旅社，自力救濟「傻子股」成功後，「洪雅書房」也從菜市場遷址長榮街，運氣慢慢變好，書店空間大了，放了更多書。

用心的瘋子

國信瘋狂的事情很多，網路上隨便查都可以看到，我來說一個比較少人

反核

面做社會運動，可是我拿垃圾袋出去的時候，發現垃圾車根本沒有分類系統，所以全部丟在一起。」

槓上農會這支最有力的桿

「我們在生活裡面實踐人性，可是我們不能否認：我們的人性有時候不見得這麼光明。我們希望人性的光明面可以被開展出來，而生活中的負面，可以透過生活實踐有一些改變，改變要怎麼來，就是要有運動視野。」溫仲良說。

在農村做社運有很多方式，開民宿、書店或咖啡店，進入NGO等等，其中借農會的力做社造，是困難卻又有四兩撥千金的助力。溫仲良借農會這支最有力的槓桿，推廣他的想做的事情。困難點是：怎麼跟農會建立信任關係？

從幫推廣股提小型產銷計劃開始建立對話，過程中不拿一毛錢，他解釋：「不能讓他們覺得你是靠計劃賺錢，因為這樣你跟他的關係是銀貨兩訖，當時我心裡很清楚：我要賺他們的人情，不是要賺錢。」長此以往，越清楚他們的需求，當計劃成功率很高，他們會覺得你這個人可以用！通過小型企劃的提報，第一，先跟他們建立人情關係；第二，通過這個過程，跟農會領導人，和相關人員建立對話平台；第三，對農會進行田野調查，蒐集資料。

但寫寫企劃書人人都可以，中間還必須有一些特殊的私人情誼，必須懂得「私相授受」的道理，例如今天政府有一個德政，每個農民發五千塊年金，不一定所有人會感謝政府，因為這是應該的，但若「美濃農民特別辛苦，全部加碼兩千」，這時候地方會記得這個官員，這就是「私相授受」。

在農村，私人情感的交換會構成凝聚力的變動，一旦彼此相互信任，政策推廣就容易多了，對方不一定全盤明白，可是他覺得「既然你要去做，那你就去做吧」！溫仲良說：「你要清楚一些事情，這些關係是為

1 | 2
3

1）美濃土地上種出的黑豆。

2）二〇一四年推出十甲的黃豆復耕，希望雜糧不要總是依靠進口。黃豆用契作的方式，對準稻米去作調控。可是黃豆壓力就很大，成本是是外面進口的四倍，管銷成本放進去起碼會是五、六倍，溫仲良現在正面對這件事情。

3）橙蜜番茄是裡做的一種。給敢衝敢拚的年輕人，鼓勵他去種資金投入與風險門檻相對比較高的橙蜜番茄，去拚貨幣收入。番茄的收入是白玉蘿蔔的十倍。

了你方便去開展一些什麼事情或目標，讓你在派系之間的界線模糊。」

不過，以派系的眼光來說，NGO也是派系的一種。溫仲良很清楚派系內部的組織結構和運作邏輯，並建立彼此情感，所以推廣地方事務能進行有效串連。

農村的時間感

我其實是很不喜歡上班的人，尤其一坐八小時，在辦公室反覆做同樣的事情，超級痛苦！一般人的上下班時間是分裂的，上班的時候，其實是將自己的自主性交給老闆，必須要有固定產出。這是很資本主義的勞動管理，把人的時間和身體工具化。

溫仲良說：「什麼叫在地性、在地化？最重要是你的身體跟生活節奏，和地方上要有對話關係。」

「在地的議題不會因為你的專業而不同，什麼都有，沒有區別。對我們來說，是訓練去應對的能力，不可能每個都能解決。包括議題的組織，某些議題應該怎樣串連人或事，讓議題朝哪個方向發展，跟社運一樣。」所謂的應對能力，包含地方邏輯的掌握，以及各種組織間的串連。溫仲良強調「地方主體」的重要，而且也喜歡挑戰別人的思考。

「找個地方好好住下來吧。」他總不厭其煩地告訴我。

跟溫仲良談太陽花運動，他的看法很有趣，他說：「離開激昂場合的當下社運才會開始。回歸到自己人性，重新看待自己的角色跟生活。我覺得社運的人多少都帶點主導權威，那個權威性格跟理想性一樣，有時候是一體兩面的。」

「面對社運議題衝撞的當下，是一些立即性的衝突處理，可是真正的問題是：當時間線被拉長，如何面對自己內部的改造？異形存在我們身體裡面，還沒跑出來，每個人身體裡面都存在一隻。可能是一種意識形態或文化，當你沒有意識到的時候，他就存在你的身體裡。」

我自己很清楚知道，溫仲良所說的「農村的主體性」；身為一個歌手，我想要的音樂不是英國，不是美國的，而是實實在在扎根這塊土地上。

「這是我們從社運回到生活的當下，最大的課題。如何意識到，閱讀到這些東西，去實踐，那才會決定一場社運的價值和意義。」溫仲良說。

我靠自己的感官知覺，去尋找我要的音樂，那其實有點土法煉鋼，但總會有自己的風格。像〈望水〉的節奏，是我從陣頭的鼓聲中，轉化成吉他刷法。這方面的實驗，沈懷一、陳明章都是我的前輩，雖然用吉他，不過已經脫離西方音樂了。

到這裡走走

美濃菸葉輔導站

- 高雄縣美濃鎮中山路一段25號
- 見證美濃產業轉型的起點。

攜帶音樂

交工樂隊〈風神一二五〉

黃瑋傑〈金字面山〉、〈泥水黏腳〉

無聊來有齋治療

第六站／

禮蚵村光明路 72 巷 4 號

我從高中開始參加音樂祭，但很少有如此受到震撼的經驗，因為蚵寮小搖滾，我完全愛上這個迷人的漁村。

策劃人之一的曾芷玲（Kirin）說：「我覺得，小搖滾讓我自己看到很多，不一樣的可能性，我其實除了上班之外，還能做到，很多不同的可能性。所以才會有勇氣的離職。」

她家在漁村蜿蜒的小巷裡，吹著海風的三合院，幾個自己朋友聚集，做些喜歡的事情，一起辦出讓我這個參與者，都與有榮焉的音樂祭。

他們展現在地人群策群力，利用本地資源把其中蘊含的潛能極大化，創造出多強大的力量！

創造台灣漁村的音樂祭

全世界音樂祭，最有名應該是一九六九年美國的「胡士托音樂節」。台灣的音樂祭，大概是近二十年的產物。「春天吶喊」參考典型的西方模式，是老外主辦的。感覺會去的都是「自己人」，像rocker、玩極限運動等青年次文化族群。像我一開始去「春吶」覺得很爽，可以感覺到西方個人主義的方式，色彩鮮明，很青春，在自己的世界中，盡情享受。

但這十年來，音樂祭比較像是賺錢的手法，這點跟歐美音樂祭的發展趨勢一樣，「日本富士音樂祭」、「中國迷笛音樂節」都是，因為人愈來愈多，來自全世界各地，動輒數十萬，所以有能力去請很多大團來演唱。

後來的「野台開唱」也是這樣，剛開始我們去參加是不用錢的，只有一個小小的台子，是名符其實的「野台」。以前的「貢寮海洋音樂祭」也很好玩，是角頭音樂辦的，很多原住民及其他角頭的音樂人參加，評比實力的音樂競爭。儘管場面再大，但還是強調「獨立音樂」，強調土地的重要性，旁邊還有像綠盟等相關NGO組織的攤位。包給別人辦之後整個很商業化，連張反核電宣傳也不能發。徹底生意化，充滿各種贊助商。商業化模式經營，有點走到太誇張，失去音樂本質的精神，搖滾的初衷不只是一些很炫的音效，讓大家表演很爽而已。搖滾樂還是有些不同於一些流行樂的東西，不能這樣消失。

我們當初不喜歡主流音樂，就是因為不想走入明星型態的消費。獨立音樂對我來說，每個人都是平等的，雖然我也有喜歡或不喜歡的音樂人，可是在裡面去創造另外一個明星，那跟主流音樂有什麼差別啊？

這幾年，我也去了不少國家。中國的音樂節，我去過「摩登天空」，其實之前已經有人勸我不要去，會很失望。但因為剛好來北京，就去了一趟。整整兩天五個舞台，對我來講，只有不到五個團能看。

可能因為我喜歡在地、民族色彩很濃的音樂家。聽到很多小清新民謠，我一度以為是台北團在上面表

1 1）農村武裝青年作為台灣NGO代表團成員，參與里約聯合國永續發展大會。

2 2）希望來聽蚵寮小搖滾的人，能更了解這個漁村，所以特別在音樂祭期間，搭建了蚵寮文物館。

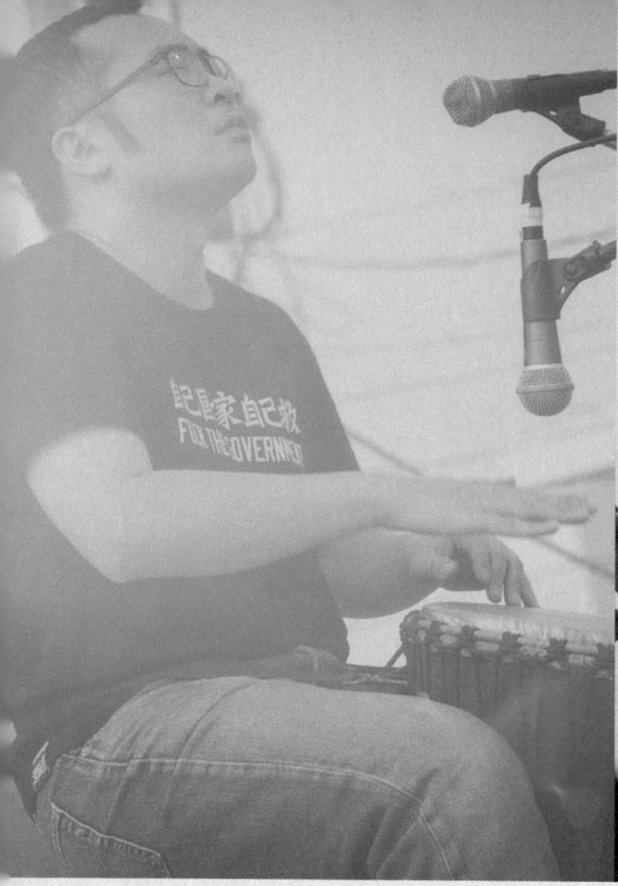

演，特別是十幾歲或二十幾歲的團，閉上眼睛根本就是台北團。當下我就覺得：連搖滾樂都全球化了！我不用再出國看搖滾樂，在台灣看就可以了。

不過，我去雲南的劍川縣沙溪古鎮，那裡白族的傳統音樂龍頭三弦琴非常獨特，還保留傳統特色。他們的男女對唱跟藍調很類似——借相同的旋律搭配生活的即興對話，變化出不同的樣貌，很精彩。但諷刺的是，整個小鎮的文化保存，是透過瑞士的學術單位輔導重建的。中國自己輔導建構的古城像是麗江古鎮，都變成商業消費的地方，根本沒有人在生活，只有店家在做生意而已。

之前去巴西，他們在地色彩超強，不跟美國文化走，反過來美國學他們的雷鬼。印度也是，比巴西更不全球化。他是個古國，對自己的文化、生活方式很有自信了！不管城市到鄉村，都穿著傳統服飾，看寶萊塢電影就知道，他們歌唱方式鮮明，有自己轉音的方式，就算

到美國，還是在紐約街頭唱印度歌曲。

反觀台灣，兩千年之後，音樂節變很多。搖滾樂也好，音樂祭也好，既然都是西方的產物，我們就不應該百分之百去拷貝。理念或初衷可能共通，但形式應該有所不同。應該從台灣的環境自行創造，或土法煉鋼出來。

到蚵寮的時候，我看到整個社區動員，撇開獨立樂團來表演，那就很像社區自己辦的活動，或許會請羅時豐來一起玩之類的。社區活動作為基礎，結合獨立音樂的精神，在地色彩鮮明，非常成功。

那次去表演，一直有人跟我點歌，還點濁水溪公社的歌，那根本不是我的歌啊！不過那種相處，就是直截了當，就是爽！

小搖滾之前

回想我跟蚵寮結緣，是二〇一二年在「台青蕉」的活動上，Kirin第一次聽到農村武裝青年。後來她帶蔡大哥（小搖滾主辦人）到

小搖滾主辦人蔡登財大哥和妻子嚴憶慈。

大港開唱，聽到我的〈阮不願再種田〉，大哥說：「這好！這一定ㄟ飲ㄟ，要找來！」

我們在臉書上開始有互動，聽說我要環島，建議我在蚵寮停留。我跟俐君真的過去拜訪了。那天天氣一直下雨。本來只想打個招呼，就趕到台南。可是她找來了一群人出來吃飯喝酒，我第一次見識到蚵寮人的熱情跟海量，從下午四點開始，酒興高至，喝到半夜。我留在「有寮三合院」，隔天中午才走。

Kirin告訴我「小搖滾」，提議先來「海灣卡拉ok」辦場演唱，讓鄉親先認識我。那次超瘋狂！我唱三首歌，蔡大哥就上來脫口秀，我喝完再唱，蔡大哥再上來，一來一往大概五小時。俐君不在，去環遊世界，他們還幫我做了俐君的人形立牌，我超感動的！

真的來過這個地方，跟這些人相處之後，你就會懂小搖滾的可愛。

農村武裝青年在蚵寮小搖滾獻唱。

第一次搞「音樂祭」就上手

這些人不是音樂圈、公關公司，也不是政府部門或NGO組織，完全是當地人：蔡大哥是營建公司五金工廠老闆、順哥是魚網製造工廠老闆、林老師是退休教師，Kirin在辦小搖滾前，只去過一次春吶！一群人在「聖母娘娘」慶生的平安宴上，圍坐喝酒，你一言我一語，酒酣耳熱之際，催生了第一次的小搖滾。由Kirin找幾個樂團表演，不找公家機關贊助，政治人物要講話也不行，也不宣傳，預算十萬。

蔡大哥跟夥伴說：「咱們來做一件有意義的大事，辦一場有人情味的搧海風音樂會，不要公務部門的經費贊助，經費由我負責籌募，讓在外地打拚的遊子回家感受家鄉的在地文化。不要去墾丁、貢寮，我們來辦一場有地方特色的民間免費搖滾音樂晚會，沒有營利攤位，現場只有兩個義賣慈善團體，小太陽文教基金會跟衡山愛心基金會所搭設的帳棚。音樂會的目的就是讓人知道蚵仔寮的美，讓遠遊子知道家鄉如此有人情味。」

從一個十萬元的社區活動到後來越辦越大，一切超出預期。有人要幫他們拍紀錄片，喝個酒就跟導演變成好朋友。金曲台語歌王「黑哥」謝銘祐，從台南騎車過去，馬上幫他們寫一首〈蚵仔寮痟搖滾〉，還出一張EP。

借軍艦才能贏他們

Kirin說：「如果要把小搖滾的模式套到每一個地方，其實不一定適用。我自己的感覺是，你先回去那個地方好好的生活，好好了解那邊的人，那邊的土地，你就會知道這邊適合什麼樣的東西。」

他們平常聚在Kirin、海灣或順哥家，聊生活瑣事或小搖滾的事情。從來也不刻意定開會時間。如果要來幫忙，或演唱歌手，先帶來一起喝酒。第二次小搖滾，最大特色是舞台背後的漁船。那艘船本來被撞壞了，正待轉手，他們幾個朋友看了看，覺得很適合當小搖滾文化館的入口意象。

「不如直接搬上舞台，當背景吧！」有人說。

大家開始連絡漁會，找出船主，因為要賣船原本不想出借，是漁會的人再三保證，如果有任何問題，將負全責，他才同意。那艘船大概有四十噸重，得找低底盤最大噸位的貨車才有辦法吊起。搬船那天，勞師動眾，很多人都出來幫忙或圍觀。活動前三天，漁船正式就位。

黑哥看了大受刺激，回台南安平，辦南吼音樂祭，說一定要借軍艦，不然超越不了他們！

用溫暖人情當小搖滾的靠山

如果是一般青年或組織，辦活動，免不了花時間在地方政府機關的公文往返。但像小搖滾場地的安全措

右側為小搖滾的主辦人Kirin。

施，或與海巡單位的溝通，蔡大哥打一通電話就解決了，這是當地人的好處。

用自己的人脈，當小搖滾的靠山。

Kirin說：「有一次，我在順哥家，看蔡大哥怎麼找贊助，他拿了一張日曆紙，寫了一長串名字，然後出去外面打電話：『我欲辦小搖滾，啊你贊助一萬塊，我從貸款直接扣起來啊。』他不是疑問句問對方，已經是肯定句了！回來註記一下，剛剛打了幾通電話，把腦袋中確定加上電話連絡，然後開始數：一萬兩萬三萬……五十幾萬，應該差不多了！」小搖滾的點點滴滴，都是建立台灣濃厚的人情上，完全不對外募款。蔡大哥說：「辦完小搖滾都快沒朋友了，人情欠太多了。」

小搖滾很大程度上保持社區活動的性質，第一天有「蚵寮國小舞獅團」，第二天有「蚵寮國中三太子」和「蚵寮國小合唱團」，因為蔡大哥的初衷，就是希望這些孩子的成果，能讓更多人看見，讓他們在自信中長大。

蔡大哥是家長會會長，所以活動當天，號召兩百多個當地居民來當志工，他們是蚵寮國中國小的志工爸爸媽媽，以及社區巡守隊，所有人攜家帶眷，一起來當工作人員，招待外來的客人。我一進市區，看到志工媽媽在指揮交通，感動到快流眼淚，我走遍台灣演唱，第一次看到這種情況！參加的人，不只年輕人，所有年齡層都有，我超驚訝，原來音樂祭可以這麼有人情味！

只要自在，我們就開心了

有人用「返鄉青年」形容Kirin，她不喜歡這個說法，認為自己從未遠離家鄉。去台北也不過短短七個月，她不喜歡返鄉青年的某種看破城市生活，或自願流放的「高尚感」，她是純粹想回來生活，沒有覺得自己了不起，蚵寮的生活才是她想要的。

第一次小搖滾的時候，Kirin還待在設計業，因為工作重複率很高，所以她常趁工作閒暇，上臉書連絡小搖滾的事。工作壓力並不大，但是無趣。第二次的小搖滾時，她依然過著跟很廢的生活，每天花很多時間閒晃和上臉書，可是做著一樣的事情，卻創造出了小搖滾。我真的覺得，我認識的這些朋友，大家追求的就一句話：「自由自在！」沒有什麼比這個更珍貴的，只要自在，我們就開心了。

因為想看賈柯樟的新電影《天註定》，Kirin寫電子郵件去台北拿版權，只付少許版權費，光碟就寄來了。在有寮三合院撥放，電腦是她的，投影機跟音響跟大哥拿。一個討論勞工或城鄉議題的電影，不能只在台北，給學院或文青看，應該給蚵寮大哥大姐或志工團的爸爸媽媽看，還應該放給聖母娘娘看。

想看電影，想聽獨立樂團，Kirin直接把他們找來蚵寮。

「小搖滾其實就是從生活裡面長出來的東西。大家一起在這個地方生活，才把小搖滾做好。」Kirin說。

走在雨後的海邊，太陽的熱度推開濃厚的雲，從沙灘走到幾無人跡的消波塊，光在岸邊與石間搖盪。黃昏時，天空橘色雲朵大片地落在風浪推疊的海面。

我感覺小搖滾就是兼容並蓄，有各年齡層的觀眾，表演也有合唱團、舞龍舞獅、三太子、民謠、搖滾和後搖等等，大哥們不會自我設限，全部放心交給Kirin準備。像「阿飛西雅」是純音樂的後搖團，他們演出的時候，鄉親都在引頸期盼他們唱歌，想說：「到底什麼時候開口啊？」或是討論「他們是不是唱歌很難聽？」雖然等不到唱歌，可是也很喜歡。

這種包容算不算文化？這些社區動員算不算文化？一群人想要把海邊的黃昏分享給全台灣，算不算文化？這從形式就改變了商業模式的音樂祭，紮紮實實從生活裡長出來。每個故事都很簡單，但是大聲告訴所有人：我有屬於我的樣子，蚵寮就是蚵寮，我覺得這種平凡的驕傲超級偉大！

小鎮一處。

小搖滾夥伴之一的林賢郎老師說：「有人覺得：漁村就是這樣子，為什麼你們要改變他？實際上，一個人可能改變不了，但人多的時候，就可能將現狀改變過來。比如說台灣往年都辦烏魚節，可是我們一直很反對烏魚節，各縣市鄉村都會辦什麼節什麼節，像彌陀虱目魚文化節、永安石斑節，那對他們地方有沒有幫助？我敢說絕對沒有幫助，為什麼？因為大家都只來吃一餐，拍拍屁股就走了，所以根本沒有讓遊客有機會認識當地。那我們辦這個活動，第一：提升我們這裡的知名度；第二：很多人知道有漁港之後，也可以吃海鮮，對地方產業、一般店家都有幫助。一般人不會想到這麼多事，可是有幾個人可以從基層開始突破。」

小搖滾不只對地方影響，也有很多家庭故事，Kirin送我她辦的《大潮報》，我看見因為夥伴之一的順哥兒子寫的話，非常感動：「看著我敬愛的爸爸，感覺跟以前已經有了些許的不同，雖然變得比以前忙碌，但因為小搖滾的緣故，現在他的心靈充實了許多；以前的他只知道如何賺錢，雖然是為了家庭而打拚，但是卻因為如此而讓身體一天一天的犧牲，雖然我們都知道，但是苦於無法分身來幫助他，原因無他，就是因為讀書，也因為不讓爸爸他白費苦心；而現在，他不再只是為了家庭而打拚，還可以為了小搖滾而努力。」

到這裡走走

有寮三合院 兆盛生活工作室

- 高雄縣梓官鄉禮蚵村光明路72巷4號
- 去看海邊的夕陽。

攜帶音樂

蔡登財等〈蚵仔寮痟搖滾〉
謝銘祐〈蚵仔寮痟搖滾〉
蔡登財〈海灣〉
Kirin〈有寮〉

三聯書店

第七站／

高捷文化中心站 1 號出口前

我非常喜歡去高雄演唱，這裡的人熱情、直率，而且我可以全程講台語！有時候，我問大家：「認不認識農村武裝青年？」反應最熱烈的地方，就是高雄，十個有八個都看過我們的演出！跟這裡的朋友也培養了很深厚的感情，像是三餘書店的謝天地大哥與童維辰大哥。

我以前對有錢人有很多偏見，總覺得他們財大氣粗，常欺負窮人或老農。特別像是營造業、建設公司，我都很賭爛。謝大哥、童大哥卻剛好分別是建設公司老闆和鋼鐵公司老闆。

他們完全打破我的刻板印象！

「做事人」ㄟ精神

走出高捷文化中心站的一號出口，再前行幾十公尺，會看到木質的櫥窗、紅色的門，透明窗上幾句現代詩——這裏是三餘書店。

謝大哥第一次去嘉義洪雅書房的時候，非常喜歡在地書店的概念。余國信問怎麼不自己開一間？返程的火車上，謝大哥開始想這個問題，後來找了「打狗文史再興會社」的謝一麟、設計師小子、童大哥，和目前店長鍾尚宏、尚樺兄弟，一起構想了三餘書店。開幕前，家具都還沒裝潢，我就來表演了，當天管中祥老師也帶新書《公民不冷血》來演講，全場提供啤酒，人很多，擠到騎樓和人行道，大家邊喝酒邊聊天。地下一樓是展覽室，一樓書店，二樓咖啡廳，三樓是講演空間，功能一應俱全。不過謝大哥說，空間不屬於三餘，而是屬於每位參與者。

謝大哥有一套自己的價值觀，來自農家子弟，敬天畏地的觀念。小時候，家裡有片菱角田，收成的時節，他會去剝菱角和蓮子，幫自己賺點外快。他跟阿公感情很好，每日早起，阿公總已經開始運動。吃完早餐，看見阿公騎上腳踏車往田裡駛去。

「做事人（耕作者）對田地是足有感情的！」謝大哥說。家裡幾片土地，都是靠阿公孜孜矻矻撐起來的。國中的時候家裡被徵收了一塊土地，賣了不少錢，阿公向爸媽交代：「麥擱買農地了。」因為種田太辛苦了！

考大學和金門當兵前，阿公帶他去拜拜，諄諄囑咐做人處事的原則。阿公很喜歡講古，謝大哥也喜歡聽阿公講古，一路講到了他退伍，爸媽工廠忙碌，都是他與阿公相伴。阿公晚年常常皮膚乾癢，抓到破皮，謝大哥就每天細心幫阿公洗澡。

1 1）我在《公民不冷血》的新書發表會演唱。

2 2）左為謝大哥，右邊是我。

Walkman先生的創業故事

謝大哥年輕的時候很喜歡聽音樂，朋友都叫他Walkman先生，可以說隨時都戴著耳機，重金屬、搖滾樂都聽，像巴布狄倫（Bob Dylan）或瓊拜雅（Joan Baez）。茱蒂柯琳斯（Judy Collins）和老鷹合唱團（The Eagles）來台灣的時候，他也有去朝聖。因為聽陳明章的歌曲，他開始反省土地與人的關係，也參與打狗文史再興會社的古蹟保存。

剛開始創業，謝大哥沒跟家裡拿過一毛錢。當時他在朋友的公司當顧問，遇到很好的師傅。也因為有業務的底子，所以自己賣房子，很順利地賺到一筆為數不少的佣金。後來出來開公司，不料承包的營造廠倒閉，又因創業初期還沒獲得業內的信任，不好叫人沒有幫手，自己進工地幫忙，什麼事都做，包括鏟土、推工地車等等。還需照顧年邁的阿公與癌症第二次復發的母親，也得協助家裡的家具店。這大概是謝大哥最辛苦的時候了。

秉持著這種吃苦耐操的精神，剛開民宿六合客棧，客源不穩定的時候，也不請員工。若有人來，謝大哥親自整理房間，同時還管理十來個公司。爸媽常擔心謝大哥的身體，他也一直不敢告訴家裡又開了民宿，後來請姊姊幫忙管理，所以才向家中稟告。

農村青年的武裝上陣

我自己的老爸給人很重的權威感，若聽到他騎摩托車回家的聲音，我原

公民
不冷血

本坐著都會反射動作跳起來。他過世七年了，我常想起他。我爸命不好，阿嬤早亡，很小就不停搬家，寄人籬下。高二時，我爺爺也走了，阿伯不讓他繼續念書。當時他有體育專長，是台灣拳擊冠軍，而且很有音樂細胞會吹口琴。突然面對家變，提早體會人情冷暖和現實壓力，專長和特殊經歷卻一點都幫不上忙，常常沒有安全感。我國中被選進田徑隊，高中學吉他，他都不同意。一切我像他的東西，他都不允許我去做。

爸爸晚年罹癌，感覺快走了，我開始每星期回家，載他去化療。那時我剛開東海和平咖啡，農村武裝青年也剛起步，他的癌細胞卻已經進入了大腦，我甚至不知道，他知不知道自己的兒子在做些什麼。

我跟媽媽聊過，如果爸爸還在一定會反對我組樂團、開咖啡廳。可是想起這些過去，不知道為什麼，會讓我很有力量，想守護媽媽，和這片土地。

我的創業也很不容易，二〇〇七年咖啡店剛開第一年，生意很不好，我幾乎掏光所有積蓄，常常靠泡麵來度三餐，每次回家媽媽會問我有沒有錢，我只能支支唔唔的說還有一點，但是媽媽總是在我要準備去台中的時候塞了幾千元給我。這段日子實在不好過，以前上班只要把自己的本分做好，每個月的存款就會自己入帳幾萬元，公司倒了頂多在去別家找。自己當了老闆一切責任得扛在自己身上，不想做的事情也得硬著頭皮做。

但理想總是被現實壓得喘不過氣，雖然覺得自己不適合在外面工作，但理想真的沒這麼容易，只要窮了，就會想說：「去試試好了！」也有打過零工，折紙箱。後來到國小當總務主任，是正式的職務，讓我有很穩定的收入。白天工作，晚上顧店，身體累到無法負荷。幾個月後，校長在電視上發現我有咖啡店，叫我從中選擇。

「就是不適合上班啦！」我再次告訴自己，這已經應驗了無數次了。

我重新回到咖啡店，這時候農村武裝青年也在眾多支持的狀態下，準備錄製首張專輯。二〇〇九年初農村武裝青年首張專輯《幹政府》正式發行，東海和平咖啡館也在許多媒體報導與消費者支持下，慢慢走上軌

童大哥總義氣十足為我叫賣CD。

道。沒有東海和平咖啡就不會有農村武裝青年，如果這一切如果都沒有發生，不知道我現在到底在幹嘛？可能還是穿著西裝打領帶的業務，也可能回彰化老家，到工廠找個穩定工作結婚去了。

大肚魚叔叔

我們若到高雄表演，常去住謝大哥的民宿，有次他自己幫我們整理房間，不讓我們幫忙，超級謙虛的。每次來這裡，謝大哥總是忙進忙出，整理場地、當主持人，還幫我賣CD，其實依他的身分，在台下等著看我表演就好了，但他親力親為，從不擺架子。三餘書店的另外一位股東，是童維辰大哥。他個性直接，第一次跟他見面，覺得好像自己的大哥。他是台中大肚人，到高雄念書，交了女友之後，便落腳高雄。知道我住台中，很珍惜同鄉之情。他為人海派，人脈很廣，謝大哥許多書店的事情都找他幫忙。

三樓是表演的空間。這位小朋友因為晚來，所以阿達留到晚上11點，安可給他一個人聽。

「荒野保護協會」的人，都叫他「大肚魚叔叔」。他一直覺得土地、大自然很重要，不忍看到生態環境遭到破壞。我們也聊過一些保育的事情，完全感覺不出他是做鋼鐵生意的老闆。覺得有意義的事情，他就會去做，花錢也沒關係，更常慫恿身邊的朋友一起出錢出力。

例如兒童電影《不倒翁的奇幻旅程》的行動院線計劃。導演林福清一直覺得台灣小孩，從小就玩「洋」娃娃長大，很少接觸台灣的「尪仔」，沒有自己的「尪仔」，他畫插畫有很深的感觸。後來拍兒童電影，也談環境保育。電影開拍就知道不可能賺錢，所以徵求「行動院線」——導演帶好一切設備，到各處去播放。童大哥幫忙辦很多場，有些場次給荒野保護協會的小朋友，有些放映地像東新國中，根本與童大哥沒有關係，他一樣無償贊助。其中一場行動院線在苓雅國小，童大哥找我去開場唱半小時，再放映電影。

電影結束後，童大哥居然在後面幫我叫賣CD：「來喔！這一定愛買ㄟ！」「來喔！這CD足好聽！」也幫忙叫賣導演的《不倒翁的奇幻旅程》繪本！放下身段，義氣相挺！那場三餘書店開幕誌慶，童大哥拉了很多扶輪社的朋友以及他研究所的同學一起來，謝大哥也找了很多朋友過來。童大哥幫我「喊聲」賣CD：「來來來，五張、五張！」我回家告訴我媽講，專輯是用喊聲在賣的，好像人家在市場賣衣服餅乾一樣，那天賣了快一百張。

有一天，我接到管中祥老師的電話向我打探童大哥。原來那天聽完演講，他主動遞名片給管老師，說要捐錢給「公民行動影音記錄資料庫」。我

告訴管老師：童大哥不但值得信任，而且捐了錢後，也不會再干涉任何資金的使用！

有錢人跟你想得不一樣

謝大哥有一個建案，在高雄很不錯的地段，幾個屋主都說要賣了，唯獨一位孫先生，談了幾次都沒有成功。謝大哥知道了之後也沒有勉強，就此打住。因為孫家鄰近工地，所以設計圖畫好之後，謝大哥親自跟他們報告進度，告訴他們動工後，可能產生的影響。沒想到，才開始地質專探，本來向孫家承租的泡沫紅茶店面馬上退租了。謝大哥跟他們抱歉，並用接近的價格把一樓租下來。雙方一直保持良好的互動關係。

有一天，孫先生問了謝大哥：「你們還有沒有想買我的房子？」謝大哥這才買下了孫家。原本說好要承租店面，也一直租到交屋為止，中間另外保留了孫家安頓的時間。這些都不是一般建商會做的事情。謝大哥說自己很幸運，常常能找到想要的房子，都得感謝天公伯有保庇！又說聽我的歌，會覺得很慚愧。其實他經手的案子，都是都市用地，不需變更農田。他不做變賣良田，獲取暴利的事情，與收購的對象也維持不錯的關係。

他的慚愧和拉扯，我猜是出於責任感。

自從兩個兒子出生之後，他開始思考要給孩子怎樣的環境。只要有空，他會趕回家陪兒子吃午餐，盡量陪著他們成長，帶他們接觸大自然。謝大哥不諱言之所以經營民宿，以後有考慮涉足飯店業，他說：「對我而言，我不是想要那個錢，而是想把阿公留下來的土地，永續利用；假設我的小孩，我弟弟的小朋友，有想要繼承，可以好好利用，這是很好服務人的所在。」他也考慮，未來借鏡荒野保護協會的方式，用信託管理的方式去幫助一些不得不變賣祖產的人，取達成環境永續。

我一直在想，像謝大哥這樣做建設的，如何在他的同行中，做對社會有益的事情來？他告訴我：「不要

賣房子給投資客！」有人來買房子時，第一件事情問他：「你買這間房子要做什麼？你要住這邊，我才賣你房子。」

謝大哥跟童大哥所做，或能做的事情，是很多人的財力做不到的，可是我並不是因為這些跟他們搏感情。而是因為大家來自完全不同的成長環境，可是我們彼此尊重。

不因彼此的貧富貴賤，而是因為對人的尊重，對土地的敬意。太陽花運動之後，我又去三餘書店表演，連唱了兩個半小時，為了高雄一點也不辛苦。謝大哥當天很有感觸地交代我一定要唱〈自由的花〉……

自由的花　開在故鄉親像母親的笑容
自由的花　飛過天空綻放美麗
自由的花　黑暗中閃爍的星照落土地

小鎮一處，

三餘選書很有自己的風格，一般書店暢銷的心靈讀物、大眾小說，這裡都找不到。他們與許多獨立出版社合作，像行人、紅桌，或基本等等。也與販售許多高雄議題或本地出版的書籍。也有一些獨立工作室設計的明信片、手工書衣等。一般書店現代詩集很少，因為不好賣，這裡卻擺了一整桌，而且賣很好。客人結帳後，尚樺幫每本書包上印有三餘書店的專屬書衣，結帳速度會變慢，不過他說，跟以前在誠品工作，這裡多了很多時間，能與客人互動，也得到直接回饋，甚至有些地方文史或藝術工作者，都會想加入書店的活動或展覽。

有一次，童大哥邀我去一家很多上流人士走動的日本餐廳演唱，當天他和朋友有事晚到，正好老闆娘很喜歡我的歌，便向客人介紹我的來歷，希望大家可以享受表演，其中一桌完全視我無物，態度傲慢。沒多久，童大哥到了，我唱了幾首歌他就發現了，示意我再唱一首就好。下台後，童大哥說那桌都是當官的。一直跟我道歉。

後來轉移陣地，到他EMBA的同學會，童大哥說：「咱來去賣CD，現在時間上好，差不多攏醉啊，錢攏亂開！走，來去！」我看到一群西裝筆挺的老闆，可是醉了言語都像小朋友。半醉半醒之間，當天幫我清空了一百張專輯。

到這裡走走

三餘書店

- 高雄市中正二路214號（高捷橘線文化中心站1號出口，前行50公尺）
- 07-2253080
- 週一：13:30-22:00／週三至週日：13:30-22:00

六合客棧

- 高雄市新興區自立一路6巷8號
- 由高雄捷運美麗島站1號出口出來，步行約10分鐘。
- 電話：0980841988；時間早上9:00至晚上10:00，請於時間來電。

西子灣新棧

- 六合客棧另一個分店。
- 高雄市鼓山區鼓波街10-1號
- 離渡船頭步行30步，離西子灣捷運站步行7分鐘，離中山大學步行7分鐘。
- 電話：0980841988；時間早上9:00至晚上10:00，請於時間來電。

攜帶音樂

農村武裝青年〈白海豚之歌〉（謝大哥兒子最愛的曲目）

休息站

泥土的故事

以前都是用演唱，不曾用一個演員、舞蹈的方式，讓身體去喚醒過去土地的回憶，那又會更強烈，音樂是一種吟唱、回想，但舞蹈的身體感很強，就像被打過，才知道有多痛！

「壞鞋子舞蹈劇團」的編舞家宜瑾，也經歷過一段跟我相似的經驗，她在西方的肢體中尋找不出新的創作，感受肢體跟土地連結斷裂，所以她也環島，尋找台灣的肢體，回想起自己是一個西螺人，回想起閩南人的「喟口」，那種粗俗的力道，是很身體性的。那種尋找的過程，是壞鞋子跟我們農村武裝青年的交會點。

我從來沒有跟舞蹈、劇團的合作過，那對我們整個團來講，是很大的突破跟挑戰，對俐君也好，阿展也好，我也好，身體的氛圍，是我們以前從來沒有去體會過。音樂總監雅平想要的音樂型態，跟我平常表演差異很大，絕大部分不是我的歌，我專職創作跟主唱，可是在這個劇，我同時使用月琴、吉他和非洲鼓，需要我重新找回樂手的能力，那個東西我已經退化了。雅平要我保有原本很「俗」、很「台」的特質，這重新挑戰我樂手那部分的技術。

那也是互相激盪的過程，例如最後一段「站在土地上」，是全劇最高潮的地方，激昂澎湃。一直到演出一星期前，雅平說：「你用這個拍子去作農村武裝青年好不好？你去玩你的事情，做農村武裝青年的張力，要彈什麼都

這是農村武裝青年第一次和舞團合作，是很大的挑戰，也是有趣的經驗。

1 | 2
3

1）《泥土的故事》的編舞家李宜瑾。
2）我參與《泥土的故事》排演。
3）加入壞鞋子舞蹈劇場是新鮮嘗試。

沒關係，用那個六拍，去做張力。」我說：「好！」所以最後一段東西，跟前面的音樂都很不一樣，一回到這個東西，我們就很熟了。

我跟阿展講說：「就是『後搖滾』的大爆炸！可是不能很西方，還是要有點『俗』味。」在正式表演前一天，我突然唱出另一種嘶吼的聲音，大概只有玩搖滾樂的人才會了解，那一種掙扎中撕裂的感覺。

泥土的故事表現台灣人關係那種很緊密、撕不開的部分，又愛又恨的那一面，你愛這個人，可是你又恨他，這是西方社會比較不會有的。像是奶奶或爸媽之間，以「愛」為名的掌控，讓人反抗，又讓人心酸，這是很台灣性格的。裡面有大歷史描述，也有小人物的記憶符碼，表現了多元的文化雜揉。

那也是我這一兩年的嘗試，不只是寫一個土地的意象、農村的狀況，這樣很像寫論文。而是從人生活細節的感情，從那當中蘊含的力量，才襯托為什麼我的故鄉有多麼重要，重要到你不能毀他。這是更生活瑣碎面的東西。這種情感你不襯托出來，你永遠無法讓一個沒有在土地上成長的人知道，為什麼你要守護他。

這其實也是我這本書想表達的東西，從環島的過程，去發現土地上每種生活的樣子，那才讓我們成為一個真正的人。

農村武裝青年和他們的朋友

第八站／

花蓮建國路二段 536 號

沿著花蓮市建國路開車，打開右邊車窗，享受後山的微風，記得留意一個白色方形招牌，上面寫著「日初公社」，假日晚上過來，燈火通明，裡面有一群瘋子正在搞花東議題。

他們跟俐君都是「老林家樂團」的成員，主要出沒在環境議題的社運，算是比較溫和的樂團，表演時成員機動，在花蓮有瑋傑、斐悅和小海。瑋傑是日初的老闆，他人生根本沒想過要開店，因為斐悅回家鄉到地球公民基金會工作，所以倆人一起來了後山，開了全台灣唯一結合NGO的咖啡店。小海原本落腳台東，後搬上了花蓮。

兩個半的人力，怎麼在花蓮辦出一場向全台灣發聲的活動？

一人／小海

這次來花蓮，剛好是三一八運動開始的時候，阿展第一波就衝進去，我在台東，看著卡地布的叔叔與青年，巴奈與那布，感受他們的話語、態度與謙卑的信念；沿著台十一濱海公路，看著原住民土地、文化、生活方式的逝去，我知道現在我們不做點什麼，以後就什麼也沒了。我然後上了一趟台北，為那裡靜坐的大家演唱。

三月二十二號，阿展、俐君和我，終於齊聚花蓮。一進店裡，小海幫我們切來水果，她是背包客中的行家，很懂得享受生活。先將橘子去皮，果肉剝得瓣瓣分明，香蕉切成剛好入口的大小。聽到我們喊肚子餓，又端上台南煎餅，擺放盤上，平民美食也變得優雅。

小海長年在國外旅行，高中前隨母親，走過三十幾個國家，高中自己到美國，大學去巴黎、瑞典。也曾陪母親從四川，橫跨川藏公路到西藏。回台灣後，又飛拉薩住了三個月。

小海旅行到印度西邊的黃金城市齋沙默爾（Jaisalmer）。

當時申請了許可證，自己搭公車到尼泊爾，大雪回不來，住了兩個月，身上只有一百美元，而且行李都在拉薩。隨遇而安的她又坐公車與火車到印度，換了一兩個城市。有一天睡醒，就決定回台灣。

「旅行不是獵奇，因為沒看過的事物太多了，在每個地方只是生活而已。」她說。她喜歡做文化觀察，如環保設計：印度的綠色餐具，南印用芭蕉葉，北印用娑羅樹（Sal tree）葉作成的樹葉碗，可節省水資源。

如果有人說自己去過世界各地，我一定覺得他在唬爛！不過小海的真的去過非常多地方，揹著背包，帶著吉他，在不同地方日常生活。去過所有拉薩的老房子，訪查他們的故事，只是她還不願意寫下來，因為公開會加速建築的消失。她有很多奇事，瞬間帶人從巴黎河岸，走到印度的街頭。

前幾年，她跟男友兩人，從馬來西亞、柬埔寨、泰國、越南、雲南、四川、西安、西藏、尼泊爾，最後到印度，總共旅行了十個月，一人只花十萬而已。

她說：「不用很多錢，人也可以過著很有想像力的生活。」她的民宿「野好窩」客廳的桌子，是用廢棄的大門改造；也和朋友換二手的家具，像是沙發或腰果桌。有一次，去朋友家發現不用的腳踏車，便問對方，是否能用肉桂捲或印度香料，或幾斤的檸檬交換？最後，三個自製的肉桂捲換到了腳踏車。

小海很會唱歌，遺傳自父母，人生有好幾次機會可以選擇在國外生活，可是二〇〇八年回台灣，結識了很多為社運無私打拚的朋友，讓她後來決定留在故鄉。她跟瑋傑好像都因「樂生療養院」的事件，開始思考人權與社會正義等問題。她曾為樂青寫下〈Silly Boy〉，很可愛的歌，不像抗爭歌曲。在生活裡面作運動，也不一定要沉重。

在野草莓運動，她寫下為人傳唱的〈野莓之聲〉，與張鐵志的《憤怒之聲》呼應，間接影響這場運動的命名。

零點五人／黃斐悅

接近傍晚，店裡客人越來越多，瑋傑一面掌廚，一面招呼客人。太陽西落後，表演要開始了，我們準備樂器，瑋傑和斐悅移動桌椅擺設，把咖啡店變成Live House，也當我們的音控師，忙進忙出。

當晚，我們邀請龍珠慈仁一起表演，龍珠的苦吟來自流亡藏人的身世；農武則講述台灣農村的經歷。一條電線從裡面拉到店外音響，在寧靜小鎮的夜晚放送，歡迎入座。

表演結束後，剩下一些熟客，各自圍桌閒談。公社內刷了橘黃色油漆，一側牆上掛了巨幅牙買加傳奇雷鬼與社運歌手巴布馬利（Bob Marley）的畫像，與反核、土地正義、美麗灣等運動毛巾，另一側則展示多幅攝影作品。

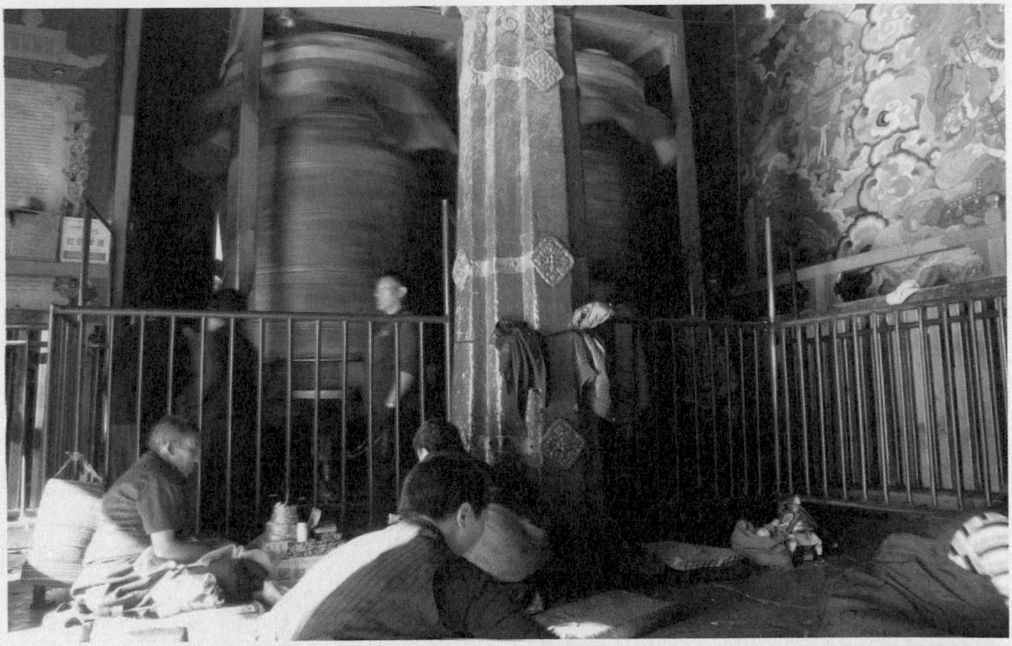

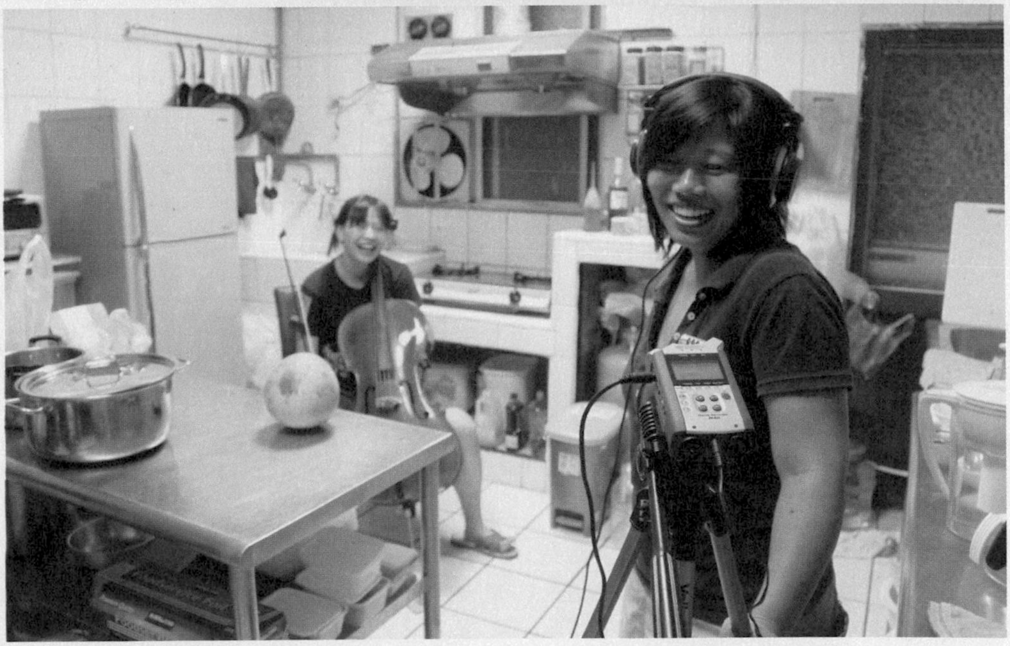

1	1）西藏廟宇一隅。
2	2）斐悅和小海嘗試在日初公社的廚房錄音。

即使到了午夜，店裡仍然熱鬧，燈光明亮，映照店外熟睡的街道，有人帶來紅酒，在醒酒器中繞啊繞，說是台北艾美寒舍的專用酒……繞啊繞，斐悅正接受採訪；瑋傑一個人坐在櫃檯，彈吉他，即興的撥弦，減慢了店裡的速度，跟外面有了時差。

斐悅念台大森林系，和俐君是台大自然保育社的好友，當時就深入社運行動。畢業後，因想更瞭解政府體制運作，到顧問公司任職了兩年半，負責「環境影響評估」工作，其中總在體制與個人間衝突，專業無法回歸專業，深刻體會除了政府、企業之外，團體監督角色的重要，所以回到地球公民基金會工作。在此同時，因花蓮的老家收到強制拆遷令，被迫與家人共同發起「守護吉野驛」行動，

斐悦的祖父曾是台鐵的貨運代辦員，自苗栗來的客家移民。圖為「吉安貨運代辦站」，為反對拆除計劃，斐悦與朋友發起「再現吉野驛」活動。並為此創作〈稻香庄的白花樹〉一曲。

可說在五年內，她碰巧轉換了社運者、政府顧問與拆遷戶三種角色，而對社運行動有了更多體悟。

她是一個沉思者，從不認為自己的工作比別人有理想性。她因蘇花高而返鄉，通過這個複雜與經典的案例，她思索著其中的問題，不只是戰役的成敗，也反思社運動本身。她說：「這裡面很多複雜的問題：比方說蘇花高一案，如果進行了嚴謹縝密、資訊對等的審議式民主討論後，在地居民還是共同決定要蘇花高。假設這是一個民主的決定，社運者該怎麼看？環境主義者，還是一樣會反蘇花高；但更重視民主的人，說不定會改支持蘇花高。而我習慣討論、思考這些，因為參與運動的初衷，就是『質疑』很多東西的表面。」

她偶爾被夥伴說在記者會上講話像政府官員。對她而言，動之以情、血腥曝露的發言難產，習慣中立客觀，據實相告，但媒體往往不想聽這些，他們需要能快速分辨立場、衝擊性強的言論。

斐悅是一個很聰明的人，腦中容納了花蓮各地開發、保育的論述，這都難不倒她，但「人」讓她感到困惑。她說：「我不覺得社會運動比較有理想性。一旦社會運動成功把人組織起來，便會產生許多人性造成的問題，這方面和政府不見得差異很大，社運領導者處理內部衝突，也不一定比較高明。另外，參與社運者，常因挫折而不自覺地產生許多偏見，不管是對政府還是對夥伴。社運者能否長久的關鍵其實是內修，到頭來，改革自己比什麼都難。社會運動很需要領袖魅力去號召大家，而它必然會產生副作用。因為人的智慧有限，而爬得越高摔得越重。」

「權力和理想都一樣。領導人和參與者是否能一起跨越各種內部、外部衝突？這個過程，才是社運最珍貴的價值。」

一人／黃瑋傑

瑋傑坐在櫃檯旁的高腳椅，刷著吉他。我們桌上的玻璃杯，又倒滿紅酒。他來自高雄美濃，大學開始客語創作，後來念南藝大紀錄所，當兵以前，在台灣各處，拍紀錄片、作配樂與音樂表演。

二〇〇六年作品得了獎，更專心寫母語歌曲。二〇〇七年因霄裡溪汙染案※，認識「老林家」的呂翊齊，他們組成青年工作隊，實地調查居民受到的公害，後來被拉進樂團。他曾在台東杉原灣飯店開發案和國光石化的背景下，寫了〈尢咕仔〉，用與孩童對話的方式談環保議題，得了「一百零一年原音大獎客語組」的首獎。也曾為霄裡溪，寫下〈命水〉。

我們都覺得實地走訪受害的地區，和通過媒體掌握訊息，差異實在太大：媒體往往只想抓到衝突的畫

2007年3月黃瑋傑在蘇貞昌官邸前，為樂生事件進行抗議。

面，而政府一貫手段是激化弱勢兩方的對立。瑋傑覺得參與社運的人，即使花了百分之百，甚至百分之兩百的力氣去衝撞國家或企業，可主事者也許只接受百分之一不到的想法，只有少數的運動有所改善，卻也造成衝撞體制的人傷痕累累，更何況是災戶。久而久之，有強烈的無力感，催促他思考：自己還能做什麼？

音樂做為一種載體，是他的介入方式，通過演出，分享歌曲背後的在地故事，抵抗媒體的片面之詞，與政府的刻意掩蓋。日初公社也是抒發這種無力感的方式——它展示資訊。人們進入這個空間，可以做自己的事情，但十個當中，也許會有一個，想要多了解一些事情，這裡成為資訊交流與沉澱的所在。讓大家在上

※霄裡溪發源於桃園龍潭，於新竹新埔匯入鳳山溪，原是水質最好的「甲類水體」，兩百年來供應當地飲用與灌溉用水。一九九九年，政府同意讓中華映管與友達光電在其上游設LCD面板廠，兩公司將毒廢水排入溪中，嚴重影響當地灌溉與飲用水，多位居民被發現罹患喉癌與皮膚疾病。問題至今尚未解決。

街抗議之餘，同時有個地方做能量的轉化。

他說：「沒有創業過，也沒有上百萬的資金可以揮霍，全部都是拿自己的命在拚！剛開始沒有請員工，只能拉朋友投資與幫忙，我的人脈都在西部，朋友只能偶爾來一兩星期，大多自己苦撐。一開始想知道客群何時比較多，所以每天早上十點到晚上十點都營業，沒有休息。客人來，要進廚房弄餐點，出來後還要備飲料，如果一次來三桌，即使朋友來幫忙，也只能端端東西。出餐最大壓力是讓客人等，因為還沒有上手，動作慢，有一次，客人還拍桌翻臉！」

「我不禁懷疑：我不是要辦很多活動嗎？為什麼我現在在做這些事情？還要看別人的臉色！但是沒辦法，因為想辦活動就要有收入作為經費。前半年的時候，我希望大部分的活動都免費。除了招呼客人、設計活動，還要自己準備各種器材。後來身心狀態都不行了，幾個股東朋友開了會，才決定請人，工作也沒有變少，要做網路、印刷的宣傳等等。現在比較有頭緒了，以前完全土法煉鋼，一直想：一年怎麼這麼久？終於今年二月滿一年了。」

在台北辦藝文活動，會有很多人參加；在花蓮，無論歌手或講者都不好請，有興趣參加的人也少，但日初公社還是堅持持續辦各種活動。從開店以來，每個星期都有活動，不曾間斷。不過，到目前為止，瑋傑還沒從日初公社拿過自己的薪水。

我跟瑋傑一樣，都開過咖啡店，很了解他的辛苦，特別是店內空無一人的時候，常常會懷疑自己到底在幹嘛？所以隔一陣子，會到花蓮巡迴，回來這裡感覺像回娘家。

二點五人／兩百人大晚會

三月十八日深夜，太陽花運動第一槍響，學生攻入立法院，全台轟動。瑋傑和小海在花蓮，也感受到地

由右到左分別為：俐君、斐悅、翊齊、瑋傑與智偉。於樂生療養院舊址演出。

方上的人都想發聲。在十九日凌晨十二點，兩人決定盡速辦一場晚會，就在隔天晚上六點。

早上九點半開始找場地，想到「藝托邦」，屬東華大學管轄，位置適合且方便租用，致電藝術學院潘小雪院長，她馬上答應，且幫他們額外向政府申請了前面道路的使用權。

斐悅後來才加入幫忙，所以只能算零點五個人力。很短的時間內租借、設置場地，現場投影立法院內部。晚上六點，活動正式展開。

一場電影、三場演唱和三場演講。當天來參加的人，超過兩百個，花蓮人少，如果用人數比，已經多於高雄美麗島站的規模。策劃的工作人員只有瑋傑、小海，與後來加入的斐悅。兩個半的人力，十八小時不到，有了一個晚會。誰說人少沒有影響力，兩個半的人也能讓花蓮對全台灣說話。

桌上的紅酒都喝完了。不過後山的守夜人還精神奕奕。在天光抵達公社以前，這裡有打不完的仗。

老林家樂團跟農村武裝青年一起澳花瀑布聯誼的概念，當時俐君與我剛交往。

小鎮一處，

九七年的春天，老林家樂團最初三個團員於在烏來的山上結識，一樣喜歡玩音樂，一樣關心環境運動。因為在反蘇花高活動中表演，發現音樂帶入實際行動中，會產生很不同的力量，所以開始用音樂表演的方式進行社會參與。其後加入了許多同樣關心環境問題的團員，共八人。

老林家與其說是樂團，更像是一群愛好環境與公共議題的年輕人社群，雖然已不再以老林家樂團名義公開演出，但成員們各自卻都發展出了不同的音樂表演形式或社會關懷方式。

他們在台灣不同角落生活著，還是常常聚在一起玩耍，聯絡感情，還是常常在社運場子遇見彼此。

到這裡走走

日初公社

- 書出版時，日初公社已經暫停營業。
- 花蓮市建國路2段536號
- 03-8568432

野好窩民宿

- http://wildgoodness.blogspot.tw
- 花蓮市進豐街66巷2弄
- 住宿費10%將捐予地球公民基金會

攜帶音樂

黃瑋傑〈稻香庄的白花樹〉、〈尢咕仔〉、〈山脈〉、〈親愛的你〉。

小海〈Silly Boy〉、〈野莓之聲〉

休息站

蘇花公路隧道

鏡頭拉到那條長長的隧道，Lisin爸爸拿著鋤頭，與其說「挖」，不如說「炸」隧道，黃色炸藥埋進去，小岩石威力像散彈槍，他戴上自己花錢買來的耳塞跟防塵面罩，靠這工作養活一家人。那條隧道，是Lisin反對的蘇花高。

她和我，以及斐悅等人，都是〇七年的蘇花高環評就認識的戰友，她住日初公社附近，三不五時就過去串門子，不過花蓮開發案太多，她說：「可以不要每次見面就是開會嗎？我今天只是過來喝個啤酒，可以不要聊《花東發展條例》嗎？」

Lisin是阿美族人，跟我感情很好，是我第一個很麻吉的原住民朋友，她說自己所有青春年華，都花在原民運動上面。她固定參與狼煙行動、反美麗灣、花蓮《花東發展條例》的監督，反核廢料。不過其實花蓮也就一組人馬，不同的議題大家互相支援。

原住民共同體

反蘇花高的時候，朋友找Lisin一起去台北參加活動，她連一千塊車費都拿不出來，明明家裡靠挖隧道維生，她還阻擋爸爸的「頭路」，聽起來很好笑，但這就是她的真實生活。

一路以來學校成績都很好，不過高分常被懷疑是作弊；考上花蓮女中，

熱衷於原民運動的Lisin，是我多年的戰友。

也被認為是靠原住民加分才能進去，還不時被耳提面命，自己擁有許多原住民專屬的「特權」。原住民的幽默風趣，常常受大家的鼓掌，不過原住民的哀愁，人們轉身沉默。

上了大學之後，她一直在找尋自己的認同。有次參加原住民青年大專生文化會議，被要求每天早上起床馬上跳傳統舞蹈，一直圍圈，用跳舞的方式喚醒身體，每天晚上也用跳舞結束，早晚都跳兩三個小時，進入到一種不用頭腦思考，用身體去感覺的狀態，信賴旁邊的人，彼此照顧，彼此提醒。那時在一個山坡地上，用簡單帆布紮營，睡袋蓋了就睡覺了，現場很多人都抗議：怎麼沒有廁所，唱歌也會有人不爽，抗議為什麼唱阿美族的歌，或其他別族的歌，很多原青互相衝撞，大家都在摸索自己的認同。

「對我來說那次的烤火，有很大的衝撞。『原住民族』只是一個名字，可事實上裡面非常多元、複雜、分歧，必須不斷碰撞，才能找到我們原住民想要走的那條路。」Lisin說。

還我土地

近年的原民運動，「土地」的問題最重要，原住民本來沒有「土地私有權」的觀念，大家互相依靠，互相幫忙。可是歷史的發展，一路從日本人、國民政府等等，都沒有給他們土地自治與尊重。

例如塔古漠Takomo，馬太鞍溪所沖積的寬闊平原，是馬太鞍勇士保衛

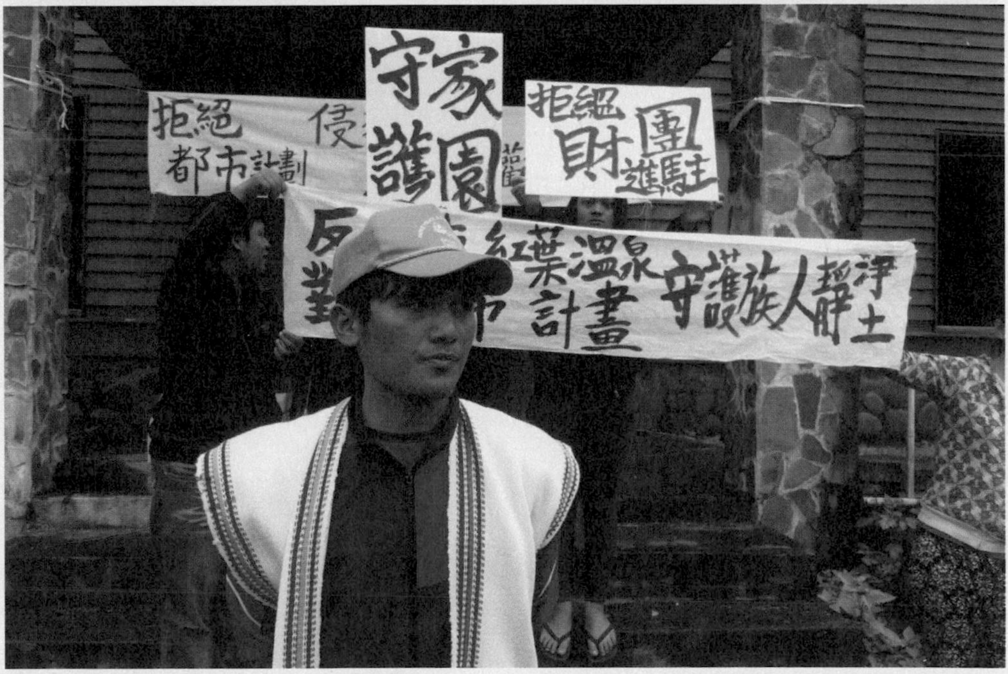

原住民爭取土地自治及保留祖先族人土地的權利。

部落，抵禦北方七腳川部落勇士的古戰場，對族人來說意義重大的世耕地。八三年水利局說要蓋堤防，結束之後，就把所有「未登錄地」劃為國有，阿美族人反而變成竊佔國有土地。

Lisin和朋友組織工作坊，帶年輕人進去做田調，訪問耆老與當地故事，留下歌曲、影像與文字紀錄。她也參加了「年輕人戰出來，為Sra（土地）而走」的活動，同樣是為了塔古漠世耕地，二〇一一年九月五日，從花蓮太巴塱部落出發，四天徒步踏行Karowa（噶馹佤）、Fataan（馬太鞍）、Takomo（塔古莫）、Cinaluan（吉那鹿岸）、Cirakayan（吉拉卡樣）、Cihafayan（草鼻）、Paliyalaw（巴黎雅荖）、Natawlan（荳蘭）等十個Pangcah（阿美族）部落與Truku（太魯閣族）魯巴斯部落、Psngan（富世部落），走過這些被日本、國民政府分贓的受傷土地，最後，九月九號，走到總統府前抗議陳情。

她的名字叫花蓮

每天有擋不完的事情，成功的案子也不多，Lisin還是保持原住民諧星本色，也會哭也會生氣，聚在日初公社喝啊聊啊，罵這個國家怎麼這麼糟糕一直在騙。

「有時候會很灰心，但是回到生活，發現周遭的朋友一直在，雖然覺得怎麼都是這群人，可是會發現很多外圍的年輕人，也在用他的方式加入。」

攜帶音樂：農村武裝青年〈花蓮〉

她說。

因為一直追尋族群的認同，才開始了解童年不常回家，飲酒渡日的父親，就是低層原民普遍類型，Lisin說：「後來我慢慢在接觸到一些族群議題時反省，如果我們只是講一個大方向的東西，其實很難互相理解，但如果我們進入個人的生命的歷史跟故事，我們才可以連結到那個體制或國家傷害是多麼嚴重，當我了解到我爸爸他每天至少要做十二個小時的工作，在一個隧道裡面，一個不好的環境，我就想哭。」

回到那條幽暗的隧道，糾結Lisin、斐悅和其他青年，回到這裡，他們都有共同的名字：花蓮。

母親之河

第九站／

溪洲村復興路 50 號

四年前，吳音寧的表哥黃盛祿先生當選溪州鄉長。這是台灣鄉鎮的「奇蹟」，也是台灣鄉鎮的「契機」。

當時台灣農村陣線正好釋出一些年輕人，有些人進入鄉公所服務，有些則在他們成立的NGO組織「莿仔埤圳產業文化協會」工作。後續二〇一三年「溪州尚水友善農產」成立，協助當地自然農法水田濕地的尚水米產銷，並接下了成功旅社；二〇一四年四月，「農用書店」開幕。

1 | 1）左為吳晟老師在幫讀者簽名。
2 | 2）右為吳音寧。

與吳晟老師一家相識

大學的時候，我當東海搖音社副社長，有位老師想介紹中部樂團互相認識，所以約了大家一起吃飯。在柯達大飯店，吃到一半，突然看到兩個人，穿得很邋遢走進來，一個穿著很久沒洗的牛仔褲跟棉質室內拖鞋，是吳志寧；另外一個也差不多，是李常磊，那天我們幾個第一次見面。

大概隔兩個禮拜，老諾Live House為（現為「浮現」）開幕，問我們社團有沒有人要到那邊工作，我答應了。一去就發現那個一樣穿得髒髒、手油油的吳志寧，我們兩個成為老諾開店第一代店員。因為他人很好，我們變成很熟的朋友。後來到他中興大學的工作室，發現奇怪裡面貼滿吳晟的詩，我問他：「你這麼喜歡他？」他說：「ㄟ……那是我爸！」

後來我幫九二九樂團打鼓，準備參加海洋音樂祭，吳晟老師跟莊師母來看我們，給表演意見。我覺得很神奇：這是國小課本裡面的人啊，我居然在跟他兒子玩樂團！

組農村武裝青年最一開始，吳音寧就來看我表演。我聽說她在「地下社會」一混，跟濁水溪公社很熟，而且又是名作家，對她很尊敬。她看了我們的表演很感動，說台灣已經很多年沒有年輕人願意做這樣的事情了。

兩人也開始慢慢變熟，那時候還沒有「農陣」，只要有一些農業活動，她都會叫我去唱歌，也幫創業初期的我，安排一些有吃有喝有錢拿又有得住的工作。常站在創作者的立場，給我建議，所以我都喊她「阿姊」。

BIKE
JAZZ

農陣的御用歌手

二〇〇八年十二月，阿姊收到林淑芬立委寄來的「《農村再生條例》草案」，細讀發現「代誌大條」了，一旦通過，農地變更將變得更容易，而且能輕易迫使社區進行「整合」。十二月十六號，她寫了一封「農村出代誌」的電郵，給各地關心農業的朋友們。一呼百諾，大家覺得事態嚴重，於是十二月十八號，集結楊儒門、徐世榮、林朝成跟蔡培慧老師開了一個記者會：「農村再生條例滅農三部曲」，呼籲政府撤回《農村再生條例》。阿姊跟很多老師以前也都不熟，但因為這件事情，大家聚集起來。

那天早上，阿姊打電話給還在昏昏沉沉睡夢中的我，叫我快起床，去記者會現場幫他們唱歌，我立刻跳起來，拿起吉他，搭了高鐵，上台北打仗。這些基本班底，就是二〇〇九年成立的「台灣農村陣線」前身。後來，我順理成章成了農陣的御用歌手，只要有活動，不管有錢沒錢，天南地北，一天兩天或長期抗戰，都找我去唱歌。與此同時，溪州鄉長也由自己人選上。鄉長、吳老師和阿姊開始討論，誰要進去鄉公所幫忙，找來找去，找不到適合的年輕人。

鄉長對阿姊說：「你來你來，半年就好。」吳老師急忙勸退，擔心阿姊因此誤了寫作正業。常常晚上，三人一起開會討論人選。直到二〇〇九年底某天深夜，又討論這個話題到一點多，苦思不到人選，阿姊拍桌一聲：「好啦，我去！」就此定案。

江湖在人在之處

最近有一次在農陣的場合遇到阿姊，她已經去了鄉公所，當兩三年的秘書。我們到外面聊天，她說她快生病了，可是又覺得太精采，自己一個作家跑來農村當行政人員。「你知道那是多大的考驗嗎？可是我又覺得這好重要！我們講運動運動，講到自己進來公所自己做，那是很大的體驗！」她說。她真的是「衝組」！

她在二〇〇一年採訪墨西哥查巴達民族解放軍自治區，後來有了《蒙面叢林》一書；訪問白米炸彈客楊儒門，寫下《江湖在哪裡？——台灣農業觀察》；反中科搶水的時候，為了擋下工程，還當場蹲坐在怪手前面。

深入鄉公所，阿姊說她慢慢理解到一件事情，很多人口中講的話跟心中的盤算是不一樣。內在的原因是反中科搶水，擋到他們工程的利益，但不會直接表現出來，而利用各種其他方式，去杯葛她提出來的政見：辦活動，批評只會燒錢，不建設；做建設時候，挑建設的毛病。很多反對意見，外人聽起來會以為是村人的無知，不懂事，但其實大家心中各有盤算。她說作家或知識分子有時候看人太一廂情願，不去深究，以為鄉下人不諳世事，但完全相反，很多人講話早經利害考量，指桑罵槐，非常聰明。

「在這麼多不同的想法、不同現實利害的關係裡面，怎樣讓你的理想去實踐？不是改變他們的想法，而是在他們的想法裡，讓我想要的理想落實。如果只是一個旁觀者，不要思考改變，那很容易超脱；但萬一必須面對一些惡行，還試著想説服、改變他，想讓惡行減緩，要花更多心力。並不是每個人都是壞人，而是每個人背後都有一些故事。」她説。

阿姊到鄉公所當秘書，本來説半年，吳老師一開始很擔心也很反對，到現在四年了，反而勸女兒繼續當下去。

自己種的米，自己吃

我家田中在溪州隔壁，好像地獄一樣，標準被地方勢力壟斷的鄉鎮。所有農村都一樣，人們沒辦法單純靠農業活下來，年輕人不能依靠農業回家鄉，地方政府等於是看農村慢慢死掉，放大也是整個台灣的問題。而且對於地方的發展，只停留在建設，永遠沒有人文。

在所有扶農計劃裡，溪州的「托兒所在地食材供應計劃」是我覺得最屌的！托兒所的營養午餐都由溪州自己的農產品提供。他們希望可以成為一個模範，如果全台灣每個地方，都可以比照這個方式，那台灣的農業就有救了！簡單的事情卻是超大的創舉，沒有一個鄉公所敢去做這樣的事情——通過「在地產銷」，帶孩子進入農田，認識自己吃的青菜，從那裡出發，讓他們從小知道溪州盛產那些東西。也讓辛苦投入有機農法的農夫，可以直接回饋地方。

鄉公所用ＮＧＯ的觀點做在地政策，不會很高調，從營養午餐開始，結合產銷、地方教育與生態教育，很實際操作這些東西，對農民很有好處，對學生又很健康。

〈望水〉這首歌，是看著溪州川流的水圳寫下來的。飲水思源，每一粒白米飯，每一片菜葉的源頭，都是一條乾淨的水圳，水從溪州或其他農村，一路流到每個家庭的餐桌，吃著這些食物的人們，不應該忘記。

只要有大小抗爭活動，吳老師家的圖書館，就成為農陣的基地。

小鎮一處。

溪州鄉公所推廣「水田濕地」的耕作概念，可以避免大量使用地下水跟使用化肥與農藥，引用莿仔埤圳水灌溉，用更無汙染的農法栽培，一套非常友善土地的水稻栽種法。

為了產銷「尚水米」，請來了反中科搶水自救會會長寶元叔，當「溪州尚水友善農產公司」的董事長，一個道地的農民董事長！他以前不太能夠接受水田不用農藥、化肥的種植方式，經過說服之後，不但親身嘗試這種栽種法，而且加努力負責地照顧水田，實在很讓人感動。

台糖以前的總公司設在溪州，台糖遷廠後，也帶走小鎮的光彩。若想找尋這裡的往日記憶，可以到成功旅社，這裡也是蔡振南主演的電影《沙河悲歌》的拍攝場景。旅社前身是「養真醫院」、「林齒科」，曾是百貨行，後為「大林旅社」，直到民國四十五年，才由現任屋主陳義順的父親陳萬成先生買下，更名為「成功旅社」。

三十年前，旅社熄燈塵封；現在溪州尚水友善農產的團隊，重新亮起這裡的燈。「成功旅社・農用書店」，在這棟兩層樓的日式洋房，接續著歷史的記憶，放上溪州的農特產品，以及農業相關書籍；是獨立書店，是本地藝廊，也是交換農業訊息，舉辦講座的文化基地。

到這裡走走

溪州尚水友善農產
成功旅社・農用書店

・彰化縣溪州鄉溪州村復興路50號

・星期二至星期六：9:00-17:00（日、一公休）

攜帶音樂

農村武裝青年〈望水〉、〈阮不願再種田〉

吳志寧〈水田〉

休息站

這咧老歲仔——記粘錫麟老師

二〇〇八年，管中祥老師在鹿港桂花巷辦營隊，那時我還很嫩很嫩，連吉他也彈不好。粘錫麟老師也有來，而且從頭聽到完。他稱讚我唱台語歌唱得非常好。他是一個很謙虛的人，不擺長輩的架子，結束之後，主動向我自我介紹，遞名片給我。我當時並不認識他。

第一次見面，他已經七十歲了，身邊的人都很敬重他，但談吐之間，卻像一個二十歲小夥子，沒有威嚴，也沒有想指導人的感覺，留著白色長髮往後梳。我覺得他從年輕到老，應該都是很叛逆的人。回去後，我查了他的資料，才知道他是反杜邦的重要人物，他與當地人民發動了四百多天的抗爭，這件事情我從小就有耳聞。

後來我真的去綠主張工作室找他，向他請教一些反國光石化、反二林中科四期的事情。當時我還太不懂反開發運動的執行，他跟我聊很多，從彰化火力發電廠，聊到環評法、環評本質等等。我也發現他有很多其他專長，很會唱台語老歌，對台灣民俗也很了解，像是廟宇或陣頭文化，甚至編過相關書籍，也編了一本台語老歌跟時代背景的歷史。這些我都很愛。這位長輩，很奇妙，他研究的東西都是我喜歡的。後來鹿港辦活動，都會遇到，街頭抗爭也會遇到，他扮演紀錄者的角色，拿著DV，一直在拍現在的街頭運動。

有一天，他問我，能不能幫他寫一首歌？他人生有一個願望：想擁有一首歌。所以我說他很像小朋友。

粘錫麟（1939-2013）老師，出生於鹿港，曾任國小教師，在1986年美國杜邦計劃在鹿港設廠中，他與鹿港人一起發動了四百多天反杜邦運動，是其中的關鍵人物，並從此投入公民運動，長達二十多年，人稱環保弘法師。

我讀了《環保弘法師・粘錫麟》，覺得非常精彩，他人生很像武俠片。他談整個環境運動，每個事件內部的人，如何被分化，那些人心變了，那些人從政了。他很敢寫，因為他是一個心很正，而且不求任何名利慾望的人。因為他太豐富了，我反而寫不出來。我告訴他：「老師，我真正無法度寫！」

後來他自己把歌詞寫出來，交給我。我看了那個歌詞，還是覺得很難寫，毫無頭緒。

我知道他身體一直沒有很好，中風很多次了。但對他而言，生死也沒有什麼。二○○○年，他是阿扁競選總部在鹿港的總召，當選後，有人請他去中央當官，他死都不要，不希罕。阿扁第二任的時候，他開始罵阿扁、罵民進黨。

一個人從五十幾歲到七十幾歲都在從事環境運動，原本是小學老師，連「十八趴」都不要了。我非常欣賞他，從他身上學到很多東西。一直想把這首歌好好寫出來，旋律一直有，可是不夠深。不久他中風，我覺得不妙，他交代我要快點寫，很擔心最後是在靈堂唱給他聽。我心想不會吧，不會吧……

後來聽說他插管進加護病房，關於粘老師的情境來了，很快且完整的把這些首歌寫了出來：

〈這咧老歲仔〉 詞：粘錫麟 曲：阿達

莫謂行為類狷狂，繫心環保衛家鄉；
敢輕一死歸塵土，身化花肥蕊更香。

喔 這是什麼人 為了環境辭教員
不嫌甘苦 不轉彎 想到政府實在番
全力顧著好山好水ㄟ台灣
人說無採了去十八趴 伊工伊要各有一摳覽趴
哈哈 有Guts才是有懶趴
不欣羡人錢水淹到腳

台灣ㄟ少年家勇氣不是飆車尬冤家 甘願吃苦為環境來伽給
台灣若要好～就要靠大家
台灣ㄟ少年家 勇氣不是飆車尬冤家 甘願吃苦為環境來伽給
台灣要好～台灣要好～就要靠大家！

這就是這個老歲仔 真是人間ㄟ怪咖
喔～ 老歲仔
老歲仔～是怪咖

LAVAZZA
來吧！
修好國家

第十站／

竹南大營路 99 號

二〇一三年七月十八日，劉政鴻趁苗栗所有自救會北上抗議，拆了大埔最後四戶。我當時在凱道上，知道被強制拆除的當下，好像沒有任何知覺一樣，癱坐在地上，跟另外一個灣寶的朋友在一起，連話都說不出口。我知道很多人已經衝到總統府，準備更激烈舉動，但我連衝都衝不出去。

知道大埔要拆的那幾天，我就整個人豁出去了！我不管我當時是不是要發片，應該去跑宣傳。我當下覺得：我不管啊，我什麼都不管了！當大埔已經可以被拆，表示這個國家已經沒有法治，根本就是一個道德淪喪的國家，你還談什麼民主，沒這種事情啊，都放屁啦！

如果連這麼一點，最後一點希望都不去捍衛，那農村武裝青年根本不應該存在，這是我當時很強的信念，所以我一定要待在行政院。我連續待了三天，後來跑去大埔，眼見他被拆掉，那真的真的是……我是一直哭，趕兩場表演，開車就是哭，哭完路上一直幹譙，整個人像神經病一樣，一直罵一直罵，只能這樣子。憂鬱了幾天，我覺得為什麼這些悲傷都是人民的份？不行！不行這樣！悲傷的應該是劉政鴻！一定要反過來。所以我們要保持笑容，開開心心地看到他們失望、悲傷絕望。

我要告訴大家：我們要很幸福的活著，去捍衛這個社會的不公不義！

1　1）這裡的特產就是自救會，從華隆案、大埔、灣寶、後龍反濱葬園區，跟苑裡反風車等等。
2　2）正中間為竹南咖啡創辦人林一方。

竹南咖啡

有一天，我跟俐君飯後散步，突然發現一間很有質感的店面，想說怪喔，竹南怎麼會有這麼特別的咖啡館？外面還掛著一張「反後龍殯葬園區，搶救石虎」的海報。我告訴俐君：「可能係自己人喔！」於是認識了林一方大哥，竹南咖啡的創辦人。

剛開始覺得名字很耳熟，回家搜尋，才知他大有來頭，是「非常光碟」的製作人。見他一人不時苦悶飲茶，就常常去陪他聊天。當時他失意從台北返回苗栗，我也參與他的一些轉變。

林大哥家系世居苗栗，是當地重要的仕紳，出過進士、貢生，「英才書院」的創辦人、或苗栗最早女權運動的興起處「苗栗街處女院」，也有先祖幫孫中山經營同盟會等。有一位伯父，叫林葉洲，考上公務員後，到桃園大園任職，認識了林元枝和簡吉，後來調回苑裡鎮公所，在二二八時涉入了王石頭案，遭到槍決。苑裡是一個很小的鎮，整個搜捕過程造成鎮上人心惶惶。出事之後，家族四散，家道中落。

林大哥年輕時搞藝術，朋友圈如妙工俊陽、陳明才、李宜昌和沈懷一等人。特別是陳明才，幾乎每天混一起。我很早留意這些做破爛藝術的人，他們對我有不少影響，那種次文化的，暴力美學，給我很多啟發。後來才知道，林大哥跟他們是同一批的人。林大哥後來念了許世楷所創辦的「台灣文化學苑」，當時許先生觀察他很久，後來決定吸收他，加入「台灣獨立建國

鴻圖一路炒地皮
政壇高層假民意
接引西方
音容宛在
818拆政府
劉政鴻家

守護大埔
西藥
守護大埔
守護未來
守護大埔
守護未來
守護大埔
守護未來
TAIWAN

聯盟」。

中國對台試射的飛彈的時候，林大哥正好在美國念書，他帶著鄉親，從紐約到華盛頓DC，招集全美的台灣同學對中國大使館施壓。也趁留美時製作海外台獨運動口述史，一個一個訪談黑名單上的人物，兩年內走訪了十六州。二〇〇三年參與非常光碟，讓這個社會對他的評價兩極：又做藝術又參與政治，揭弊手段犀利，不只藍營怕他，綠營也懼他。兩年後的「華麗下的醜陋影像雜誌案」，被判六個月徒刑和褫奪公權一年，也使他無法參加二〇一〇年民進黨台北市大安文山區市議員的黨內初選。

林大哥說：「我矢志讓苗栗變熱鬧，透過竹南咖啡的平台，我想經營青壯年族群，滾石不生苔，只要熱鬧和媒體關注就能減少弊端。」他也從叱吒政治圈的媒體人，變成苗栗縣自救會輔導員，協助造橋、崎頂、大埔、後龍、苑裡反風車等地的自救會成立，引介法律資源等等。

我佩服林大哥，他一直保持赤子之心，他形容自己回到苗栗，像在池塘，丟下一顆石頭，希望能激起一圈一圈的漣漪，他正用自己所有能力，讓這些水波持續下去。

龐克的街頭運動

我四年前就來替大埔唱歌了，後來空白很長一段時間，沒什麼動靜，去年又開始聲援大埔。剛開始總覺得很悲情，整個氣氛有一種很衰的感覺。我還開玩笑跟朋友說：「這地方太怪了，千萬不要住苗栗，太高風險！」這裡的特產就是自救會，從華隆案、大埔、灣寶、後龍反濱葬園區，跟苑裡反風車等等。

後來「捍衛苗栗青年聯盟」的成立讓我很感動，這是很必然的現象。這群年輕人現身，有時代的必然性，如果沒有他們，這個國家我就住不下去了！

包括他們二〇一二年八月十六號，在縣政府前面舉辦「拆政府．守護苗栗音樂會」我也參與，這些年輕

護大埔
家園
張
藥

人把這些東西搞得好好玩！活動的內容，全部都是年輕人主導，陳為廷他們主持，還幫劉政鴻「做師公」，弄靈堂的儀式我也一起敲銅鑼，有禮儀師叫大家下跪，超好玩的。最後丟雞蛋的時候，放黃克林的〈倒退嚕〉，眾人大罵，超級藝術，很魔幻，做師公，所有人拿雞蛋丟，警察也有點傻眼，怎麼丟得這麼開心？

年輕的勢力進來，對運動的想像、街頭運動的方式，不會這麼死氣沉沉，不會這麼衰，對於搖滾樂來說，那超級龐克！這也是我最近的信念：我是混蛋，但我可以玩得很開心！我覺得只有做到這一步，你自己的人才有一個光明在，不然永遠都是垂頭喪氣。

村村市集

林一方大哥後來把店面頂給「捍苗青」經營，我覺得他們為這個咖啡廳注入一些更有趣，更好玩的感覺。

主要經營人之一的傅偉哲，從大學開始就

「把國家還給人民818拆政府」活動。

是台大學生會會長，曾協助組織八八風災的學生志工，後來大埔事件之後，他也回鄉幫忙，加入農陣與捍苗青，苗栗大小抗爭都可以看到他。關於咖啡店，傅偉哲說：「我們不希望它只是一間單純的咖啡廳，而是有社會關懷意識的價值理念，落實到咖啡上，它就不只是一杯咖啡，是苗栗的民主聖地，承載了價值理念的咖啡。我們辦很多活動和議題，為什麼咖啡廳只能搞小清新的活動？既然咖啡廳都能談論政治，被滾動起來的時候，生活也就是運動的展現。」

這些年輕人辦了一個「村村市集」，其實市集是一個很好拉近距離的方式。我自己以前在市集裡賣過公平貿易咖啡，也到各地的農夫市集演唱過，村村市集是一個很特別的群體，因為跟捍苗青的關係，他們很多社運的痕跡。

二〇一二年十二月開始，他們就在想除了抗爭之後，他們還能用怎樣的方式推廣理念，於是想到了市集的形式。因為很多自救會的成

1
2 3

1）華隆自救會北上凱道抗議政府坐視不管。

2）來村村市集感受苗栗的生命力，每月第一個週六在頭份建國花市。

3）小農共學堂，邀請到宜蘭穀東俱樂部賴青松大哥，來跟大家分享務農的經驗。

員，都是農夫，用市集的方式，可以凝聚大家的感情，還可以推銷在地農產品，包括張藥房秀春姊特製的手工薑糖，以及謝文崇大哥無農藥的草莓、番茄，其中也有華隆自救會的阿姨的客家肉粽、麻糬與饅頭等。

村村市集現在由還在念台北市立大學大四游捷閔負責，她不是苗栗人，當初是因為大埔案而住來苗栗。他們想出了很多有趣的活動，像是「村村開講」，談一百種在農村的生活；或「村村講古」，請人來分享為什麼種菜，農產品的創業經驗等等。

竹南咖啡店長翊綾說：「雖然賺不了錢、東西量也不多，而且因為都是無毒有機，所以賣相不好。可是可以跟人多接觸，讓跟在地的連結感更重，讓大家知道說：我們是一起。其他農村市集，以銷售為主，都是既定成員，要進來都要開會討論，很多關卡，才能進去，我們沒有這麼多限制。有一次看到一個夥伴，沒賣什麼東西，我問他這樣划算嗎？他回答我：『喜歡這種大家一起努力的感覺！我覺得玩得很開心。』那其實有點像是社運夥伴一起打拚，大家一起努力的感覺，只是不是用抗爭激昂的方式，聽到大家這樣說，更覺得應該繼續走下去。」

劉政鴻一手訓練出捍苗青這些年輕人，從怪手開入良田那刻開始，拆房子，走上街頭，竹南咖啡，辦音樂會，八一八攻佔內政部，到現在的村村市集，我深深覺得，這些年輕人值得學習，他們正嘗試用自己的方式活著，把社會的不公不義放在心裡，用生活的實踐重建希望與幸福。

華隆
勞工受苦政府何在
華隆自救會

小鎮一處，

「很多時候，我們是在跟『人』溝通理念，所以不在抗爭的時候，還是有很多事情可以做，從你自己生活當下開始。」偉哲說。翊綾則說：「回到鄉下更自在，超輕鬆的，不用再受制於人了，我可以做任何我想做的事情，我可以選擇我想種什麼，不用聽別人說我要做什麼。」

因為自己是農夫，又經營竹南咖啡，翊綾認識台灣很多做同樣事情的農夫，像宜蘭的賴青松大哥、有田有米的謝佳玲與大南埔黃士修等等，大家都是青壯年回鄉務農。當小農的時候，總有很多問題，她就想到，自己有捍苗青的資源，為何不來做一些事情？「小農共學堂」就這樣誕生，定期邀請各地專家來開講，談自己的農業經驗，幫助想要回苗栗種田的小農。提供協助、累積資料，會後也可以跟老師留資料問問題。

竹南咖啡目前是偏向不重視營利的路線。我自己也開過咖啡店，我知道那有困難的一面。夢想很容易燒完，但如果結合夢想、行動，與獨立經濟個體的話，事情可以做一輩子，力量會很強。

對我來說，運動最重要的部分，不是服貿退回了，大家就各歸原位，社會上還有很多問題沒有處理，包含土地不當徵收、居住正義等等，當下都正發生。希望每個人都試著，關心這社會正在發生的事情。

傅偉哲回鄉幫忙，加入農陣與捍苗青。

村村市集目前負責人游捷閔。

到這裡走走

竹南咖啡

- 竹南鎮大厝里大營路99號
- 03-7477606
- 星期一至星期五：13:00-21:30／星期六、日：10:00-21:30

攜帶音樂

農村武裝青年
〈沒正義就沒和平〉

第十一站／

南江村 50 號

客家青年邱星崴，小時候常常在中港溪玩水抓魚，沒想到這些養分，後來支持他溯溪而上，回到南庄。二〇〇九年，我在農陣的營隊上認識他。當時他念台大社會系，我聽說他回南庄弄一些社區的事情，做法很有趣。

「我的夢想就是去尋找客家人，哪邊有客家人，我就想去看看，跟那邊的客家人說說話，看他怎麼生活，看他吃什麼，看他住在哪。」

他身體力行，走遍全台灣各地的客家庄，大學去印度，研究所去馬來西亞，都是研究調查客家聚落，看這些相似的文化種籽，在不同地方長出怎樣的果實。

1 1）邱星崴想去看遍全世界的客家庄。

2 2）南庄風景。

佛陀證道的地方

我第一次到印度的時候，食衣住行樣樣都極度震撼，拉肚子、感冒、氣管炎、食物中毒樣樣都沒斷過，吃完隨身藥品後，還把印醫、藏醫都看一輪。太多太多的景象、狀態、行為，非常神祕而有趣。

塔壩，位在印度加爾各答的東南方，一個皮革重鎮。邱星崴跑到這裡，認識了跟他說著一樣的話，生活卻截然不同的客家人。塔壩跟南庄都是道光年間開發，卻有完全不同的產業樣貌。一般想像客家人都是採茶唱山歌的農夫；不過塔壩大部分是經營皮革業的大商人。他去了三次印度，第一次只當志工，第二、三次，是幫老師接頭與調查。很多當地客家人都會去佛教聖地朝聖，我在印度的時候，曾到菩提伽耶。他跟朋友則是去瓦拉那西。

他那次病得很厲害，明明是冬天，也沒有下雨、酷熱，卻每天吃什麼吐什麼。火車上很悶熱，他一直咳嗽，吃著包了保鮮膜乾乾扁扁的三明治。大家租了一台，聽同行的朋友告訴他，第一個印度華人楊大釗的故事：因為善醫，協助了當地土王，所以給他一匹白馬，跑馬圈地。車在長路，面對身體的不適，友人則唱起鄧麗君的歌。他說：「一切都很不可思議！」

到了瓦拉那西，佛陀證道的地方，除了矮樹叢只剩是一望無際的莽原，很像世界只剩自己一人。邱星崴說：「只見莽原廣袤地延綿鋪向地平線，小溪隱隱約約在蔭綠空隙閃亮，山脈則在遠處圍成一重又一重的屏障；風自四面八方徐徐拂來，遺世獨立之感油然而生。」

祥

住進黑道老大家裡

念清大人類所的時候，他幾乎每半年去一次馬來西亞的客家庄「布賴」。第一次去的時候，他到廟口去問有沒有人可以收留他，一位阿姨把他接到河邊的房子，後來才知道，原來他住進了黑道老大的家裡！

跟他同住的房客，是負責私刑的黑道執法者。原來當地的男人都有兩個身分，檯面上正常，檯面下則是「洪門」的幫會身分。在沒有國家掌控前，民間自組的私會黨，算是盜亦有道的幫派。他追溯布賴的產業發展史，從採礦、種稻到割膠，寫下一段幾乎跟劉政鴻主政下的苗栗狀況相似的文字：

在布賴人的歷史敘述中，冥冥中的力量處罰了破壞村莊的礦業公司，讓他們落荒而逃。事實上，馬礦務公司一直開採不到足夠的黃金，損益無法平衡，倉促離開了村莊，卻對布賴留下不可逆的傷害。

過去的良田阡陌已經變成一座座巨大的礦湖和廢土堆，失去土地與家園的布賴人只好全體集中，居住在政府於水月宮外華文小學旁開闢的新集村。各個神明會拓墾的土地大半被毀壞，他們乾脆把地契與賠償金交給水月宮，解散自己的組織。這代表著過去在地化的私會黨聯合拓墾體系已經全然崩解。布賴人的田園夢碎，只能不斷緬懷過去的場景。

兩個路線的掙扎

從大三開始，邱星崴用學生身分辦很多活動，試著重新把年輕人帶回農村。他說自己有兩個軸線：一個是體制內的學院養成，國高中私立學校，台大社會系、清大人類所，本來也可能應家人希望，直接出國念博班。但另外一方面卻是很草根的路線，想與家鄉連結。從大三開始旅行印度，也回鄉研究。本來的碩士論文要研究布賴，結合客家與農村。曾一路幫大埔抗爭，事情正往最大規模的方向發展的時候，他卻已經訂好機票，準備前往馬來西亞。

他感覺到方向分裂與矛盾。回來台灣後，愈來愈明顯：學術研究在國外，很有興趣也有一定的成果，題目也是學界的熱點；可是台灣的事情正在發生，現在進行式。眼前兩條路：出國念博士，或是回到農村。

他選擇南庄。

碩士論文改為研究南庄，讓他對南庄有更深刻的了解，他說：「我們活得很卑微，每個人都只想要一個小小的特權：我們希望紅單被註銷、小孩有好學區，老人生病有張病床，這些東西都是基本的東西，可是必須要靠關係才能得到，這是國民黨在這邊統治的基石。」

在苗栗，政府和地方派系對資源抓得很緊，年輕人沒有自由發揮的空間，而且越近山區，白色恐怖的遺毒越清楚。過去地方人士縮田賣地，送子旅日深造，大學生回台後，背離自己的階級，為低層服務，卻遭國民黨系統性的清洗。老人送子出國，一路進了棺材。至今，村里仍對國家有很深的恐懼。常常提醒青年：不要過問政治。邱星崴常常在想：如果這些地方菁英還在會怎樣？會不會告訴年輕人，不要整天只想著賺錢，要關心農民，要關心窮苦的朋友……

來去當廟公

他很深入地方，除了參加社區巡守隊，還跑去當「廟公」！每天早上四點多起來，五點要敲鐘，奉茶，下午再把這些事情做一次，慶典的時候幫忙打掃。我覺得這真的很屌，我有次去找他，大家一起在廟裡的廚房，煮東西，泡茶聊天，整個很在地。

以前用學生的身分，辦辦活動很容易。可是回鄉真的想參與、影響公共事務，還是很難。例如他幫忙地方做「農村再生」，農陣是反對《農村再生條例》，認為那是滅農條款，但他除了幫忙，也沒有資格干預，

只能偶爾發表不同意見。他不是用知識分子的角色，清高地過問農村大小事，而是融入當地，變成他們的一分子，從中做一些改變。

他租了一棟老洋房，取名「老寮Hostel」，準備做青年旅社，才貼出「換宿打工」的公告報名人數就暴衝。除了台灣人，還有世界各地的人過來換宿體驗農務：美國人、香港人、中國人等等。

一位七十歲的美國老先生，很喜歡這個地方，可以看客家庄，更山上還有原住民部落，所以開始幫他們寫村子的英文簡介。他也請換宿生手繪社區地圖、做明信片等等。因為報名的人太多了，所以他協助轉介其中一些人到附近體驗農務，或到峨眉客家歌手陳永淘那邊幫忙。淘哥有時候會在他家的湖邊教換宿生唱歌，一邊勞動，一邊唱歌聽歌，還可以享受湖光山色！

「社區營造太沉重，嚴肅到會把人嚇跑；可是講青年旅社或換宿，弄社區彩繪，畫社區

換宿生體驗農務。

地圖，就輕鬆多了！」邱星崴找不同的人進來村子，一方面宣傳地方觀光，二來讓年輕人回鄉，三則藉不同換宿生的個人專長，幫村子累積軟性文化建設。

我很欣賞邱星崴，他有一個中心思想，關心客家農村文化，然後旅行各地，最終想出了一種很好玩的方式，做草根組織，讓喜歡念書或愛玩的年輕人，都能找到方式去進入農村。他很踏實，知道改變的路還很久很久。

他準備好，用你想也想不到的各種好玩方式，長期抗戰。

小鎮一處，

陳永淘，我都叫他淘哥，是一位有名的客語歌手，很照顧我。因為就住峨嵋，所以去找邱星崴的時候，也會過去淘哥那邊吃飯。

我問他什麼是生活中的革命，他說：「生活是很多小細節跟小細節的美好加起來，譬如說你剛剛見面一個妹妹，覺得很像滿有意思的，跟她聊幾句話，短暫一分鐘的美好，就是你二十四小時美好的一分鐘，可是下一分鐘也可以這樣釀造啊。做好每一分鐘，下一個十分鐘，可能有朋友來泡壺茶，生活不過是每一分鐘，每個小時的美好。」

「我們拿起吉他，唱歌，給朋友聽，這也是一種美好，你知道有多美好嗎？你一定不知道，當我唱到自己的心坎裡，而且感受到朋友的心也在共鳴的時候，感覺就來了！」我喜歡他說：對人先前的失望，後來，把童年的回憶

寫一寫，我又活過來了。

到這裡走走

老寮Hostel

- 苗栗縣南庄鄉南江村22鄰南江街50號
- 0963937030
- 背包客旅社，並提供農村換宿體驗，不定期舉辦藝文公民講座。

休息站

森林好事多、籃城工作室

我從去年開始到埔里，覺得那裡的年輕人實在都太有趣了，每個年紀都比我小，可是各有奇才。

瑾沂是埔里在地人，在東海書苑打過工，也在紙教堂工作過，才二十六歲，就和一樣是在地人的陳立儒（我都叫他ART）、張幸芳夫婦一起辦了「森林好事多」。

ART設計超強，曾經在台北東區設計工作室，做了半年就不幹回家鄉了，他的改裝球鞋，外國人也下訂單，整個很「潮」，二〇一〇年還在埔里辦過搖滾音樂祭，平時則跟他老婆種有機茶。

負責聯繫的瑾沂，介紹了我去籃城工作室的民宿住，所以認識了宗澤、怡君跟森葳，他們一起成立了「籃城好生活」工作室，組成「籃城書房」。宗澤本來是暨南大學應光系的學生，後來跑去念了人類所，森葳則在社工所念書、怡君在暨大水沙連辦公室任職，他們在內埔租了地，已經種過一兩期的稻子，平常也舉辦農業的講座。

跟我當初對埔里的想像很不一樣，瑾沂說：「想很單純，只是希望這小鎮更好玩；很簡單，只是想告訴其他的年輕朋友們，『想回來的回來吧，我們都在』，『在外面的你們也常常回來吧，埔里已經更有趣了』，就這樣，幾個理由成就了『森林好事多』。」這群人其實沒很深的社運色彩，雖然多少也有相關的經驗，他們不像邱星崴、傅偉哲那種「衝組」，而是很自然而

森林好事多
ALL GREAT THINGS

米雕

森林好事多

・埔里鎮中興大學實驗林

・市集時間，請參考FB粉絲訊息。

籃城書房

・南投縣埔里鎮籃城五巷4號

・週一至週三：13:30-17:30；週五：13:30-17:30；週六至週日：9:00-17:00

攜帶音樂：農村武裝青年〈風中野玫瑰〉

然，一群年輕人聚在一起。

我這幾年心態有一種變化，感覺比較適合「我」的生活方式，或比較適合「我」參與社運的方式，不是那麼激烈的東西，我骨子裡有一個很深的本質，是到了三十歲以後才被拉出來。

好像隱藏很久，有一個老靈魂在其中，在成長的過程當中，我急著掙脫傳統的包袱，包括我爸對我的壓迫、我的反叛對應到這個社會的結構壓迫，一直得用很大的張力在破壞，甚至為了反對而反對，為的是要去抵抗，去打壞。我的目的也達成了，也毀了很多東西。但這段時間之後，那個老靈魂跑出來了，我期望在不要這麼激烈的方式下，只是做一個生活的事情就好了。

認識這地方的人，對我來說，觸發了我心中的那個靈魂，那是我很自己的東西。每次去找他們，也是表演完，他們帶我去酒吧喝個酒，聊聊天，一天就過了。我追求的，原來是一種很生活，很平實的東西。

每個人想有自己的生活方式，在現代的社會環境，其實那滿革命的，你得去面對一些個人的生命的問題。看到一群年輕人，有些是在地人，有些不是，一起讓一個地方多了新的活力，創造出自己的生活方式，很不容易。

農村武裝青年和他們的朋友

下一次出發

其實這不是一本旅遊書，更不是為哪些地點或人做宣傳，如果是這樣那永遠都寫不完，這些文章比較像是多種生活方式或生活概念的分享吧。保守的台灣社會需要大力衝撞一番，衝撞也不代表只有街頭抗爭這種方式。街頭運動確實有它的重要性與必要性，但時代的轉變最重要的核心還是價值觀的省思與行動的付諸。當我們從街頭的激情回歸到現實生活的時候，才是真正革命的開始。

這些人在自己的土地上做自己的事情，雖然有時候不過是一件簡單的想法，但當他付諸行動的時候，這世界就開始了轉動，有如佛家所謂的法輪常轉。或許當我寫完這本書時，書中的人、事、物早已又改變了，或是我的生活中又有更多想要分享的故事出現卻來不及寫下，我想這都不是重點了。重要的是這些人、這些意念、實踐、行動所產生的力量會不斷的成就下一個力量的產生。而你、我、他不管在過去、現在或未來，只要秉持著一份善念的正向力量，每個人都能在生命中找到真正的自己，更因自己的一點小小意念付諸實踐，使得這世界朝向善的方向轉動。

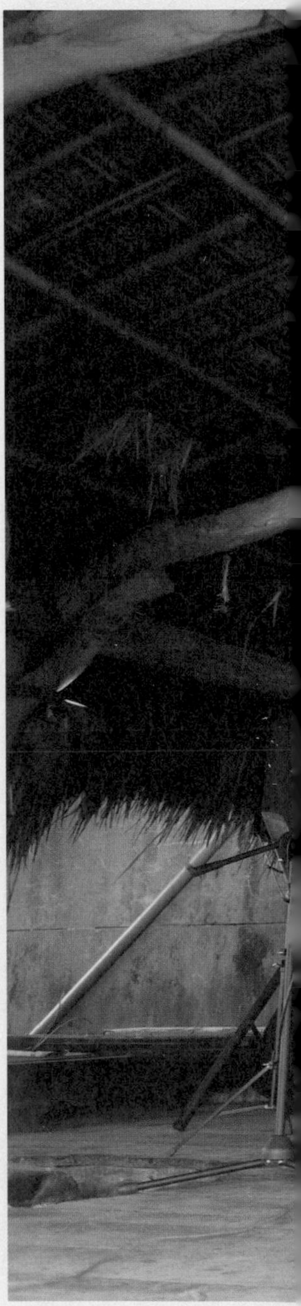

CHE GUEVARA
MOTORCYCLE JOURNEY

退回服貿
WITHDRAW TRADE DEAL

五色祥雲積善

各站照片提供者：

《農村武裝青年和他們的朋友》的完成，感謝許多朋友的盛情與協助——第一站：江慶洲、廖家瑞／第二站：十三咖啡、十三咖啡的常客好人、林庭伃／休息站甘樂文創：林峻丞、琬淳／第三站：虎尾厝／第四站：何信輝、陳俐君、廖家瑞、廖珮璇／休息站HO覓藝文實驗研究所：簡瑞鴻／第五站：林小珊、溫仲良／第六站：曾芷玲／第七站：三餘書店／休息站泥土的故事：李宜瑾、李欣哲、蔡欣邑／第八站：小海、阿潑、烏頭翁社、胡慕情、黃瑋傑、黃斐悅、蔡名修／休息站蘇花公路隧道：Lisin Haluwey／第九站：溪州尚水友善農產、莿仔埤圳產業文化協會／休息站這咧老歲仔：蔡嘉揚／第十站：竹南咖啡、莊少澄、蔡名修、廖家瑞／第十一站：邱星崴／休息站森林好事多、籃城工作室：張森葳、蕭瑾沂等。謹申謝忱。

封面照片提供：好人

農村武裝青年
和　他　們　的　朋　友

作　　者　江育達、吳致良
責任編輯　郭正偉、吳致良
封面設計　高偉哲
內文排版　陳恩安
總 編 輯　劉粹倫
發 行 人　劉子超
出 版 者　紅桌文化／左守創作有限公司
10464臺北市中山區大直街117號5樓
02-2532-4986
undertablepress@gmail.com
印　　刷　約書亞創藝有限公司
經 銷 商　高寶書版集團
11493臺北市內湖區洲子街88號3樓
02-2799-2788
書　　號　ZE0111
I S B N　978-986-91148-1-3

2014年12月初版
新臺幣 380元

國家圖書館出版品預行編目(CIP)資料

農村武裝青年和他們的朋友 / 江育達, 吳致良著.
-- 初版. -- 臺北市 : 紅桌文化, 左守創作, 2014.12
176面 ; 17*23公分
ISBN 978-986-91148-1-3(平裝)

1.臺灣遊記 2.樂團
733.69　　103022696